项目管理实践三法

技 法

提升绩效与改进过程

郭致星 著

SKILLS
IMPROVEMENT

ROUTE TO ENHANCE PERFORMANCE AND IMPROVE PROCESS

中国电力出版社
CHINA ELECTRIC POWER PRESS

内 容 提 要

这套书的定位是填补项目管理学者（或称为理论研究者）与实践者之间的空白。

这套书共三本，其关注点也各不相同：

《技法》主要关注项目的需求、进度、成本、质量、风险以及过程管控方面，这是提升绩效与改进过程的硬功夫。

《管法》主要着眼于项目的团队、沟通以及干系人管理的主题，这是项目思维与实践的软实力。

《心法》主要关注项目管理者的职业生涯和领导力提升，这是迈向顶级项目经理的修炼路径。

图书在版编目（CIP）数据

项目管理实践三法. 技法：提升绩效与改进过程 / 郭致星著. —北京：中国电力出版社，2018.11

ISBN 978-7-5198-2514-0

Ⅰ.①项… Ⅱ.①郭… Ⅲ.①项目管理 Ⅳ.①F224.5

中国版本图书馆CIP数据核字(2018)第232087号

出版发行：中国电力出版社

地　　址：北京市东城区北京站西街19号（邮政编码100005）

网　　址：http://www.cepp.sgcc.com.cn

责任编辑：李　静　1103194425@qq.com

责任校对：黄　蓓　闫秀英

装帧设计：九五互通　陈子平

责任印制：钱兴根

印　　刷：三河市万龙印装有限公司

版　　次：2018年11月第1版

印　　次：2018年11月北京第1次印刷

开　　本：710毫米×1000毫米　16开本

印　　张：21.5

字　　数：337千字

定　　价：86.00元

一个实践者的角度

本套书的前身基础是《做项目，就得这么干》（人民邮电出版社，2015年）和《做项目，不得不这么干》（中国电力出版社，2016年）。这两本书出版后，得到了很多朋友的支持与鼓励，承蒙读者厚爱，这两本书多次印刷。其间，我收到了很多读者的反馈，希望能看到更多关于实践话题的探讨。

近年来，我陆续为数百家企事业单位各层次人员进行过项目管理实践和思维的培训与咨询，并将项目思维应用于个人研究、咨询与其他实际工作，既积累了相关素材，有了很多第一手的实践经验和心得，又接触到大量的初学者，了解了他们的实际困难、困惑和问题以及需求。我慢慢觉得这两本书仍有许多不足之处，比如很多主题看待问题的深度、广度还不够，有些内容也不够全面。于是我就开始策划，整合成一套系列书籍。

我主要在研究院（所）和工商业界做事，不是做理论研究的学者，当然，做学者既不是我的特长也不是我的兴趣点——尽管也给高校学生上课。本套书的定位是填补学者（或称为理论研究者）与实践者之间的空白。学者往往缺乏实践经验，写的东西理论有余、实践不足；实践者则要么欠缺理论基础，要么没时间、没兴趣写文章。我接受过系统的项目理论教育，又在严酷的实践中历练十余年，有兴趣，愿花时间……我试图在理论与实践之间搭建一座桥梁，写成一套项目实践者喜欢的书。本套书纳入了更多的本土案例，更加接地气，这也是我最近几年实践、培训和咨询众多本土企业的结果。

在所有的书评和反馈中，让我最感动和欣慰的一句是"这是一本干活的人写的书"。

对于本书，我还有几点要补充。

第一，我不想宣扬大思想。因为大道理好讲，小事情难做。本书更多的是分析小案例、讲细节、讲实践，是本小书。宣传大思想的书很多，就如满天下都在讲华为的项目和研发管理体系，但从没听说过哪个公司能够复制一样，问题在落实上、在对行为的管理上。我发现的一个现象是：每当大家都在畅谈某种大思想的时候，这种思想（甚至只是一个词）八成会被整死。

20世纪90年代，我还在读研究生，系统工程在当时是一个很热的专业。"××是一项复杂的系统工程"害死了这个专业！这句话在大小场合的出现，"系统工程"泛滥，近乎被神化。系统工程的真正含义、真正价值反而不为人所知了，其结果导致了一个学科的渐衰。尽管系统工程的重要性越来越明显，但人们宁愿用一些新的词汇去代替它，大家的注意力被转移到这些新词上——当然，我们并不在意这些名词究竟意味着什么。

"互联网+"概念近几年甚为火爆、简直热到了"不要不要的"。特别是国家有意对互联网方面加大支持力度，引爆的不仅是这个概念，更是全民狂欢。不管从事何种行业，都要赶时髦，随便就是"互联网+××"行业。"互联网+"在国内的过度概念化，让我很担心其前景。但愿我在杞人忧天。

第二，本书不为宣传某种捷径、秘籍。项目问题错综复杂，都用一些常规方法来解决；走捷径的结果往往是原地打转，问题照旧。秘籍是特定情况下的救命药，但不是万能药，不会放之四海皆准。离开了特定环境，秘籍往往没有什么实际意义，误导往往多过帮助，这些秘籍甚至会成为毒药。该出的汗总得出，该付出的总得付出。现实中的最大童话莫过于相信不劳而获，最大的悲剧就是相信有点石成金的捷径。一切项目问题都有一个解决方案，但很少有一个捷径。

人们都知道每天慢跑50分钟不仅有助于减肥，更有益于身体健康。但是，大多数人并不这么做，反而会花很多的金钱去买些减肥药物（所谓捷径）。一次次对减肥药物不满意，一次次受到减肥药物副作用的伤害，一次次花钱去换新的减肥药，而慢跑反而被遗忘了。同样，我们一次次对现行的项目管理办法失望，一次次承受管理失败造成的损失，一次次求助新管理方法，而忘记了我们早已知道的有效方法。

捷径和秘籍如同过热的股票，当满大街的人都在热捧时，这些事物必将走向灭亡。当然，也不应全盘否定最佳实践。他山之石，可以攻玉，仅此而已。

第三，本书着眼实干，注重解决实践中的常见问题。常见问题解决了，方法落实好了，再配以合适的绩效机制，业务成果自然就有了。这貌似常识，但常识非常行。魔鬼不仅藏在细节中，也藏在常识中。该发生的总会发生。你没法忽略细节、忽视常识，否则注定无法建立一流的项目管理。

我不认为项目管理是什么新事物、新思想；有人类的时候就有项目管理。我也不认为项目管理起源于西方，事实上有据可查的项目管理在东方更久远；有人类的地方就有项目管理。看上去西方项目管理做得好，无非是他们更肯总结提炼，在行为上更得力，不比我们更相信有捷径可走而已。

第四，这本书主要关注项目管理者硬技能，是一本关注技法的书。要做好项目，很多硬技能是每个项目管理者所必须掌握的，这包括项目的范围、进度、成本、质量、风险等诸多方面的工具和技能。但是，在这本书中，我不想包含这些方面的所有知识，只是给出解决这些方面问题的关键知识和行动策略，倘若你想学习这些知识，我建议你参考美国项目管理协会专业的《PMBOK®指南》。但我希望书中包含的内容对项目管理者都是有用的。

本套书的写作方式主要包括以下 4 个方面。

（1）以通俗易懂的方式，让读者了解项目思维的基本原理、原则和精髓。

（2）介绍并帮助读者学习、掌握项目管理的基本方法与工具。

（3）通过一些论述和具体的案例分析，使读者了解如何将项目思维应用于项目工作、个人生活甚至社会事务的诸多方面，并希望"抛砖引玉"，引导读者"举一反三"，以便在实际工作和生活中更好地应用。

（4）与读者分享我二十余年学习与应用项目管理方法和系统思维的心得、实践经验，给予有价值的学习建议和行动指南，帮助其快速入门和提升。

为帮助读者更乐于阅读并引发思考，本书延续我所钟情的朴实、真实、务实的表达方式，在我对项目经理培训时，这种表达方式是很多人真心喜爱的。总的来说，本套书特点有以下 4 个方面。

第一，框架重组。3 本书共 38 章，近 70 万字；增补了近年来的一些最新实践经验总结。

第二，案例更新。结合项目管理在国内发展的实际状况，补充、更新了一些案例，尤其是结合场景化原则，以便项目管理者更好地学习、借鉴和应用。

第三，突出实战。本着突出实用性的原则，结合心理学应用，增加、更新了一些方法、工具的操作指引和使用心得。

第四，加强互动。要想掌握项目管理的技能，就要进行持续的练习。阅读本套书的同时，读者可以扫描"项升"（ID：PM-ecology）微信公众号二维码，通过微信与我互动。

本套书共 3 本，其关注点也各不相同。

（1）《技法》主要关注项目的需求、进度、成本、质量、风险以及过程管控方面，这是提升绩效与改进过程的硬功夫。

（2）《管法》主要着眼于项目的团队、沟通以及干系人管理的主题，这是项目思维与实践的软实力。

（3）《心法》主要关注项目管理者的职业生涯和领导力提升，这是迈向顶级项目经理的修炼路径。

我希望你不仅是阅读一本书，获得一些启发或了解到一些所谓的"知识"，还能真正地学以致用。

本套书看上去是我写的，其实是我们大家共同智慧和经历的结晶。事实上，本套书中更多的观点来自广大的项目管理者、企业家和研究人员。近年来，我接触了许多项目经理，他们的很多经验、教训都给了我很大启发。在此，我要感谢他们。如果本书中有些观点甚至表达方式让你感同身受，这绝不是巧合。当然，如果其中一些观点与您的观点不吻合，也不要感到意外。我希望您有选择地采纳，也可以边批评边采纳，或只批评不采纳，我想在批评过程中激发您的思想火花也是一种收获。

伴随着移动互联网的发展，我的团队开通了微信公众号"项升"，他们每天向读者推送与项目管理有关的文章，其中的很多原创文字出自我本人之手。这个微信公众号很快聚集了数万粉丝，逐渐成长为备受欢迎的专业公众号。每天通过微信公众号与大家互动是件很有趣的事，我从大家身上学到的，恐怕要远比大家从我这里学到的多。

　　项升团队是一个务实而积极的团队，令人骄傲。在这里，我要感谢项升团队的陈利海先生、祁彬女士和我的助手章湘袭女士，他们为这套书的面世做出了富有成效的努力！

　　最后，我还是要感谢我事业有成的太太、天真专注的儿子。他们让我感受到了工作的价值和生命的意义！

2018 年 2 月于中国香港

目　录

第 1 章

决战项目，举起制胜武器

> 今后 90% 以上的白领工作者都面临危机，因为所有的白领工作都将是项目工作，而未来所有具有经济价值的工作也都是项目性工作！
>
> ——汤姆·彼得斯

2017 年 11 月 20 日凌晨，阿里巴巴正式宣布收购大润发，不到 3 个月时间，阿里巴巴就把大润发董事会的 6 人换遍，其创始人黄明端离职。大润发可谓零售业之王，号称 19 年不关一家店。黄明端辞任时发文表示：他战胜了所有对手，却输给了时代。一句"时代抛弃你时，连一声再见都不会说"瞬间走红。

这是一个快速变化的时代。变化给我们带来了新的产品、新的体验、新的成就，同时让我们感到陌生和焦虑。

1.1 这是一个大变革的时代

> 华为最基本的使命就是活下去。
>
> ——任正非

十几年前微软曾时常告诫自己：离破产永远只有 18 个月。现在，这个时间正变得更短。根据美国《财富》杂志报道，中国中小企业的平均寿命仅有 2.5 年。

这是一个终结者时代。

1.1.1　老革命遇到了新问题

瞬息万变的时代，新鲜事物不断涌现，思维方式更迭换代，我们生活的时代充满了巨大的不确定性。对一个成功的组织或人士来说，过去的成功经验不能作为指导今后工作的唯一准则。组织或者个人如果仍然墨守以前成功的经验，把它们当作包打天下的常识，其结果必然是自取灭亡。我们正处在一个不断变革的环境中，对一个成功组织而言，过去的成功经验也许是最可怕的禁锢。

经验仅代表过去，对新的形势未必有效，老革命经常会遇到新问题，而害惨自己的常常是过往的成功经验。换言之，唯一不变的就是变化，而且变化的速度越来越快。

2017 年 11 月，尼康宣布退出中国，裁员 2 000 人！很多人以为尼康是被同行打败，没想到居然是毫不相关的行业。尼康直接宣布破产的真相：受智能手机普及的影响！

中国有一部很牛的科幻小说，叫作《三体》。里面有这样一句话："我消灭你，与你无关。"这句话真够嚣张跋扈，但却充满大智慧，说明了大趋势，揭示了整个人类世界前进和发展的基本规律。

康师傅和统一方便面的销量急剧下滑，不过它们的对手真不是白象、今麦郎，而是美团、饿了么等外卖。打败口香糖的不是益达，而是微信、抖音。在超市收银台，过去顾客在排队结账的时候无聊就往购物篮里放上两盒口香糖，而今天大家都在刷微信、看抖音。

在这个跨界打劫、飞速变化的时代，你甚至无法想象下个竞争对手是谁，你也很难猜到新兴的某个行业就打败了传统的某个行业。

这是一个摧毁你，却与你无关的时代；这是一个跨界打劫你，你却无力反击的时代；这是一个你醒来太慢，干脆就不用醒来的时代；这是一个不是对手比你强，而是你根本连对手是谁都不知道的时代！

经济形势在变化，商业环境在变化，客户需求在变化，一切都在变化，而且变化越来越快……为了应对变化，比尔·盖茨出版了著作《未来时速：数字神经系统与商务新思维》。但是，尽管他意识到变化的加剧，却没有意识到"数字神经系统与商务新思维"依然不足以应对"未来时速"。

1.1.2 应对快速变化的环境

> 人的伟大在于改变自我。
>
> ——甘地

环境无法改变，能改变的只有我们自己；变化不是我们的问题，我们的问题是必须调整行为、适应变化。做力所能及的事，除了顺势而为别无他途，明白这一点很重要。

时下，很多国人习惯把面临的环境混同于问题、习惯归罪于外部。在我讲学的过程中，经常听到诸如"要是我们老总来听听这堂课就好了""要是我们不是国有企业就好了""改不了，这就是咱们的国情""没办法，体制不同"等说法。这都是混淆了环境和自身问题，本质是为自己推卸责任找借口。试问说这些话的人："你自己做了什么？"

在这个大变革的时代，作为个体的你我唯一能做的，就是保持一个足够开阔的视野，每当有新鲜事物发生、新兴行业兴起的时候，多去发散思考一下，说不定想到的某些点，就串联成线，就可以比别人早一点看到未来，早一点抓住机遇。你不自我革新，不自我变革，就只能等着别人来革你的命！

同样，组织无法改变环境，就只能适应环境变化。因此，管理者需要考虑的最重要问题是如何应对变化。

事实上，应对环境变化的方法主要有 3 种：学习、创新和整合①。

---

① 丁荣贵. 项目管理：项目思维与管理关键[M]. 2 版. 北京：中国电力出版社，2013.

1. 学习

变化速度越发加快，市场竞争越发激烈，当你还没有学会时，你想学的东西可能已经过时了。尽管我们提倡"活到老、学到老"，但必须接受的事实是随着年龄的增加，人们学习能力在逐步衰退、需要花费的时间越来越长。然而变化却不等人，而且越来越快（见图1-1）。

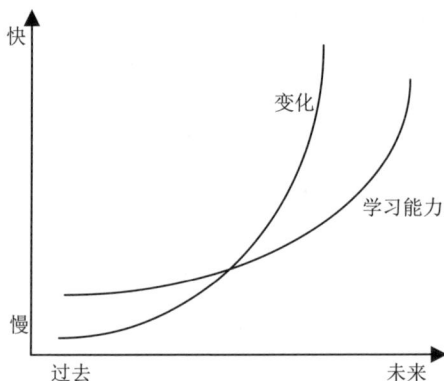

图 1-1　变化与学习能力曲线

既然新产品、新事物、新思想、新模式出现了，我们就需要学习新理论、新技术、新工具、新方法，这样才能掌握和运用这些新产品、新事物、新思想、新模式。

组织和个人的学习情况如何呢？也许不容乐观！从对项目完成后的总结可见一斑。大家知道，总结经验的目的在于：避免在未来的项目上犯同样的错误，增加项目成功的概率。然而，这个过程经常被国人忽视，我们是"做得多而总结得少"。正如一句格言所说，"不知道历史的人注定会犯相同的错误"。以至于就在你所在的企业或身边的企业中，同一个问题反复发生！

培训是学习别人经验教训的捷径，培训也越来越受到重视，越来越多的企业大学就是一个明证。组织将员工送出去参加公开课或实施内训，某种意义上确实为企业带来了新思路；但问题也不容忽视，一个常见现象是接受培训时学员们"听的时候激动，听完了不动"。更有甚者，不培训还好，一培训反而产生了预想不到的后果：员工不仅没有像管理者们期望的那些勇于担当、省视自我、提升管理意识和能力，反而通过培训找到了批评、指责公司问题的突破口，找到了背后嘲笑管理层的理论根据！有人说，国人之所以难管是因为人们太聪明了，培训使他们更聪明，因此也就更难管理。

可见，一方面学习的速度时常无法适应快速变化的环境，另一方面学习也往往无法实现组织期望的效果。当然，我不是说"学习无用"，恰恰相反，即便是学习都无法保证跟上时代的步伐，不学习的结果可想而知；换言之，学习可以减缓被快速变化环境淘汰的速度。

2. 创新

最近几年，伴随着移动互联网和社交媒体诞生了一个新的白酒品牌——江小白。传统的消费者，如果每人喝二两半，凑够四五个人才愿意开一瓶一斤的瓶装白酒，大家需互相迁就，这是上一代人的社交特点。"90后"年轻人有一个特别大的社交属性——不愿迁就，也不需要被迁就。自己点自己的，你愿意喝什么就喝什么，但也别劝我跟你喝一样的。这种消费心态的变化，意味着白酒包装要小瓶化，变成二两、半斤的，可以一个人做主的，这样年轻人更容易购买它。

以前也有小瓶的二锅头，但"90后"除了更个性化之外，"酷"也是他们人生当中非常重要的一个字。所以不仅要小，还要一个人能喝、喝得起、喝着不差、喝不坏、要酷。江小白就很酷。江小白包装上有一句话，是所有消费者提供的。那句话可能非常贴合你此刻的心情。例如，"其实对喝酒的人来说，重要的不仅是谁陪你喝，更重要的是谁在家里等你"。想象一下你是喝酒夜归的男子，把这样一句话发在朋友圈里的时候，老婆有没有可能原谅你多一点。

这些话是消费者自创的，并被江小白的订阅号或小程序等社交媒体收录。每过一段时间，江小白就会选择一部分印在酒瓶上。如果那句话打中了你的心，或者那句话就是你写的，你会不会发在朋友圈？

对于江小白来说，喝白酒的人不仅是消费者，同时是免费传播节点；不仅是传播节点，还是内容提供者；不仅是一个内容提供者，也是整个品牌的参与者。

也就是说，即便在最传统的行业里面，当你发现品牌传播渠道已经从电视台这类大众媒体，变成以个人为节点的社交媒体时，所有的产品设计、所有的传播渠道、所有的思路都是发生变化的。

学习总是跟在人后面，总是在追随（我称其为"尾随"）。哪怕跟得再近，也无法领先。创新才是实现领先的应对策略。在一片红海的白酒行业，"江小白"的崛起为创新做了很好的注脚。

在急剧变化的环境中，人们不可能静等创新，不可预期、难以控制的"创新"也很难成为每个企业轻易掌控的"潘多拉魔盒"。而且，创新往往与风险相伴，常依赖某个英雄人物的出现。某种程度上说，创新是"可遇不可求的"。

3. 整合

换一种思路，既然组织跟不上急速变化的环境，又不具备超凡脱俗的创新能力，那么将与变化同节奏的或领先于变化的其他组织或个人整合进来就是一个很好的策略。掌握最先进技术的最简单方法，就是将掌握这种技术的人或团队"挖"过来。这就是整合，整合是应对环境变化的第三种方法。

苹果公司于 2007 年发布了第一代智能手机 iPhone，其后又陆续推出了许多代精品，在全球范围内引发了智能手机的革命。凭借着产品设计精良、时尚和巧妙的营销，iPhone 吸引了大量忠实用户，每当苹果有新品发布，就会引发全球范围内的"换机潮"，成为人们争相传颂的新闻话题，也成为竞争对手仿效的对象。iPhone 成了引领业界发展的标杆产品，全球销量一路飙升[①]。据《经济学人》杂志报道，iPhone 手机的 10 年累计销量超过 12 亿部，销售额超过 7 400 亿美元（仅 2016 年的销售额就达到 2 160 亿美元），是史上最畅销的科技设备。

除了硬件的质量及更新之外，苹果还为 iPhone 营造了一个封闭但生机勃勃的生态系统。首先，大量用户的存在，带动了很多开发商为其开发内容（如电子书、音乐等）、游戏以及其他各种应用程序（APP）。

---

① https://www.statista.com/statistics/276306/global-apple-iphone-sales-since- fiscal-year-2007/.

截至 2017 年 1 月，苹果在线商店的应用数量已经超过了 220 万个。

我们渴望创新、创造和发明，我们也一直期望出现像乔布斯一样的"牛人"，苹果显然是成功的。不得不承认的事实是，iPhone 手机的巨大吸引力很大程度上来自无数名不见经传的 APP 软件开发者，苹果只是为他们提供了展示才能的机会——一个有效进行资源整合的平台。

1.2　非重复性工作决定组织的发展

组织通过开展工作来实现其商业价值。组织的经营活动可以简单地分为两大类：一类以重复性劳动为主要特征，另一类以非重复性劳动为主要特征。

通过开展持续的活动来生产同样的产品或提供重复的服务的工作称为运营，为创造独特的产品、服务或成果而进行的临时性工作称为项目。运营需要业务流程管理或运营管理，项目需要项目管理。项目与运营的主要区别在于，运营是持续性的、重复的；项目是临时性的、独特的。项目管理与运营管理是组织实现战略的两个途径，项目管理实现组织的持续发展目标，运营管理保证组织的持续稳定目标。图 1-2 表达了组织的愿景、战略与组织工作之间的关系。

愿景位于组织商业价值系统的顶层，回答"要成为什么"的问题；支撑组织愿景的是组织的使命，回答"需要做什么"的问题；明确了使命，就需要定义组织实现使命的组织战略和目标，也即"如何做""如何对使命的完成情况进行检查和度量"。

实现组织战略和目标的手段主要依靠两类工作，一类是持续的、重复的工作（运营），另一类是独特的、临时的工作（项目、项目集[①]、项目组合[②]，本书直接简称为项目类工作，其实这三者既有区别又有联系）。项目和运

---

① 项目管理协会.项目集管理标准[M]. 2 版. 毛静萍，章旭彦，译.北京：电子工业出版社，2009.

② 项目管理协会. 项目组合管理标准[M]. 2 版. 许江林，刘景梅，译. 北京：电子工业出版社，2009.

营都是实现组织战略计划的手段。

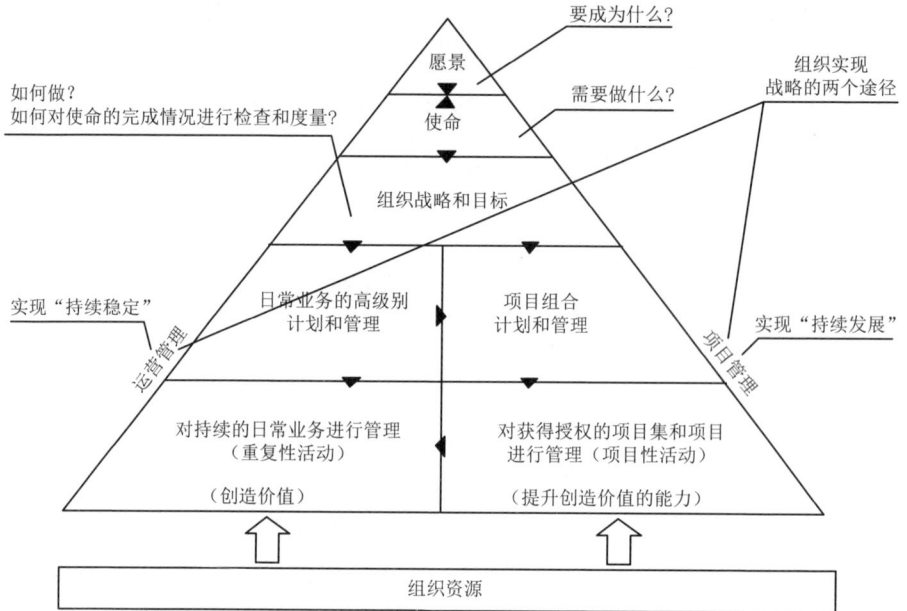

图 1-2　组织的愿景、战略与组织工作之间的关系

1.2.1　非重复性工作是获取高额利润的重要途径

在竞争日益残酷的情况下，企业已经没有重复犯错的资本，哪怕是一次错误也可能将企业拖入万丈深渊。它必须正视以前成功的经验和失败的教训，必须避免犯别人曾经的错，避免重蹈覆辙，还必须做好那些非重复性的工作，必须去适应每一个客户的需求，必须将自己变成一个知识型企业，更要快速转变。

在产业链中，附加值更多地体现在两端：设计和服务（销售）。处于中间环节的制造附加值最低。1992 年，宏碁集团创始人施振荣先生提出了著名的"微笑曲线理论"，如图 1-3 所示。

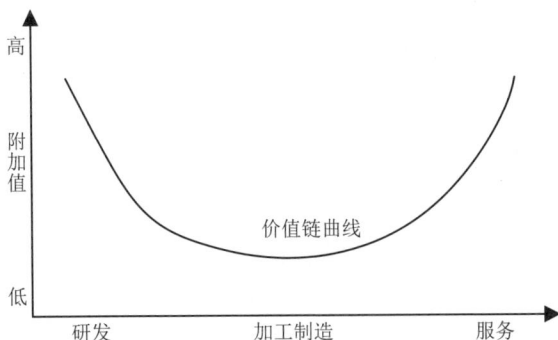

图 1-3　微笑曲线

　　微笑曲线有两个要点，一是可以找出附加价值在哪里，二是关于竞争的形态。微笑曲线中间是加工制造；左边是研发（Research & Development，R&D），属于全球性的竞争；右边是服务，主要是本土化的竞争。当前，制造产生的利润低，全球制造也已供过于求，但是研发与服务的附加价值高，因此产业未来应朝微笑曲线的两端发展，也就是在左边加强研发创造智慧财产的能力，在右边加强客户导向的服务与营销。

　　无论研发活动还是服务活动都有一个共同特征，即它们做的都属于非重复性工作，都是因客户需求变化而变化。从"微笑曲线"中可以看出，附加值最低的活动是加工制造活动。我国成为"世界工厂"，这曾是不得已而为之，而如何获取更高的附加值是每个有抱负的国内企业及其管理者永恒思考的问题。

1.2.2　项目是某种意义上的非重复性工作

　　项目在本质上是独特的（与此前的任何工作相比）、临时的非重复性工作；要求使用有限的资源、在有限的时间内为特定的干系人完成特定目标而开展工作。项目的定义非常简洁，但是含义非常深刻。

　　首先，明确了项目的结果是产品、服务或成果，对于结果强调了其"独特性"。

　　其次，为了获得所需要的结果需要开展相关工作，对于工作强调了其"临时性"。

独特性说明所创造的结果都存在跟以前或多或少不同的地方，即结果的不重复性；同样，为创造独特结果而开展工作的过程不仅是临时的，也具有不重复性。这种"不重复性"会给人们认识项目带来复杂性和不确定性，这就是项目风险的来源。该如何认识"复杂、不确定"的项目呢？答案就是"渐进明细"。

独特性、临时性和渐进明细性，是项目最显著的三大特性，其中"独特性"和"临时性"是最基本的特性，其他特性都是在这个基础上衍生出来的。判断某项工作是否为项目不取决于项目本身，而取决于从事项目工作的人，如果强调其独特性和临时性就可以把工作当项目来做。

1. 独特性

（1）独特性意味着项目的"不重复性"。每个项目创造的可交付成果（产品、服务或成果）是独特的。当前的项目与以前的项目或多或少存在不一样的地方，也就是具有一定的"不重复性"，即便是存在一些相似或重复的部分，并不变项目工作的独特性本质。

> 核电在国内发展很快，在广东、浙江、山东、广西、福建、辽宁都有相关项目，而且进展都算是比较顺利。同样的项目在湖南桃江①和湖北咸宁②实施就遇到了困难，项目遭到当地百姓的强烈反对，致使项目一拖再拖。虽然项目得到了相关部门的批准，人力、物力、财力、技术也不是问题，但终究还是不得不面对被搁置的局面！

如果是创新性很高的项目，将完全没有可以参考的以往项目。独特性意味着项目上有新的知识尚待认知。知识仅是对现实世界的近似描述，人不可能掌握任何事物的全部知识。不能认知和掌握的事物产生了复杂性，对于复杂的事物人们无法一开始就掌握完备的认识，需要有一个循序渐进的过程，正是因为

---

① 湖南桃江核电建设停工前期投资已近 40 亿元：http://news.sohu.com/20130129/n364882347.shtml.

② 湖北咸宁核电站被迫全线"搁浅"已投资 30 亿：http://finance.cjn.cn/djch/201210/t2096200.htm.

没有掌握完备的知识，往往会犯错误，已经发生的错误称作问题，可能发生的错误称作风险，应该通过完善的程序来管理这些错误（风险和问题）。

（2）独特性是相对的。一项工作是否独特是相对的。一个项目与以前的项目相比，或多或少存在某些相似性，如两座大楼建设项目或两个手机开发项目之间肯定有很多相似的地方。如果各个项目完全是独特的，就不可能存在大多数时候适用于大多数项目的知识，项目管理方法也就无法存在。正是这种相对意义上的独特性，使项目管理的应用范围得以广泛扩展。许多工作都具有相对意义上的独特性，也就都具备当作项目来做的可能性。

（3）独特性提升竞争力，增加挑战性。正是因为项目的独特性，才让项目的结果具备了某种竞争力，否则只需要重复生产以前开发的产品就行了。当然，独特性也提升了项目工作的挑战性，项目工作的一个重要方面就是化解复杂性，使之更明确、更可控。

2. 临时性

（1）临时性是指项目有明确的起点与终点。商业机会是短暂的、临时的。快速变化的环境会使过去赚钱的产品很快变成明日黄花，不及时的项目交付成果将失去商业价值。大企业开发市场后，如果不能快速取得优势地位，市场就可能遭受众多"搭便车"的小企业的蚕食，"智猪博弈"的场景就会再现。

> 猪圈里有一头大猪、一头小猪。猪圈的一头有猪食槽，另一头安装着控制猪食供应的按钮，按一下按钮会有 10 个单位的猪食进槽，但是谁按按钮就会首先付出 2 个单位的成本。若大猪先到槽边，大猪、小猪吃到食物的收益比是 9 : 1；同时到槽边，收益比是 7 : 3；小猪先到槽边，收益比是 6 : 4。那么，在两头猪都有智慧的前提下，最终结果是小猪选择等待，以逸待劳，反而收获最大。这就是"智猪博弈"。

临时性是变化的结果。因为商业环境的变化，产生了新的需求，从而催生了项目的出现，项目就是为了满足新产生的需求而启动的。需求是由人提出的，需求本身因为人的需要存在不确定性（人的需要是会变化的），变化了的需求可能是原来需求的完善，也可能是完全不同的需求。所以因需求而启动的项目不可能一直持续下去，当需求得到满足或者需求不再存在，项目就会结束。

如果世界是一成不变的，从一开始（所谓"上帝"那）就按照固定的程序运转，也许现在根本不可能有人类。正是变化的存在，才产生了纷繁复杂的世界，项目的价值正是来源于变化。期望项目不发生变化，只能是痴人说梦，徒劳无益。世界本源就是变化的，但变化不意味着没有规律。我们所能做的是认识和适应变化，掌握规律，而不是对抗和逃离。

（2）临时性并不一定意味着项目的持续时间短。任何具有明确开始和结束时间的工作都是临时的，不会无限期延续下去。临时性与项目的工期长短没有关系，历时一个月的项目是临时的，历时10年的项目也是临时的。

（3）临时性造成项目经理职能权力不足。因为项目的临时性，在组建项目团队时会遇到"招不到合适成员"的风险；在大多数情况下，项目经理在管理团队成员时感到"权力不足"。在最常见的矩阵组织中，项目经理和团队成员是单次博弈，而团队成员和职能经理是多次博弈，况且职能经理决定了成员的工资、奖金和晋升。

项目的临时性决定项目团队的临时性，通常需要随着项目的完成而解散。团队解散后，团队成员需要重新找工作。这也是项目带给团队成员的挑战之一。

（4）临时性不意味着结果的临时性。临时性的项目所创造的结果往往具有可持续的长期生命力，并持续地对环境造成影响。例如，都江堰水利工程至今还在发挥作用。在敏捷项目中，项目结束团队并不解散，而是直接再从事新的项目。传统项目是因事设人（根据有多少事找多少人），敏捷项目是因人设事（有多少人干多少活），敏捷项目的这种安排从一定程度上避免了团队聚散导致的生产力降低。

（5）项目可能因多种原因结束。在以下一种或多种情况下，项目即宣告结束。

1）达成项目目标。

2）不会或不能达到目标。

3）项目资金缺乏或没有可分配资金。

4）项目需求不复存在（例如，客户不要了，战略错了，高层不想做了）。

5）无法获得所需人力或物力资源。

6）出于法律或便利原因而终止项目。

3．渐进明细性

渐进明细，也就是逐渐细化，意味着在连续积累中分步骤实现，以便逐步明确项目的细节特征。由于可能发生变化，应该在整个项目生命周期中反复开展制订项目管理计划工作，对计划进行逐步修正。

项目中存在的各种不确定性导致项目总是处于变化之中，给人的直观感觉就是"计划赶不上变化"。不少人会产生一个疑问，就是那干吗还要做计划？

（1）计划是对不确定事物的认识。无法认识的事物，人们就无法对其有所作为。将不可认识的事物进行分解，或者先认识事物的一部分，整个过程就产生了知识。

项目也是事物的一种，因为项目的独特性导致我们不可能对项目一开始就能认识透彻。从理论上讲，在项目完成的时候我们应该获得对项目的完整信息，但是在项目的初期阶段我们对项目的认识最少，信息过少就无法做出决策，没有决策就不能指导行动。为了获得项目信息，人们的手段是做计划，通过做计划来增加对项目不确定性的认识，有了足够的认识后，就可以指导人们采取行动实现项目目标。

有的项目过于复杂，连计划都无法做出，可以采取的方法是按照既有经验，在可能的几个方面做试验，通过试验刺破屏障，让隐藏的信息暴露出来，然后再据此制订计划。所以，有些项目的调研阶段会持续很长时间。在敏捷项目管理中，经常使用一种叫作"探针（Spike）"的方式来获得项目的信息。

计划是通过抽丝剥茧的方式来逐渐增加对不确定的认识。没有足够的信息就开始行动，项目就是看起来很忙的布朗运动，很难实现预期的成果，甚至连错误结果都不会产生。另外，如果没有计划，也无法判断结果的好坏。

（2）渐进明细说明不可能有完美的计划。因为在项目早期不具备认识项目的所有信息，也就不存在完美的计划；试图在项目早期阶段制订完美计划的想法是不现实的，也会导致巨大的浪费，尤其是项目工期的巨大浪费。

我们要承认计划是不完美的，但不能以此为理由就不做计划，因为没有计划就无法指导项目的进展方向，甚至连自己如何失败的、是对是错都无法判断。

（3）渐进明细要求持续地计划。承认计划的不完美，在做计划时只要做到"足够"就可以了。所谓"足够"，就是当前的认识水平能够指导接下来一段时间的行动。这一段时间可以是一天、一周、一个月、半年。在敏捷项目管理中，往往只做 2~4 周的详细计划。承认计划的不完美，就要在整个项目周期中持续地计划，通过持续地计划来适应变化。

（4）项目的许多方面需要渐进明细。在项目中，需要渐进明细的方面包括如下。

1）项目范围。开始只有粗略的范围说明书，然后细化出工作分解结构和工作分解结构词典。

2）项目计划。开始只有控制性计划，然后逐渐明细，得到具体的实施计划。

3）项目目标。开始只有方向性的大目标，然后逐渐细化出具体的、可测量的、可实现的小目标。

（5）渐进明细不同于范围蔓延。项目的渐进明细，一定要在适当的范围定义下进行，也就是要在项目的边界内进行，以避免渐进明细演变成范围蔓延。渐进明细与范围蔓延根本不是一回事，前者是必须做的，后者是必须避免的。

> 去商场前，在家里计划买两套运动衣，可是到了商场，发现运动鞋促销，于是就买了一双，这是范围蔓延；在到达商场前，只考虑需要买运动衣，没有确定款式、色彩、价位，到商场后，随着所看到的商品越来越多，慢慢对要买的运动衣的款式、色彩、价位有了明确的认识，这是渐进明细。

"渐进明细"是正常的，项目范围不可能在开始的时候就非常清晰，需要不断地补充、细化、完善，这是客观规律。"范围蔓延"是不正常的，是危险的，是未经评估对时间和成本的影响就增加的功能或服务，是失控的变更，这是项目实施过程中必须面对的重要问题。

如果项目是在合同约束下进行的，尤其要注意这两者的区别。合同工作的渐进明细必须在和合同所规定的工作范围内进行，而不能超出该范围。这既是对承包商的要求，也是对发包方的要求。如果超过合同工作范围，就属于追加额外工作，应该按照合同变更管理的程序加以管理。

（6）渐进明细的方式。实现渐进明细的方式有两种。

1）化大为小，逐步推进。将项目切割成几个阶段，在不同的阶段执行不同的项目活动，最终阶段完成项目的所有活动。代表方法是传统项目管理中的瀑布式生命周期。

2）剥洋葱方式，逐层深入。首先解决当前能够解决的问题，逐层深入，每个层次上以不同的完整程度进行项目的所有活动，在最后一个迭代彻底完成项目。代表方法是敏捷项目管理的增量/迭代型生命周期。

从项目的临时性、独特性和渐进明细性出发，可以说任何一项工作，如果你更看重它的临时性、独特性和渐进明细性，它就是"项目"；如果你更看重它的重复性，与其他工作的相似性，以及一开始就能明确大部分细节，它就是"运营"。也正是从这个意义上讲，组织中的许多工作都可以被看作项目，以便推行"项目化企业管理"。

1.2.3 走出"一管就死，一放就乱"的困境

项目与运营的管理方式是不同的。

对于生产线上的工人，昨天怎么干，今天就怎么干，明天还是这么干，这些工作本质上是重复的。基于此，完全可以设定其工作步骤，甚至可以严格地规定其抬左手、迈右脚等流程。因此，运营管理可以通过建立各种控制点，按照固定的程序进行[见图 1-4（a）]。

换言之，运营管理的本质是流程管理。

每个项目都有其独特性，其创造的产品、服务或成果可能存在不确定性；项目团队所面临的项目任务是新的（甚至是全新的）。要么时间要求很紧急，要么成本控制很苛刻，要么需要质量第一，每个干系人对其有不同期望，而且时常受到事业环境因素的制约。

> 一个人定的结婚项目的目标是 30 岁结婚，这并非是指 30 岁生日那天结婚。29 岁结婚算成功，28 岁结婚也算成功，甚至 31 岁结婚也不算失败。这里的 30 岁结婚仅是一个以 30 岁为目标的控制范围。
>
> 同样，一个装修项目如果设定预算目标为 40 万元，这不是理想地认为这个装修必须花费 40 万元，不能多也不能少，如果 39 万元完成可以被允许，38 万元完成可以被允许，甚至 41 万元完工也被接受。

这就是针对独特性项目的框架管理[见图 1-4（b）]，实践证明也只有框架管理才是可行的。试图给项目建立所谓的流程是危险的，时常导致"一管就死，一放就乱"的困境。这也是国内普遍存在的问题。理解针对项目独特性而建立的"框架管理"本质对项目管理的成功具有重要的实践意义。

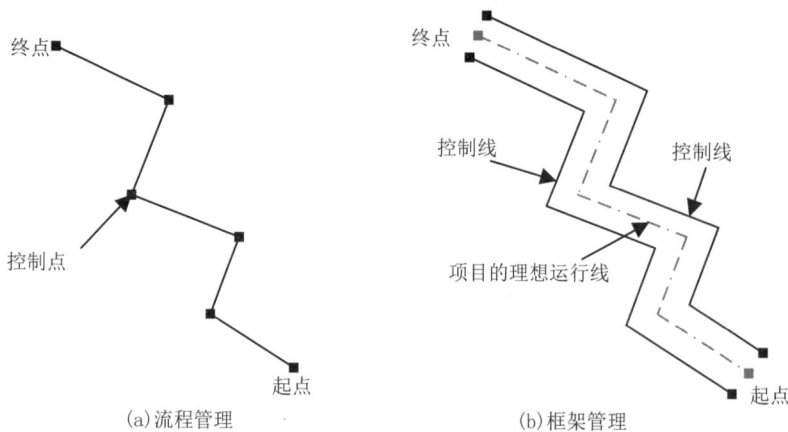

图 1-4 独特性工作与重复性工作的管理方式

现代项目管理基于大师彼得·德鲁克所首提的目标管理，但不是单纯的目标管理。为避免"事后诸葛亮"，流程管理越来越受到人们的重视，以至于我们经常见到各种各样的流程图，流程管理的程度高低也成了管理成熟度水平高低的重要标志。流程是面向确定性工作的，但项目中存在大量的不确定性，导致流程管理在项目管理中遇到了各种各样的困难,有人调侃项目管理流程就是"流于形式的程序"。

必须说明的是，"流程"一词似乎已经深入人们心中，为避免不必要的争论，在项目管理中使用"程序"替代"流程"似乎是一个可行的方案。

1.3 项目是发展手段和业绩来源

在变化的环境下，企业发展不能只靠运营，它必须要变成一个能够快速适应顾客需要的敏捷性企业，它的成长必须靠项目而不能靠运营。虽然企业离不开运营，但是运营不能保证企业登上新的制高点，甚至还会造成企业的衰亡。

1.3.1 用项目实现跳跃式发展

以一家国内著名的以稳健而著称的高科技上市企业为例，观察现代企业的一些发展特点。审视这家企业近年来的主营业务收入（见图1-5），其业绩表现为稳健而且具有持续的增长性，这就是大多数现代企业所遵循的持续发展模式。

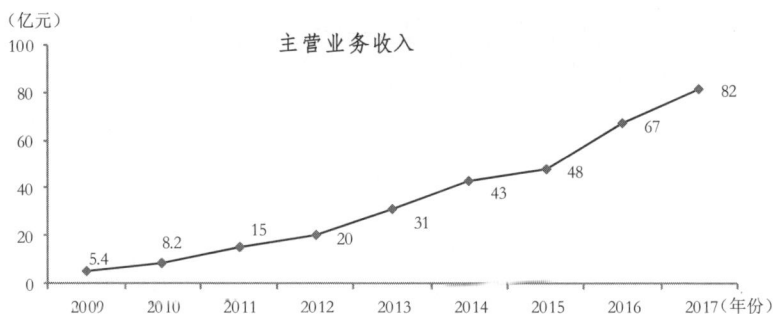

图 1-5 持续发展模式

持续发展模式是绝大多数优秀企业所自然遵循的一种常规发展模式。此类企业往往面对着这样的竞争环境：产品技术容易掌握，竞争激烈，试图击败对手，以占有更大的市场份额，但随着市场空间越来越小，新的利润增长点变得也越来越黯淡，于是，大家争先恐后地采取"低成本"或"差异化"策略，甚至大打价格战，最终导致血流成河，就如同生活在"红海"之中，惨不忍睹。如果企业经营妥善，还可以艰难存活下来，而更多的企业，则会很快沉没在"红海"之中，最后销声匿迹。

除了持续发展模式，还存在着另外一种企业发展模式——跳跃发展模式①。

图 1-6 是某企业的净利润图。从净利润图上可以看出，该企业在2012 年之前一直处于亏损状态，净利润在 2014 年以前的增长也比较

---

① 丁荣贵. 项目管理：项目思维与管理关键[M]. 2 版. 北京：中国电力出版社，2013.

缓慢，2015 年出现了明显的向上的拐点，净利润急剧增长。

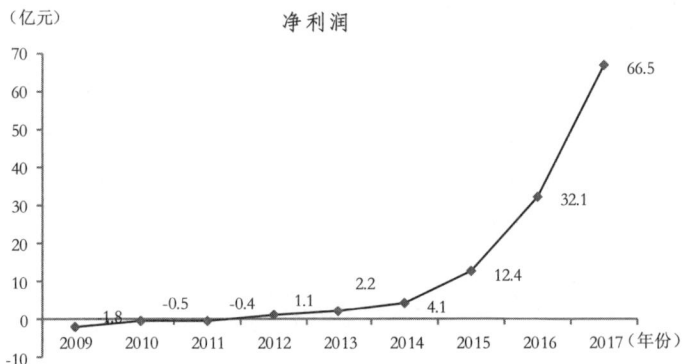

图 1-6　跳跃发展模式

跳跃发展模式是极少数卓越企业的发展模式，其发展战略要点不是如何击败竞争对手，而是全力为顾客和企业提升价值，其产品和技术具有创新性，是行业的领跑者。

运营和项目对企业的价值可以用图 1-7 表示：运营能够维持企业在一个水平上的持续运行，属于持续发展模式；项目实现组织运营水平的提升，属于跳跃式发展，项目才是企业发展的推动力。

跳跃发展模式是极少数卓越企业的发展模式，典型的代表是早期的微软和过去一段时间的三星手机。他们的发展战略要点不是如何击败竞争对手，而是全力为顾客和企业提升价值，其产品和技术具有创新性，是行业的领跑者。

早期的微软，通过一个个项目使其推出的产品（MS-DOS、Windows 3.x、Windows 9x、Windows 2000、Windows XP）极具竞争力（见图 1-8），为企业赢得了充分的利润空间和获利时间。当其他"尾随者"步步迫近之时，它又一次依靠成功的项目实现跳跃将"尾随者"抛在身后。依靠一个又一个的项目实现从一座山峰跳到更高的山峰，就实现了跳跃发展模式。如同生活在"蓝海"之中，获得"蓝海"中的自由翱翔，成为卓越的领跑者。

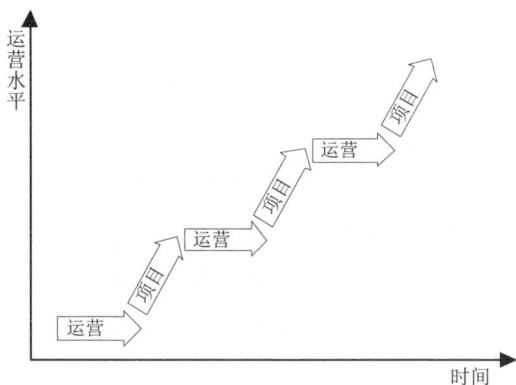

图 1-7　项目与运营对企业成长的作用

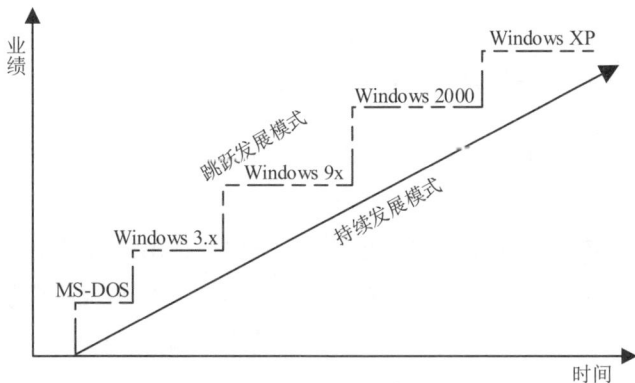

图 1-8　项目是实现跳跃式发展的方式

过去一段时间的三星手机依靠其主要产品（MP3 手机、双屏翻盖手机、双模手机、500 万像素手机、1 000 万像素手机、Android 手机、Galaxy 系列手机）也成功实现了这一点。

研究发现，往往是那些成功实施项目并为行业制定标准的少数跳跃式发展的企业，引领着行业发展，影响着整个行业。

1.3.2　项目是业绩的来源

项目不仅是企业的成长动力，更是每个人特别是管理人员业绩的主要来源。

学者取得了某项理论突破，研发人员完成了某项产品的研制，销售人员赢得了某项合同，管理人员开展了某项管理创新，公益组织实施了某项慈善活动，政府完成了当年的"蓝天计划"……这些林林总总的项目都组成了对个人、团队、组织的业绩评估。

一届政府在表述业绩时常见的表述是修了多少条路、新引进了多少个大型企业、建了多少标志性建筑、引进了多少人才等。可见，政府官员们的业绩也需要通过无数大大小小的项目来完成。

1.3.3 项目是有效整合内外部资源的平台

项目管理在运作方式和思维模式上最大限度地利用了内外资源，从根本上改善了管理人员的工作流程，节省了时间，提高了效率。

IBM 从计算机供应商向咨询服务商转变的过程正是一个成功整合的案例。

作为从制造业向服务业转型的代表性企业，蓝色巨人 IBM 走过了漫长曲折的变革之路。这家曾以各类电脑主机为主要产品的企业，在 20 世纪 90 年代初期遭遇了多重危机。一方面，IBM 面临着内部管理问题；另一方面，核心业务的利润迅速下滑，硬件及相关服务日趋商品化，市场份额遭到新竞争对手的不断蚕食。因此，IBM 遭遇了连续 3 年的亏损，亏损总额高达 160 亿美元，面临被拆分的危险。此时，临危受命的 CEO 郭士纳先生敏锐地发现了一个契机，即面对市场上涌现的大量应用软件/硬件提供商，客户更期望整合。这种市场需求让 IBM 看到了曙光，IBM 走上了转型之路。

1996 年，斥资 35 亿美元收购 Lotus，完善其办公自动化。

1997 年，收购 Isogon 公司，整合 Tivoli 业务，增强其企业 IT 管理竞争力。

2002 年，35 亿美元收购普华永道，尽管安达信事件使整个咨询业遭受前所未有的信誉危机。

2002 年，10 亿美元收购 Informix，扩大其数据库市场份额。

2003 年，21 亿美元收购 Rational，提升开发工具和项目管理能力。

2007 年，50 亿美元收购 Cofnos，提升在商业智能方面的能力。

2009 年，12 亿美元收购 SPSS，增强其数据分析功能。

与此同时：

2002 年，25 亿美元卖掉了其硬盘业务给日立（Hitachi）。

2004 年，12.5 亿美元出售笔记本电脑业务给联想（Lenovo）。

通过长期不懈的努力，使 IBM 变成了"别管 IBM 是卖电脑还是卖高科技服务，它将帮助你获得业务成功"的随需应变的企业，也使其成为全球最优秀的基于项目的企业。由此，IBM 彻底由一个 IT 硬件供应商转变为一个全面解决方案供应商，转变为一个为客户进行全面服务的企业，变成了一头"会跳舞的大象"。

面对快速变化的环境，整合优势尽显。转型也给 IBM 带来了丰厚的回报，成为全球最赚钱的公司之一。

1.4　认清项目管理的真正价值

保罗·格雷斯（Paul Grace）曾断言："21 世纪的社会，一切都是项目，一切也必须将成为项目。"果如其言，项目管理已逐渐成为在当今急剧变化时代中企业求生存谋发展的利器。

第二次世界大战期间，项目管理主要在军事工业内应用，随后逐步进入了民用工业领域。到 20 世纪 90 年代后，项目管理的应用领域越来越广泛，项目管理进入泛化时期。

这一时期出现了许多项目单列式公司，其业务运作的主导形式是一个个项目，如工程建设公司、咨询公司、广告公司、培训公司。甚至律师事务所也将一个个委托事件当作项目来处理。

那些非项目单列组织，也在大规模引入项目管理，如 IBM、微软、惠普和宝洁等全球化运作的公司，不仅将能够项目化的工作尽量项目化，而且要求公司新入职的大学毕业生一律学习项目管理。他们已经将项目管理视作一项基本的管理技能来进行培训、推广。

无独有偶，中国本土企业中，华为、中兴、腾讯等公司也正在大规模地引入项目管理。

华为公司总裁任正非在华为 2014 年第四季度区域总裁会议上指出：华为公司目前的项目管理水平还很低，浪费较大，这是过去以功能部门为中心带来的弊病，华为接下来将试点以项目为中心的管理，逐渐使作战团队拥有更多的权利，监管前移，来配合授权体系的产生。

即使以往认为项目管理无用武之地的行业，如物业管理、美容行业、学校等也纷纷引进项目管理，来管理过去用非项目管理方法管理的活动，甚至在百姓的居家生活中，也会发现项目管理的缩影，比如网络上大热的装修日记往往就是一个个典型又接地气的项目管理案例。

项目化管理的浪潮如此真切地席卷而来，无论组织还是个体，都不仅是见证者，也是毫无疑问的参与者。

1.4.1　项目管理的价值在于沿着正确方向获得正确结果

摩托罗拉曾一直是引领尖端技术和卓越典范的代表，享有着全球最受尊敬公司之一的尊崇地位。它一度前无古人地每隔 10 年便开创一个新工业领域，甚至 10 年中还曾开创两个全新的工业领域。成立 80 年来，摩托罗拉发明过车载收音机、彩电显像管、全晶体管彩色电视机、半导体微处理器、对讲机、寻呼机、"大哥大"以及"六西格玛"质量管理体系认证，它先后开创了汽车电子、晶体管彩电、集群通信、半导体、移动通信、手机等多个产业，并长时间在各个领域中所向披靡、独领风骚。

2011 年 8 月，谷歌以 125 亿美元收购了摩托罗拉。2014 年 1 月，谷歌又以 29 亿美元的价格将摩托罗拉出售给联想集团。谷歌做了一笔严重亏本的买卖！

众所周知，摩托罗拉的项目管理曾被业界公认为领先水平。但是，糟糕的战略让这家曾经的巨无霸企业轰然倒下。

如果一个普通的男生（我的研究生称其为"屌丝"）完全无视赵又廷的存在而打算娶国民女神高圆圆，估计成功概率几乎为零，这属于选择性错误（方向错了）。如果这个男生打算娶他身边的某个单身女生（同学、同事、邻居等）也许就比较靠谱。

当然，能不能将这个单身女生娶回家还要看从求爱到求婚的项目管理的过程做得如何。如果管理得好，假如双方情投意合、家事门当户对，这件事就会成功；如果管理得不好，比如一厢情愿、双方条件差异很大、有人不满意，这件事也会失败。

要取得成功，首先要选择正确的方向，然后再使用正确的方法。选择正确的方向属于战略管理，使用正确的方法属于项目管理；换言之，战略管理在前，项目管理在后。从某种意义上讲，战略管理比项目管理的层次更高。

当然，如何将正确的事情做正确不只是下属考虑的事，更不是可有可无的事，它恰恰是管理者最需要花精力的事。毛泽东认为：有了正确的路线方针后，干部是决定性因素。对企业而言，有了正确的战略后，项目管理就常常是决定性因素。

1.4.2 项目管理是组织战略落地的手段

"火烧赤壁"是《三国演义》中脍炙人口的章节。这里先简单回顾一下3个相关情节。

情节一：周瑜向诸葛亮请教打败曹操的计策。诸葛亮很低调，他说您周都督运筹帷幄，想必是成竹在胸。周瑜很得意，说我有一计，不知可否，请先生为我一决。诸葛亮突然高调地说，您先别说出来，我们将破敌之策写在各自的手上，看看是否所见相同。周瑜同意了。等两人写好后摊开手一看，都哈哈大笑——两个人的手上都写了一个"火"字。

情节二：曹操看到战船用铁索连在一起，果然平稳如陆地，将士不再有晕船之苦，心里很高兴。但是他的谋士过来提醒曹操要防范东吴的火攻。曹操没好气地说，火攻需要借助风势，现在正值隆冬，刮的是西北风，没有东南风，如果东吴用火攻，只会烧他自己。这么浅显的道理自己怎么会不知道。曹操的谋士顿时无语。

情节三：周瑜某天在江边巡查，突然口吐鲜血，昏倒在地。诸葛亮来看他，并给他开了个"药方"——"欲破曹公，宜用火攻，万事俱备，只欠东风"。周瑜一下子从床上蹦了起来，恳请诸葛亮帮他搞定东南风。诸葛亮忽悠他说，他可以"借"3 天东南风，帮东吴火攻曹操。最后的结果就不用说了。

火攻是成功破曹的战略，但是要实现这个战略成功的火攻需要具备 3 个要素：一是火攻的想法（选定战略）；二是火攻成功的手段，也就是制定实现火攻的具体方法（确定项目）；三是火攻项目得以实施，获得实施火攻合适的风向条件（项目的资源与条件）。

火攻的想法其实最初只是一种念想，而周瑜的错误在于他以为有了一个好的理念，就万事大吉，忽视了项目实施的细节，后悔不已，导致口吐鲜血，晕倒在地。

战船用铁锁连在一起则既是曹军的一个决策，也是联军实施火攻的可行性条件。曹操也想到了被火攻，而且他还考虑到了风向因素。但他武断地认为冬天不可能有东南风，因而东吴不能发动火攻。正是基于这种判断，他才决定将战船连起来，并对谋士的提醒嗤之以鼻。事后证明他的判断是错误的，因而决策也是错误的。

诸葛亮不仅想到了火攻和考虑到了风向因素，最重要的是，他能够准确地预测风向（应该没有人会认为诸葛亮真的会借风吧）。而正是这种准确的风向预测才使火攻决策得以成功。最后，成功的项目使得火攻战略得以落地。

我国企业的老板常常困惑：为什么那么多先进的管理理念在自己的公司用不上？而企业管理者也常常抱怨：为什么老板不愿意采纳自己的好建议？他们应该从这个案例中得到答案：企业要获得成功，老板或管理者光有理念或想法是远远不够的，他们需要的是制定一个个好的项目决策、实施好一个个项目。制定一个好项目决策不仅需要好的理念，还必须考虑相关环境因素，最重要的是有能力掌握与自身相关因素的客观情况。

项目是促使理念和战略落地的手段。

"控制应收账款很重要"就是一个企业管理理念。虽然这个理念本身没有错，但是如果企业管理者只会谈这个理念，那么它不会对企业产生什么实际意义。

我们经常会看到这样一种情景：企业的财务部希望采取更严格的信用措施，理由是企业资金紧张。但它的销售部却明确表示反对，理由是这会使销售工作变得更加困难。于是，"公说公有理，婆说婆有理"，而老板则无法决断或左右摇摆，并最终导致组织的管理陷入"一抓就死，一放就乱"的怪圈。

正确的做法是企业管理者应该把理念变成一个项目决策，例如"应该把信用天数控制在多少天（如 30 天、45 天还是 60 天）"。要制定这样一个项目决策，企业管理者必须确定哪些因素（如边际贡献、资本成本、收账成本、坏账成本等）是与这个决策相关的。最重要的是，企业管理者要掌握促使决策落地的相关方法，这才是最有说服力的，也最有可能实现战略决策的落地。假如结论是：45 天的信用天数所导致的财务结果是最佳的，那么 45 天就是最后的决策选择。由于这个决策是基于相关方法而得出的结论，而且它对企业（不是某个部门）来说是最佳结果，因而它比理念更有说服力，也更具有可操作性。

为何说掌握相关方法是最重要的或最有价值的。这是因为理念或战略一般可以在教科书或者课堂上获得。

《孙子兵法》中就有"火攻"一篇。只要看过《孙子兵法》自然会知道火攻以及火攻需要风向的道理。这就是为什么周瑜、曹操、曹操的谋士以及诸葛亮都知道火攻。大家都知道自然就显得廉价了，但是冬天的长江上有没有东南风或者什么时候会有东南风则是在教科书或课堂上无法获得的，这需要在实地现场进行长时间的和大量的信息收集、分析和研究之后才能掌握。而所有人中只有诸葛亮掌握了这种能力（我们有理由相信诸葛亮是长期观察和研究过长江一带的天气变化规律的）。

现在很多企业老板和管理者都上过 MBA、EMBA、总裁班或者其他管理培训课程，因而他们或多或少地知道企业管理的理念。但是每个企业的自身能力及内外部环境又如何？则是外部的培训课程（无论它们有多昂贵，授课老师有多大牌）所无法教给老板和管理者的。这一定是管理者通过对自己企业的经营活动进行长时间的和大量的信息收集、分析和研究后，才能掌握的信息。只有基于这些信息并使用相关的方法落地，才是对企业最有价值的能力！项目正是落地的手段，项目管理的水平往往决定了其科学落地的水平。

在所有的管理科学当中，目前我认为项目管理是一种整合性最强的管理方法。我们把工商管理看成是一个横向的管理过程，它让你看到一片树林但难以在工作和生活中面对结果。项目管理跟工商管理不同的地方在于，项目管理是一个纵向的管理过程，教人如何做事情。

作为横向体系的工商管理往往不需要面对结果，因此也难以直接检验；而作为纵向体系的项目管理就必须直接面对结果，所以就相对容易验证。项目管理作为纵向管理过程教我们在可控的风险范围内如何把一件事情从头到尾办得既有效率又有章法。要追求一位心仪的姑娘怎么追、要装修一个温暖的小家怎么着手，这就非常实用了。

第 2 章

生命周期模型是实施项目的工具

> 创造和使用工具是人类与其他动物的本质区别；创造和使用项目工具是项目组织优秀与否的本质区别。
>
> ——郭致星

人的一生通常划分为儿童、少年、青年、中年、老年等多个时期，这是人的生命的一般发展规律。项目如同人一样有出生（启动）和死亡（收尾），单个人的一生虽然不可重来，但是后来者无非以不同的方式在重复前人的过程，说明虽有独特性但规律性（周期性）也很明显，项目同样是这样的道理。

把人生分成多个阶段来谈论往往就容易说清楚、好把握，每个时期的任务不一样。例如，儿童期只要吃、玩和卖萌就行了，少年期主要任务是求学，青年期完成学业适应社会，中年要负责养家糊口等。项目在分成多个阶段后，更加清楚地展现其规律性，也更加容易把控项目的发展，增加项目成功的可能性。通过划分阶段对工作按照时间进行分类，也容易搞清楚每个时期的主要矛盾是什么。

《易经》中讲"上易知、初难定"，意思是年少时往往有发展的无限可能，但到老年就基本有了定论，盖棺时就可以完全确定了。项目也一样，项目初期的不确定性最高，后期随着信息的明确，成功与失败都清楚了。

在古代，人从一个阶段过渡到另一个阶段往往会有一些仪式，如男子二十而冠、女子十五而笄。现代人中学毕业、大学毕业、参加工作、结婚等也都是标志性事件。项目的阶段和阶段间过渡的时候也需要一些标志性的事件，我们称其为里程碑、关口、验收、评审等。

项目生命周期指项目从启动到收尾所经历的一系列阶段，生命周期是项目经理和团队组织项目过程的方式。无论项目涉及什么具体工作，生命周期都能为管理项目提供基本框架。

2.1 生命周期模型是组织项目的工具

实践中，项目生命周期通常是按顺序排列而有时又相互交叉的各项目阶段的集合。阶段的名称和数量取决于参与项目的一个或多个组织的管理与控制需要、项目本身的特征及其所在的应用领域。生命周期可以用某种方法加以确定和记录。

可以根据所在组织或行业的特性，或者所用技术的特性，来确定或调整项目生命周期。虽然每个项目都有明确的起点和终点，但其具体的可交付成果以及项目期间的活动会因项目的不同而有很大差异。

2.1.1 项目生命周期的特征

项目的规模和复杂性各不相同，但不论其大小繁简，所有项目都呈现下列生命周期结构（见图 2-1）。

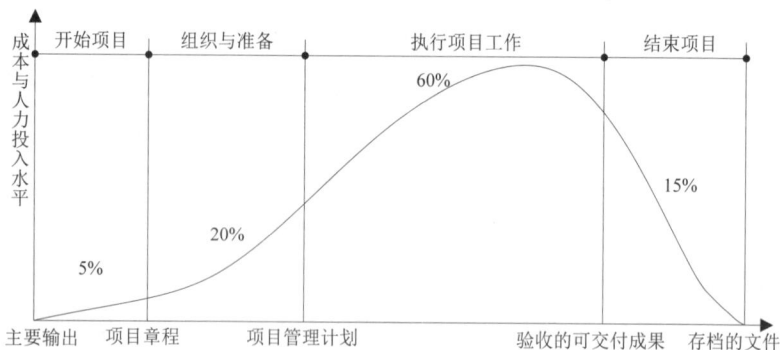

图 2-1　项目生命周期中典型的成本和人力投入水平

（1）启动项目。

（2）组织与准备。

（3）执行项目工作。

（4）结束项目。

这个通用的生命周期结构常被用来与高级管理层或其他不太熟悉项目细节的人员进行沟通。它从宏观视角为项目间的比较提供了通用参照系，即使项目的性质完全不同。

通用的生命周期结构通常具有以下特征。

（1）成本与人力投入在开始时较低，在工作执行期间达到最高，并在项目快要结束时迅速回落。这种典型的走势如图 2-1 所示。

（2）干系人的影响力、项目的风险与不确定性在项目开始时最大，并在项目的整个生命周期中随时间推移而递减（见图 2-2）。

（3）在不显著影响成本的前提下，改变项目产品最终特性的能力在项目开始时最大，并随项目进展而减弱。图 2-2 表明，变更和纠正错误的代价在项目接近完成时通常会显著增高。

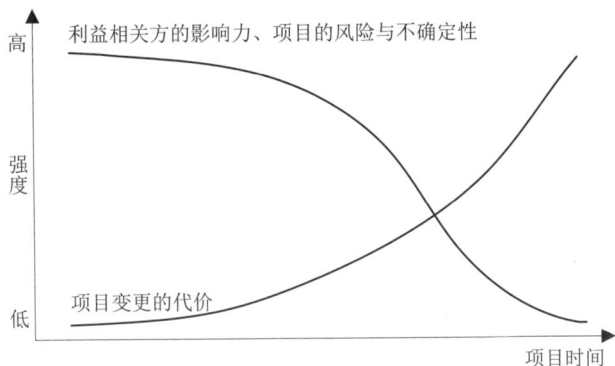

图 2-2　生命周期中随时间而变化的变量影响

在通用生命周期结构的指导下，项目经理可以决定对某些可交付成果施加更有力的控制。大型复杂项目尤其需要这种特别的控制。在这种情况下，最好能把项目工作正式分解为若干阶段。

虽然每个项目都有明确的起点和终点，但具体的可交付成果及项目期间的活动会因项目的不同而有很大差异。不论项目涉及的具体工作是什么，生命周期都可以为管理项目提供基本框架。项目经理可以使用生命周期模型对项目进行组织并实施有力的管理和控制。

不同的生命周期有不同的风险处理方式。实践中主要有 4 种不同类型的生命周期：顺序型、迭代型、增量型和敏捷开发。图 2-3 和表 2-1 给出了几种生命周期模型的比较。

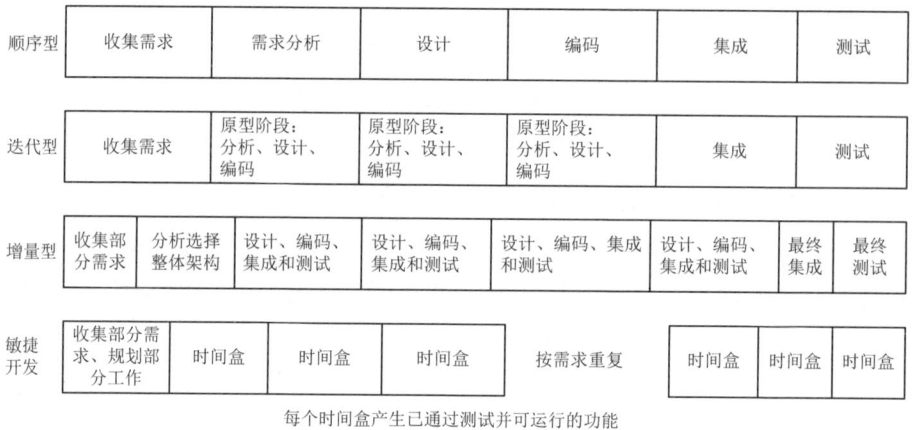

图 2-3　几种生命周期模型的比较

表 2-1　几种生命周期模型的比较

生命周期类型	范　例	优点及使用条件	项目优先级	成功预期
顺序型	瀑布模型、V模型	管理成本风险（如果管理层采用阶段式） 需求已知并已就其达成共识 系统架构已被深入理解 项目需求不会发生变化 项目团队不会发生变化	（1）功能集合 （2）低缺陷率 （3）发布时间	成功，并可得到反馈

续表

生命周期类型	范　例	优点及使用条件	项目优先级	成功预期
迭代型	螺旋模型	管理技术风险 不断演化的需求	（1）发布时间 （2）低缺陷率 （3）功能集合	迭代中的任务已做规划，并且按计划完成
增量型	项目日程有设计决定并按阶段交付	管理日程风险 可以应对小的需求变更，但是难以处理影响到架构的变更	（1）发布时间 （2）低缺陷率 （3）功能集合	成功
敏捷开发	Scrum、XP	管理日程和技术风险 如果团队成员不在同一物理位置，人员职能不完备，就难以实施	（1）发布时间 （2）低缺陷率 （3）功能集合	成功

2.1.2　顺序型生命周期

在顺序型生命周期（又称预测型生命周期）中，团队首先获取所有的需求，基于这些需求，项目可以进入分析和设计阶段，以决定系统的整体布局。项目团队就整体布局达成一致意见后进入开发阶段。开发完成后，团队将会整合所有的功能，再开始最终测试。

在现实中，当前阶段尚未完成时，下一个阶段就可以开始了。不过，"一次只做一个阶段该做的工作"是顺序型生命周期中最常见的约定。如图 2-4 所示是顺序型生命周期的实例（瀑布模型），项目经过一系列顺序或交叠的阶段，其中每个阶段通常关注一组项目活动和项目管理过程。每个阶段的工作通常与前续阶段和后续阶段有本质的差别，项目团队的组成和所需技能也因阶段而异。

顺序型生命周期会花费较长时间。顺序型生命周期可以预测工作持续时间：实现功能需要多久，找到并修复缺陷需要多久，整合系统功能需要多久，管理需求变更要多久，等等。显然，这并不容易！除非项目管理者及其团队可以完全预测项目未来，否则不可能估计到未来要知道的每件事情。

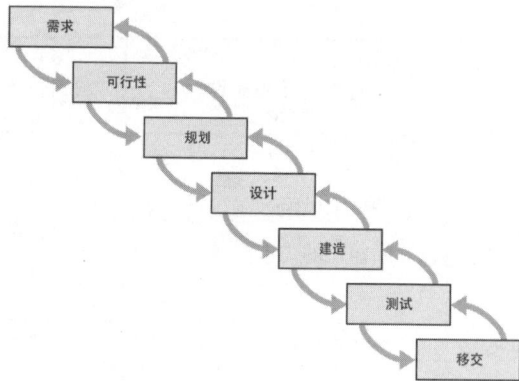

图 2-4　顺序型生命周期

在顺序型生命周期中，项目经理要允许占用计划外的时间（比如项目结束时的系统测试）以弥补项目过程中的未知风险和问题可能造成的损失。

以下情况优先选择预测型生命周期。

（1）充分了解拟交付的产品。

（2）有厚实的行业实践基础。

（3）整批一次性交付产品有利于干系人。

即使采用了预测型生命周期，仍需要滚动式规划的概念。先编制一份高层级的概要计划，再随着新工作的临近、资源得到分配，针对某个合理的时间段编制更详细的计划。

2.1.3　迭代型和增量型生命周期

迭代型生命周期先创建系统的部分原型，以此解决一些预测问题。在迭代型生命周期中，项目团队会在每次迭代中开发产品的一个部分。至于是否必须在迭代结束时完成产品某部分的开发，对此常不做要求。迭代型生命周期不要求同时进行测试和集成。

增量型生命周期与顺序型生命周期在需求收集和分析阶段有类似之处。不同的是，增量型生命周期用时间盒限制需求的收集和分析，然后按照功能分成不同模块并交付不同团队来实现。各团队每开发一个功能，完成相应的测试和集成后，再开始开发下一个功能。使用增量型生命周期的项目，在进行增量型开发之前，也会遇到预测不准的问题。进行增量型开发后，项目团队会得到使用这种生命周期构建功能的反馈，从而决定项目的走向。

在迭代型和增量型生命周期中，随着项目团队对产品的理解程度逐渐提高，项目阶段（又称为迭代）有目的地重复一个或多个项目活动。采用迭代和增量方式的项目也可以使用阶段推进，迭代本身可以顺序或交叠进行。

在大多数迭代型和增量型生命周期中，都会制订一个高层级的框架计划以指导整体实施，但一次只针对一个迭代期制定详细的范围描述。通常，随着当前迭代期的范围和可交付成果的进展，开始规划下一个迭代期的工作。完成一组既定的可交付成果所需的工期和投入可能发生变化，项目团队在迭代期之间或之内也可能发生变化。对那些不属于当前迭代期工作范围的可交付成果，通常只需要简单概述，暂且留给未来的某个迭代期实施。一个迭代期工作开始，就需要仔细管理该迭代期的工作范围变更。

以下情况优先选择迭代型和增量型生命周期。

（1）组织需要管理不断变化的目标和范围。

（2）组织需要降低项目的复杂性。

（3）产品的部分交付有利于干系人，且不会影响最终或整批可交付成果的交付。

大型复杂项目通常采用迭代方式来实施，这使项目团队可以在迭代过程中综合考虑反馈意见和经验教训，从而降低项目风险。

2.1.4　敏捷生命周期

敏捷生命周期迭代更短、增量更少。用敏捷生命周期组织启动一个项目，只需要一点点前期的规划工作——只要足以启动项目，而且知道产品负责人对当前产品的期望就可以了。项目负责人甚至可以将他们需要的功能划到指定的迭代中，但是项目团队不会花很长时间做版本规划。实际上，他们会去规划一个有时间限制的迭代中要完成的工作。

项目团队在这些时间盒中开始工作，首先实现最有价值的功能。他们会收集很多数据，比如他们的工作进展、问题解决情况、需求理解状况等。随着项目的推进，团队从项目负责人那里获得关于项目功能的反馈。然后基于团队的工作效率和环境变化，重新规划后续迭代。由于团队会主动寻求对于工作和流程的反馈，这种生命周期能够将收集到的反馈与项目进展完美地整合到一起。这些反馈包括项目的真实状态、开发效率、寻找和修复缺陷的效率，以及团队的假定，等等。

除非项目团队主动按照功能去规划开发、测试和集成的工作，否则他们一般会遵循"设计—实现—测试—调试"这样的循环（见图2-5）。设计师首先设计产品，接下来进行技术实现、测试，最后进行调试。这个过程可能花费数周甚至数月。

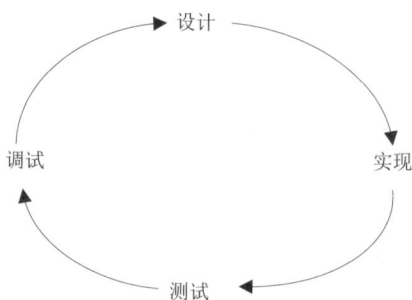

图 2-5　设计—实现—测试—调试循环

以下情况优先选择敏捷生命周期。

（1）需要应对快速变化的环境。

（2）需求和范围难以事先确定。

（3）能够以有利于干系人的方式定义较小的增量改进。

2.2　有效使用生命周期模型

生命周期可以为管理项目提供基本框架，生命周期模型是项目经理组织和管理的有效工具。

2.2.1　基于 SDLC 的项目管理方法

系统开发生命周期（Systems Development Life Cycle，SDLC）是项目管理的一种方法，它常用来帮助系统开发项目的计划、执行和控制。SDLC 包括一系列在一个开发项目周期需要完成的阶段或步骤。SDLC 是一种典型的解决问题的方法，它包括以下 6 步。

1．问题界定

收集、分析数据并明确界定问题和机会。界定和研究技术方面、经济方面、业务方面及其他方面的可行性因素，以确定（至少最初确定）是否可以成功地开发和使用系统。

2．系统分析

界定要开发系统的范围、访问潜在用户、研究现有系统（可以作为指南）和明确用户要求。

3．系统设计

提出几种可供选择的概念性设计，在较高层次上描述输入、处理、输出、硬件、软件等组件。然后评估每一个备选方案，选择一个最好的方案来进行进一步设计和开发。

4．系统开发

实际建立系统，购买硬件。软件可以通过购买、定制或开发得到。软件、数据库、系统报告、网络、控制及其他特性也一并开发。

5．系统测试

系统内的单个组件开发完成之后进行测试。测试包括找出逻辑错误、设计错误、遗漏错误、安全错误，以及阻碍系统成功的其他问题。在测试完单个组件和纠正问题之后，对整个系统进行测试。一旦用户和开发人员确认系统正确无误，系统即可付诸实施。

6. 系统实施

用新系统取代现存系统，并对用户进行培训。

系统发展生命周期以系统实施作为结束。系统生命周期本身在系统完成和运行以后还会继续，要对开发过程有一个正式的评审，并继续对系统进行维护、改进和提高。

2.2.2　切勿僵化地理解生命周期模型

生命周期是组织项目的理想化方式。选择了某种生命周期，并不意味着就要僵化地执行下去。项目经理可以根据项目的风险情况，整合其他生命周期的管理方式。

如果项目经理遭遇过必须提早确定架构所带来的风险，而且知道目前收集到的需求只是一部分（还不能使用敏捷生命周期），那么如图 2-6 所示的这种组合式生命周期可能会对此有所帮助。使用这种结合方式，项目团队可以先在迭代中做一些原型化的工作。了解到足够情况后，团队可以按照进度进行增量式开发、实现、测试和集成。

图 2-6 是一种组合式的生命周期，用到了迭代型生命周期的一部分（原型化）、增量型生命周期的一部分（两个完整的功能实现和后续开发），其中有些想法来自敏捷社区（对需求初步了解，并随着项目进展将需求迭代实施），项目结束时的最终测试用来管理风险。

了解初步需求	将目前了解的需求原型化，收集反馈，选择技术架构	完整实现两个功能，并随即进行集成	测试架构，演示现有功能	继续实现、并不断进行集成	最终集成

图 2-6　生命周期的复合使用

在项目开始时，不必获得所有需求。按照功能进行实现，用时间盒限制迭代，与客户一起工作，这些措施可以确保开发的产品符合客户的要求。无论选择哪种生命周期，在项目开始时都要做规划，千万不要觉得可以在没有客户/用户的情况下启动项目。

说了这么多，总结起来组合式项目生命周期要做好两件事：一是项目的工作路径需要自主规划；二是项目的关注点在于如何响应变化。

2.2.3　树立全生命周期视角，关注项目交付的持久成果

总结组织完工的项目，项目正式完成后半年或一年后发生了哪些变化？项目成果被保持下来了吗？指定某人负责固化项目成果了吗？还是项目结果只是存放在一个项目文件夹中，然后放在文件架上，慢慢积满灰尘？抑或是项目成果默默地待在办公桌的抽屉中或某个角落？

如果你过去的项目结果是在那里"慢慢积满灰尘"，你并不孤单，不计其数的项目结果就是这么悲催！

如果在项目中充分考虑项目结束后要发生的事情，就完全可以避免这个结果，这就是项目的"全生命周期视角"。因此，在选择解决方案时，请务必回答以下（不限于）问题。

（1）谁来执行这些解决方案？

（2）在什么条件、何种背景下持续地使用项目成果？

（3）项目成果的运行需要哪些培训？

（4）从长期角度，设备维护难易程度如何？

（5）项目成果持续运行的相关成本怎样？

（6）是否容易更新操作指导书？

这里必须说明的是，项目交付的持久结果比项目过程更值得关注。

（1）关于如何、为什么、何时、在哪里使用项目的交付成果是项目进展过程中决策的基础。

（2）考虑实用性和可行性。方案设计时，要把实用性放在重要位置。选择看起来并不完美但人们经常使用的方案，比选择所谓完美的方案更好。对项目业务了解越多，项目结束后成果的可能性越大。

（3）考虑项目长期的所有权。实施人员自己保留项目成果的项目常导致积满灰尘的垃圾，必须有人接收项目的可交付成果。请接收人员在规划阶段就参与项目，对项目成功颇为有益。

2.2.4　知识工具化、工具可视化是核心竞争力

如果只能用一个词来概括当今的商业环境，恐怕只能是"变化"——唯一不变的就是变化，唯一能够肯定的也是变化。在瞬息万变的时代，商业机会稍纵即逝，如何在限定时间内完成预期的项目成果，是每个项目经理面临的挑战。

1. 知识工具化可以形成组织核心竞争力

组织要提高速度绝非易事，其运行速度受限于其拥有的知识。只有知识才能帮助组织在千变万化的环境中迅速发现真正的问题并创造出有效的解决方案。

知识是一个组织区别于其他组织的唯一资源。国内企业与西方卓越企业的重要差异之一在于中资企业普遍没有重视对企业知识的管理[①]。

> 中餐馆开遍了全球，它们简直是中资企业的典型：企业的命运很大程度上依靠大厨的手艺，换句话说，企业的命运很大程度上寄托在能人身上而不是企业自身；而能人又靠的是个人的悟性、经验、直觉或秘方（这常是所谓正宗与非正宗的区别）。有意思的是，与中国人相比美国人似乎强调个人英雄主义，但在企业经营中，反而是中资企业更依赖个人英雄。

中资企业与外资优秀企业的竞争常常是少数英雄的能力与对方整个企业在几年、十几年甚至几十年内积累的知识和能力在竞争！

对企业项目管理的要求是"进入角色快、发现问题快、给出解决方案快、交付项目成果快"。这"四快"说起来容易，但倘若没有良好的工具，"四快"简直是空中楼阁。组织只有将个人经验、知识转化为技术并工具化才能提高项目的执行效率。组织应成立专门的项目管理办公室（Project Management Office，PMO），负责将项目经验知识化，将知识工具化，并予以培训和应用。

总之，将知识工具化是形成组织核心竞争力的必由之路。

---

① 丁荣贵. 项目治理：实现可控的创新[M]. 2 版. 北京：中国电力出版社，2017.

2. 可视化工具是项目工作的好帮手

实践告诉我们，长篇大论的文档是没有人看的。

作为项目经理，务必要把给人看的文档写得简明扼要，如果实在没有办法减少文档页数，至少也要把第一页纸写得高度概括，当人们（特别是客户、老板）看的时候，他们可以选择只看第一页。

> 公司新任命的项目经理金鹏给主管副总经理潘媛媛汇报制订的项目计划安排。潘总粗略翻了一遍文档，面对数十页的文件一筹莫展。
>
> 金鹏对着自己制订的计划，同时结合相对直观的甘特图讲了 30 分钟。潘总终于弄清楚了一个工作被分成几个阶段安排的原因。潘总肯定了金鹏的想法，但也隐晦地批评了项目经理的烦琐，提醒他以后汇报工作要简单、明了，否则不仅难以理解而且推动起来也比较困难。

一定不要把文档做得复杂、晦涩。要善于使用图表、插图等可视化工具，以最短时间、最小篇幅，把复杂内容简单化，让干系人迅速了解真实情况，把握关键要点。

使用何种工具，以及能否有效使用这些管理工具，是综合能力的反映，也是竞争力的体现。

2.3　敏捷还是传统这是个问题[①]

不同的生命周期有不同的风险处理方式。敏捷项目管理越来越成为一种趋势，以应对快速变化的环境。敏捷对项目团队的要求更高，需要团队成员能做好自身工作的自我管控。

2.3.1　敏捷方法与传统方法的互怼

《PMBOK®指南》是被广泛认可的、关于项目管理的方法和实践的知识来

---

① 本节主要贡献者为陈利海。

源，其介绍的大多数方法都是通用的，适用于所有项目（敏捷或者传统的）。但是，《PMBOK®指南》多数情况下基于传统的计划驱动的项目实施模式（预测型生命周期）来阐述的。而且，《PMBOK®指南》既不是完整的，也不包罗万象。

需要说明的是，《PMBOK®指南》更多的是指导性的而不是具体的方法，每个人都可以用不同的方法和工具来应用这个框架。尽管最新发布的第 6 版《PMBOK®指南》中新增了项目管理方法在敏捷或适应型环境中需要考虑的因素，人们还是更多地在顺序型（预测型的瀑布模型）语境下理解它。

遗憾的是，人们经常采用互相鄙视、非此即彼的割裂方式来看待敏捷方法与传统方法（现实中，瀑布模型被默认为传统方法的代名词）。

喜欢敏捷方法的人对于传统方法的误解常有以下几个方面。

（1）过多的文档工作。

（2）一堆检查表格。

（3）繁重的流程。

（4）人被流程管理而不是人管理流程。

同时，与之恰恰相反的人们对于敏捷的误解常有以下几个方面。

（1）完全抛弃流程。

（2）无序的，失控的。

（3）不适用于复杂项目。

（4）不专业。

必须说这些大部分都是误解，然而在这些误解背后，也存在一定的真实性。

2.3.2　注重实践 VS 思维方式

敏捷强调应对变化，关注"价值—客户/用户—团队"之间的协调和适应，有方法论和框架，也特别注重实践。但凡看过一些敏捷资料的人都能说出几点，如迭代、冲刺、用户故事、测试驱动等，看上去很美，听起来很简单。

仔细分析你会发现，我们的项目经理或管理者们，很多都是从传统项目管理或实践中开始了解敏捷或进行转型的，但敏捷和传统项目管理却有着很大的不同。这些不同，不是表面上的框架和方法论，也不仅是工具和技术的应用，更为关键的是思维方式不一样！

（1）敏捷需要实践，敏捷中很多知识和实践甚至是反直觉的——这些直觉很多是对"常识"的偏见，却未必是正确的。

（2）传统的项目管理，通常强调严格和完善的计划、遵循计划进行执行和监控，通过复杂的流程进行变更控制。

通过上面的探讨，你可能抓住了两个关键词，一个是"注重实践"，另一个是"思维方式"。但是，我们平时做项目难道不注重实践了吗？我们平时做项目难道不灵活应变吗？还真没有见过谁把《PMBOK®指南》上规定的全部过程在实践中全盘拿过来用的，大家都是根据实际情况进行调整和适应。传统项目的方法和工具也是由实践总结而来的，所以传统项目也很注重实践。

从表面上看，敏捷方法和传统方法是水火不相容的。如何能将两者融合起来并不是显而易见的，但两者却是相互之间非常好的补充。要将两者很好地结合起来需要花费一些时间。而理解这两种方法论，并根据项目的具体情况准确判断并将两者结合起来，则依赖每个项目经理在管理具体的项目时去实现。显然，这很不容易！

2.3.3 失败的实施归咎于方法

我们必须将项目实施方法同它们在现实中的具体实施区分开。有时候，由于某些具体实施不成功，导致人们认为方法本身是错误的。在很多情况下，问题发生在实施上而不是方法本身。不管是传统方法还是敏捷方法都有此类情况，由于实施不成功而被冠以恶名。

在有些时候，传统方法由于过多的文档工作、繁重的体系控制，而不能灵活地根据业务环境选择适当的文档工作水平和控制度而被人诟病。其实在传统方法中并没限制通过适当的方法来减少文档量及控制度。

敏捷方法被人指责的原因则是另一个极端，因为有时候人们会过快地进入项目执行阶段而只做了很少的甚至一点都没做项目前期计划。同样，在敏捷方法中也没限制人们自己决定做多少前期计划是合理的。

上述两种情况，问题都发生在具体的实施上而不是方法本身，然而有时候人们将其归咎于方法，仗打不好怪兵书不好。事实上，《PMBOK®指南》所阐述的原理、方法，无论是传统方法还是敏捷方法都没有很好地落实。

2.3.4 指导性方法与规定性方法：无套路 VS 有套路

敏捷方法和传统方法基于两种完全不同的理念。

1. 敏捷方法是指导性的加法方法

敏捷方法一般来说只提供非常简单的、价值导向的原理，而不做出具体规定，预留较大空间给具体实施人员来决定在特定的环境下如何应用。它希望实施人员在其上根据实际情况增加新的内容。整个方法体系的设计都是灵活及自适应的。

敏捷项目管理中重要的一点就是，方法都是指导性的而非规定性的。规定性的方法试图规定团队应做的每件事情。这种方式使人迷失其中。人们要从一堆方法中进行选择而又缺少指导，这导致想要为某个具体项目剔除无关的方法困难重重。

一组指导性的方法是一个系统的最小集合。它不规定项目团队要做的事情，但是它定义了那些有价值的、基本适用于所有项目的方法。

从一组最小的方法集开始，然后审慎地根据需要用"加法"增加其他的方法，同从全面的方法集出发之后用"减法"将其减少到一组适用的方法相比，被证明是更加有效的。敏捷不会用几千页的文档来规定开发商需要的每件事情……

2. 敏捷方法是规定性的"减法"方法

以瀑布模型为代表的传统方法，以计划驱动的方法采用"减法"，使用者需要将其裁剪，只使用特定项目中需要的内容。瀑布方法的问题在于过度规定做什么，而敏捷方法的问题在于过度不规定做什么。《PMBOK®指南》第 6 版有 700 多页，PMI 的原意非常清楚，它提供了一组工具，你可以将这些工具作为参考，按照你的理解使用它们。然而，《PMBOK®指南》的写法，很容易让人将其看作权威性的和规定性的文件，虽然这并不是它的本意。

敏捷方法制定文档强调最精简化。遗憾的是，大部分传统方法都受累于"减法"思维。传统方法都是由专家们提炼总结的，他们希望这些方法可以为使用者提供所有的可预见的情况下的指导。所以，专家们制定了非常全面的方法，并在不重要的和不复杂的项目上做"减法"。这些专家理解如何做"减法"，并经常为其他人提供指导和案例。

遗憾的是，大多数项目实施人员、用户和项目经理并不具备足够的专业知识和自信心，他们希望看到所有的计划、规范和标准，他们觉得这样比较安全。非专业人士无法根据需要选择合适的方法，却在项目上直接使用所有规定的方法。非专业人士很少阅读不断更新的资料，却错误地认为他们使用了最佳实践来保证项目的可预测性和可控性。不用说，总结提炼方法的专家会非常失望，因为他们的方法被按照字面的意思错误地使用。

敏捷方法（如 Scrum）被批评太过虚无，在一些重要的领域不够具体，尤其是在一些高层次的项目管理方法上面。另外，以瀑布模型为代表的传统方法被批评规定性太强。最理想的方法介于两者之间，西方人喜欢把矛盾的问题分开看，东方人喜欢对立统一地看问题，其实敏捷的至高境界应该是中庸之道，执其两端而用其中。

2.3.5　人性价值导向与流程导向：为项目选择流程而不是相反

传统方法和敏捷方法的另一个区别是人性价值导向和流程导向。传统方法没有深度挖掘项目管理中的人性成分，而敏捷方法则直接谈到了项目人员管理中的人性成分。

第 6 版《PMBOK®指南》的第 9 章和第 13 章分别是"项目资源管理"与"项目干系人管理"。这些主题更多地依赖原理性理解和反复实践才能灵活掌握，尤其是要善于反思才能做好，而不是采用一些按部就班的流程就能做好的。当然，一个优秀的项目经理懂得如何管理项目人员。

敏捷原理更加深入，通过敏捷宣言强调人性价值导向："依靠自我激励的团队完成项目。为他们提供需要的环境和支持，信任他们可以完成工作。"

传统方法和敏捷方法的区别：

传统方法以流程导向，在流程导向中融入了以人为导向的思想，但依然是流程为主人性为辅；敏捷一开始就强调以人为本，敏捷的四大价值观之一就是

"个体和互动高于流程和工具"。

这两种方法已经日益融合，但这两种思想体系要真正地融为一体尚需时日。

敏捷方法在过去的 16 年间成熟度大大提升，也越来越多地认识到在以人为本的基础上也需要增加以流程为导向的内容。

传统方法也逐步开始丰富项目管理中对人的关注，在《PMBOK®指南》第 6 版中新加入了敏捷的应用指导，就是例证。

2.3.6　强调前期计划和控制与对变化的及时响应

传统方法一直以来都强调前期计划及控制，自然而然地会注重对项目范畴的管理和控制。在敏捷项目中对项目范畴的控制并非至关重要，敏捷方法持有一种开放的心态，鼓励和欢迎在项目过程中来自相关人员的各种变化。这与传统方法在思维方式上大相径庭。

当业务需求非常不确定时，随着项目进展很有可能发生变化，要想真的控制改变只是一种妄想。即便是计划非常完善的项目，可能开始时看起来一切尽在控制中，而后期变化非常频繁而导致所谓的控制变成了虚幻的表象。在这种情况下，试图获得高控制性是徒劳的，而真正需要的则是控制和灵活之间的一种平衡，既有根据计划的一定的控制，又保持足够的灵活性以应对项目过程中业务需求的变化。

我们必须仔细思考如何实现这样的平衡，而要获得这样的平衡必然要做些权衡。比如说，要想成功获得业务上的效果，就要在整个开发过程中采用更加协作的方法，允许在开发过程中提出更多的业务上的需求，而这可能会影响对项目的预测，以及对于成本和时间的控制，这种权衡应该是完全可以接受的。从实践角度，控制与适应的程度取决于项目的不确定性和复杂度。《PMBOK®指南》中没有任何地方说不可以做这样的妥协，当然其中也没有特别鼓励去做这样的权衡。

而在另一个极端，敏捷方法则鼓励项目团队尽早地进入执行阶段，不要做过多的前期计划，而这则带来另外的一些问题。

由于前期计划很少，开始时对于预算和时间的估计非常不可靠，这可能带来意外的"惊喜"。由于在敏捷方法中，经常采用增量和迭代的方法来开发，没有在前期做好架构设计的工作，而是随着项目进展不断完善的，这可能导致大量的重构工作。

在很多情况下，项目失败并不是由方法本身导致的，而是由错误地实施而导致的。不管敏捷方法还是非敏捷方法，从来都没有任何理由阻止我们根据具体的业务情况及项目本身的风险和复杂度来选择和制定好的方法。

例如，敏捷方法同样可以包括以下两个方面。

（1）通过适当的前期计划来获得一定精确度的成本和时间估计，并随着项目进展不断地完善它。然而，有些比较极端的敏捷的拥护者则认为对于敏捷项目而言，计划及成本和时间管理已经完全不需要了。

（2）在前期做适当的架构设计并随着项目进展不断修改和完善架构。

2.4　从传统到敏捷更需要思维模式转换

很多刚刚接触敏捷的项目经理经常会有这样一个困惑：敏捷和传统的项目到底有什么本质的不同？

要解答这个疑问，单纯地对比传统项目和敏捷之间的所谓工具、方法、流程、原则似乎是回答不清楚的。所以我们准备另辟蹊径，希望能够从更高的层次上来回答这个问题，也就是回归到我们看待世界方法上来研究这个问题。那么我们接下来讨论一下传统项目管理和敏捷是如何看待世界和项目的。

2.4.1　经验知识 VS 经典知识

知识是人类对世界的认识。知识的来源之一是直觉经验，也就是人类在生活的过程中与世界发生互动产生的经验。这种经验知识可以解决一些生活中的问题，但是这种知识受时间、地域、作用对象的限制比较多。

> 你某次肚子疼，喝了一点儿热水肚子就不疼了，于是你把这个当作经验知识。每次肚子疼的时候就喝点儿热水，你甚至建议别人也这么做。这就是经验知识，是人类认知能力自然的体现。
>
> 但是并不是所有的肚子疼都可以用喝热水来解决，于是就有人研

究人为什么会肚子疼，肚子疼分几种类型，不同情况下的表现以及在该情况下的应对方式。

这种通过分析、推理、实践等环节得来的知识被称为经典知识。经典的知识适应性广，大家都可以用来学习和使用，不需要人人都去体验一遍才能知道。经典知识便利了知识的传播与继承，很好地促进了社会的发展。

需要注意的是，世界是变化的，人类对任何一个领域都不可能做到认识其全部的知识，所以经典知识在运用的时候也未必能解决所有的问题。但并不是人人都能看到这一点，人们在运用经典知识的时候，往往错误地认为他所掌握的知识已经是世界的全部。凡是与经典不符的就是异端，就是邪说。人类历史上不知道发生过多少次因为捍卫自己对世界的认识而引发的迫害、运动甚至战争。

我们学项目管理的也会犯这种错误，项目管理最经典的知识体系是《PMBOK®指南》，要想成为一个称职的项目经理，除了天赋、经验之外，最重要的就是要掌握《PMBOK®指南》中的经典知识。但是，人们无法做到"知行合一"，错误地认为自己所学的知识就是项目管理的全部，这在实践中不免就会遇到各种各样的问题。当遇到问题时又不能很好地反思总结丰富自己的项目管理知识体系，结果要么认为自己学的是假知识，要么固执地坚持认为别人的做法是错误的。

敏捷提出"注重实践"其立意深远，相当于一开始就表明了，敏捷不是什么经典，不会故步自封，敏捷是开放的知识体系，大家通过实践获取知识，通过反思提炼知识，通过实践应用知识，通过交流（敏捷社区）传播知识。其实这应该是我们学习所有的知识都应该遵循的法则，但是往往简单的道理是最难认识的道理。

不能把"注重实践"错误地理解为凡事都要亲自去体验过才叫知识，不相信任何前人总结好的经典知识，一切凭经验主义，自己没有经历过的就不相信、不实践、不调整。敏捷的知识体系正处于一个快速发展的阶段，各种理论和各种实践不断地被增加到这个体系中，用不了多久，敏捷也会变成经典。知识本身并没有错误，错误的只有人们学习和应用知识的态度。

2.4.2　因事设人 VS 因人设事

项目是为创造独特的产品、服务或成果而进行的临时性工作。这是《PMBOK®指南》给出的关于项目的经典定义。这句话看似简短实则含义丰富，只有深谙世界变化之道理才能体悟到这句话的高明之处。根据这个定义，我们可以了解项目的两个基本特征：独特性和临时性。简单来讲，项目就是大家临时聚在一起完成一个（些）事，事情做完了，也就各不相干了。

项目实际上就是我们对于要做的事以及如何把事做好的一种认识，基于实践总结了一套完成这些事的知识体系。那么传统上（或经典上）我们是如何看待"找一些人来完成一件事"的呢？

1. 传统项目因事设人

传统的项目过程可以这么简单地描述：有个事很好，跟以前不一样（独特性）做完了可以有好处（交付成果）；既然要做事，总得找一些人来做（启动），为了把事情做好，咱们需要仔细合计合计（计划），人算不如天算，不怕一万就怕万一，真做的时候还得看着点（执行和监控），好不容易做完了，咱们还得说道说道、论功行赏，以后能不能干得更好（收尾总结），事情做完了，下次什么时候再搞一次，还不知道，大家就先各回各家，有事的时候再叫你们（收尾解散资源）。

所以，传统上我们看待项目是这样的，即先有事再找人，事情做完了，人解散。也就是先有坑，再种萝卜。从项目的角度来看，重在做事而非养人，既然事情做完了，那么人也就应该解散。养人的工作由组织来承担。

2. 敏捷是因人设事

咱们做项目的目的，说得"高大上"一点是创造价值，通俗一点是赚钱。为了赚钱你就得考虑成本，降低成本的常用方法就是提高效率。提高效率的方法最好是一个人能干两个人的活。一个人干两个人的活太不容易实现，因为毕竟工资低，能力高的"牛人"很难找。但是通过团队的高效配合可以实现 1+1 > 2 的效率，这就是高绩效团队。

敏捷认为，高绩效团队来之不易，这就像军队上的尖刀班、突击连是经过实战检验的、能攻坚克难的队伍。不能因为项目结束了就解散，那样对组织来说是最大的浪费。虽然说项目没钱养人，但是这个钱项目不出，组织也要出，从总体上讲，养团队的成本是省不了的。而且现在项目工作已经变成了企业的常态，企业不可能像过去一个产品吃上几十年，产品的生命周期越来越短，IT企业尤其如此。所以传统的基于分工的职能部门组织方式太落伍了，现在应该建设全职能的团队。

在敏捷中很少会特别提到项目，而只提团队，这并不是说采用敏捷之后，传统上的项目概念就消失了（其实消失了也没什么，"项目"本来就是人发明的概念而已）。这着实是用心良苦，敏捷希望这样提醒人们：敏捷团队来之不易，传统上事毕人散，为了继续发挥团队的绩效，敏捷是"人存事续"，也就是团队在相当长一段时间内不解散，而由企业不断地为其找事情做，反正企业中也不会缺少事情。

因此，这个高绩效的、自组织的团队就变成了价值生产单位，可以持续不断地、高效地为企业创造价值。敏捷不是只有团队没有项目，而是修改了项目定义。

2.4.3　敏捷是对传统的发展与完善

项目实际上是不太关心事情是怎么来的，主要关心如何把事情做好。虽然在现代企业中，每天都在忙着做各种各样的项目，似乎企业本来就是这样。但是看一下项目的发展史就可以了解，企业或者组织一开始做事的形态并不是项目，而是基于职能分工的运营，也就主要应对重复性的工作。

对于那些创新性的工作，大家发明了"项目"来应对，因为这种新鲜事不常有，所以项目往往是一个一个地做，不像运营是持续地做。随着社会的发展，对于某些行业（尤其是 IT 行业），项目工作变成了常态，而原来基于职能分工的组织方式发展起来的项目管理方法，渐渐无法适应新的需要，如此才有敏捷的应用而生。

敏捷并不是没有项目的概念，而是对项目的概念进行了发展和补充，由传统的"因事设人、事毕人散"，发展成为"因人设事、人存事续"。之所以出现这样的变化也是基于软件行业的特点而提出来的，这是对项目管理知识体系的发展与完善。

我们可喜地发现，《PMBOK®指南》第 6 版已经把敏捷纳入其中，而且 PMI 也在不遗余力地推广敏捷项目管理的知识，虽然尚没有形成所谓的知识体系，但是 ACP（Agile Certified Practitioner）的推广已经初见成效。

2.5　警惕生命周期模型的误区

越来越多的国人开始对项目管理产生兴趣，很多组织正在投入时间和资源对项目管理人员进行培训。我也常奔波于各地进行项目管理传播、推广和咨询。遗憾的是，项目问题仍然比比皆是。一位好友用"没有我们完不成的项目，但我们也没有按时完成的项目"自嘲——他所工作的单位可是被人仰视的"高大上"研究院！

2.5.1　项目工具在国内的困境

很多项目管理者学习了关键路径法、WBS 和挣值管理方法后，并没有将这些方法成功运用到他们正在管理的项目中去，甚至有些人对这些方法反而产生了怀疑——项目管理方法有用吗？常有来自企业的学员向我索要一些具体的项目管理方法和工具，我提供了帮助甚至将全套项目管理工具/表格复制给他们。但我仍然坚持认为，不解决问题的实质，仅依赖于工具是难以取得实效的。

项目管理是一套系统的管理方法和思维方式。良好的项目管理不仅需要开阔的思路和视野，更需要系统化的思维方式。不解决问题关键仅强调方法或工具，很容易导致口是心非、貌合神离，只做表面文章、摆花架子（见图 2-7）。

我国企业普遍存在的 ISO 9000 信誉危机就是前车之鉴。ISO 9000 没做好，并不是 ISO 9000 本身不好。都讲制度化，都讲纪律性，哪家成功的企业没有纪律，你看看 GE、华为、格力、海信是怎么落实 ISO 9000 的。

因此，要使管理工具承担起其使命，管理人员首先要做好改变自己的充分准备。

图 2-7　言行不一导致的国内管理困境

2.5.2　正规程序是效果和效率的保证

　　舒尔曼公司慕名华为的项目管理效率已久。后来就从众多咨询公司中选出一家咨询公司为其做咨询，选中这家咨询公司的主要原因是该公司的专家有多年华为工作经验。

　　咨询的结果是，舒尔曼公司几乎完全照搬了华为的项目管理方法。在对公司全体员工进行培训后，开始实施。当然，考虑到"公司的特殊情况"（请注意，这也是一个放之四海而皆准的借口！），根据咨询人员建议，舒尔曼公司改进了原来华为项目管理中比较"严苛"（舒尔曼公司人员语）的部分。

　　严格的管理规定是华为对项目管理方法的保证，一旦"灵活处理"（不遵守程序），项目人员将会受到物质上的惩罚。这种类似于"法西斯"的管理制度饱受诟病。基于此，舒尔曼公司改成一种更温和的手段来推广这套方法。

　　然而，项目的实施并没有想象中的那样井井有条、高质高效，反而陷入了比以前还严重的混乱中，市场部、研发部、计划部和质量部相互推诿。各环节都认为"问题不是自己的，问题都是别人的"，项目原有的绩效制度也已无法实施。项目管理人员顶着巨大的压力来协调各方面的关系，最后也被员工指责为了管理而管理，官僚主义作风严重。以至于有员工说出了"上班有上坟的感觉"。

　　在这种情况下，咨询方和管理人员又开始使用那个最方便的借口：员工素质太差！他们认为，同样的一套体系，必须要有高素质的员工才行。

　　我是在这种混乱下介入的，压力可想而知。

　　首先，重新定义了一些程序的名称，增减部分文档，合并几个程序，并强化配置管理（Configuration Management）。实质上对项目管理方法并没有进行本质变动。

　　其次，在我的建议下舒尔曼公司增加了一个新岗位：程序巡检员。程序巡检员的任务只有一个，即专门负责检查在项目中各项程序和规定的落实情况。该职位独立于项目组，定期将检查结果汇报给管理层。管理层根据检查结果来实施奖惩。补充一下，我是受质量管理中审计员角色的启发而提出的建议。

　　经历了开始阶段的抵触，效果很快显现了。5 个月后，各项目组从过去频繁吵架的困境中走了出来。实践再次证明，按照正规的程序进行，效果和效率都能保证。

　　经过几次类似的案例，后来我自己也形成了一种心智模式——只要有公司来咨询项目管理程序方面的实施情况，脑海中第一个解决方案便是：程序巡检员！

　　众所周知，由休哈特提出并经戴明完善的 PDCA 循环（Plan-Do-Check-Action，即计划—实施—检查—行动循环）是一种科学的工作思路。从控制论的角度来看，PDCA 循环是一个一阶控制循环。计划作为执行的输入，在众多干扰下执行，通过对输出的检验来制定改进措施，重新修订输入，进行下一轮循环。这是一个典型的闭环负反馈控制系统，这种闭环负反馈的控制可以保证项目在各种干扰下，达到预期目标。

　　上例所说的那个程序巡检员，相当于系统的反馈角色，没有该角色的系统是开环的[见图 2-8（a）]，会失去控制。除非项目是在没有干扰的理想环境下进行，没有变更、没有意外，一切尽在掌握……显然，你永远也找不到这种环境。程序巡检的作用就是建立反馈，让系统闭环[见图 2-5（b）]。

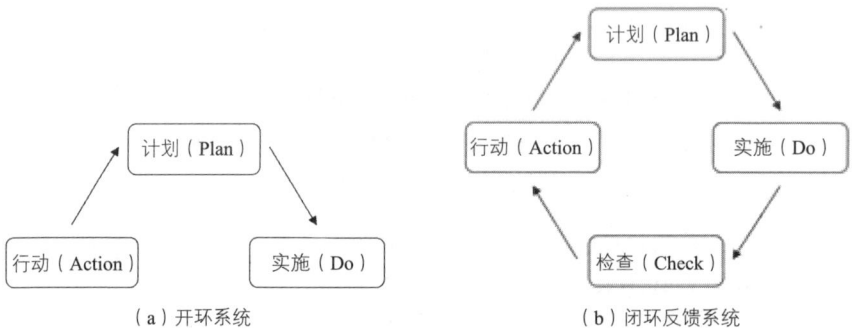

（a）开环系统　　　　　　　　　　　　　　（b）闭环反馈系统

图 2-8　让系统闭环

2.5.3　警惕"敏捷"成为不规范做项目的借口

小型项目由于涉及的人员较少，便很草率地制定一个方案，没有认真地估计项目难度，结果实际完成时间与估计完成时间往往有较大差别。开发人员少，意味着不同人员间的交互、接口相对少一些；开发周期短，意味着几个人从头到尾参与项目。这两者都容易让人埋头工作、忽视管理。往往是几个人碰一下头，粗略讨论最基本的结构、接口便分头去做各自的工作，甚至连一份正式文档都没有。总觉得"这些事情（流程管理、项目文档）太烦琐！"事实是，如果项目中不做这些事，就得花更久时间才能完成。

很多项目的效率低下，根源在于执行过程中没有按照规范的程序来实施。"先干起来再说""摸着石头过河"。一个常见的情形是，以项目复杂多变、难以统一制定流程为由放弃对项目规定的程序。这是公司项目管理不成熟的典型表现。一个正规的程序，可以稳定地保证项目重复已有的成功，而不至于陷入个人英雄主义的单打独斗。

一家著名美国软件公司已经通过了能力成熟度模型集成（Capability Maturity Model Integration，CMMI）的四级认证。为削减成本，公司把研发部门从美国圣何塞（San Jose）迁移到了中国上海，并重新招聘了几百名研发人员，同时将一整套完整的项目管理制度和程序移植到了新团队。令人遗憾的是，新组建团队的项目实施效率极差，工期拖延、工作返工、质量低下，甚至老的用户也开始投诉。

面对这种情况，和大多数管理羸弱的组织一样，"员工素质不够"成了不少管理者很方便的借口！好在公司的高层管理者不同意这个说法，他们没有就此止步。公司组织人员详细调查整个项目实施环节，分析其中原因。

最终的调研结果显示，中国员工的生产效率与原来在美国的同事相比没有什么差别，最大的差别在于中国员工重复犯错误的次数更多。也就是说项目完成后，没有太多的长进。

再仔细检查项目管理程序的执行情况，发现在公司层面上的绩效考核体系和原来也存在重大差异。原来在美国对项目里程碑进行的评审规定，由于某些国内"经验丰富"的项目人员认为不符合国情而进行了"灵活处理"。当然，为了"符合管理规定"，这种评审越来越多地成了一种形式而敷衍了事。

找到了原因，公司项目管理部加强了阶段评审，把其纳入项目绩效考核的一部分。很快，情况开始发生改变，项目的实施效率也逐渐地提升到了与美国同行相当的水准。

敏捷项目管理越来越成为一种趋势，但敏捷对项目团队的要求更高，需要团队成员能做好自身工作的自我管控。遗憾的是，很多人没有完整理解敏捷的核心思想，却把"敏捷"当成了少写或不写项目文档的借口。这应该引起警惕。

第 3 章

项目是面向人的复杂过程

我们每天都在追问:"我们如何才能保持客户满意度? 借此我们如何在创新中取得领先地位? "我们一再这样自问是因为如果我们不这样做,其他人就会这样做。

——比尔·盖茨

项目干系人是指能影响项目决策、活动或结果的个人、群体或组织,以及会受或自认为会受项目决策、活动或结果影响的个人、群体或组织。项目干系人虽然不一定直接参与项目,但会对项目施加影响。项目管理团队必须识别项目干系人,确定他们的需求和期望,尽最大可能地管理或施加影响,以获得项目的成功。

3.1 项目是基于业务的面向人的过程

福华公司新任命了一名空降的企业管理部部长,名字叫戈玥,是一名毕业于国内某名校的管理学博士。戈玥下决心在公司大干一场,充分展示自己的学识和才能。他看到公司内部责任不清,管理手段落后,工作效率低下。在查阅相关资料、详细调研后,戈玥向公司总经理祝蓓提议上一套 ERP (Enterprise Resource Planning) 系统,以提升工作手段、提高工作效率。之前，祝蓓也在相关杂志上看到很多企业都在推进 ERP，企业该进入信息时代了——在了解相关情况后，祝蓓决定由戈玥全权负责 ERP 上线和运行问题，并要求务必在 3 个月内完成。戈玥很兴奋，终于有机会大干一番了！

戈玥请示祝蓓他可以使用公司哪些资源。祝蓓说："你是企业管理部部长，你有权决定需要何种资源，最重要的是必须在 3 个月内完成工作。我要的是结果，办法你去想。我们将在下次季度管理层会议上听取你的汇报。"

戈玥立刻开展工作。可是在组织人员时立刻遇到了问题，他找到公司信息部部长曾丹（其实信息部仅有 3 人），希望得到他的配合，曾丹说没有时间参加此项目，就将任务安排给信息部新入职的员工董江瑞。

ERP 项目涉及公司各部门的流程改造和管理调整，需要各部门配合。然而，各部门潜意识里感觉戈玥给自己"添了事"，嘴上不好说不配合，但各部门给的人多是一些"闲人"。尽管戈玥是企业管理部部长，但是几乎没有人跟他熟悉，戈玥也很难开口向各部门提太多要求。因此，戈玥只能靠自己加班加点。

在工作过程中，项目团队成员对此项目也态度各异。有人态度积极，给了很多建设性意见；有些人态度冷淡，认为信息化这东西听起来好听，跟公司主营业务关系不大、也无法产生直接效益，更与自己的奖金无关。在做项目需求分析时，由于各部门不够配合，戈玥他们只做了简单的部门调研后，组织来自各部门的"闲人"们做了需求确认。幸好董江瑞技术上过硬也比较负责，加之他是新员工，也希望尽快被认可。

3 个月很快过去了，ERP 项目的进展却很缓慢，远没有实现戈玥的计划。戈玥只能向公司管理层汇报项目进展和问题。

经过锲而不舍的努力，ERP 项目终于在 9 个月后上线了，也仅是一个简单的试用系统。

上线后，公司上至老总、下至员工都对 ERP 系统不满意。"不听取大家的意见""完全是自说自话"……戈玥和董江瑞更是郁闷，感觉自己的辛苦努力没有得到大家的认可。戈玥找到祝蓓，向总经理解释项目状况和过程。可祝蓓也认为 ERP 项目考虑问题的角度有问题。他甚至暗示：这大半年来，戈玥并没有真正融入公司，对公司情况也不甚了解。戈玥感到他在福华公司的未来恐怕不太乐观。

这里，戈玥及其项目的失败是注定的。问题很多，但没有识别真正的项目干系人却是最重要的原因：ERP 项目绝非一个简单项目，公司高层、各部门部长、公司所有员工都是项目的重要干系人，都对项目有自己的期望，没有充分考虑所有干系人的需求，必然会给项目带来负面影响。只在"闲人"们内部做需求确认就存在更大问题。ERP 项目涉及公司的流程改进和管理变革，异常复杂；换言之，这是一个面对人的项目，而不是一个简单的技术工作。这也是很少见到成功的信息化项目的真正原因。

实践表明，清楚识别项目干系人并让他们承担起对项目的责任绝非易事。有时一个项目进行了很长时间，但项目组未必知道项目的真正客户是谁，常犯的错误是仅将项目成果的直接使用者作为客户。

技术背景的项目经理经常犯的错误就是喜欢面对感觉容易沟通的人，但是问题是这些"容易沟通的人"未必是最重要的干系人。一个研发类项目，项目经理和客户的研发部技术负责人沟通需求，就是一个严重的问题。在多数情况下，需求并不来自技术部门，而是来自业务部门。

作为项目经理，一定要能够把自己提升到业务的高度，有能力和业务层面的人员直接进行沟通。

3.2 识别并分析项目干系人

要实现项目成功、获得干系人满意，首先要知道项目有哪些干系人。如图 3-1 所示，项目面临的内外部干系人非常繁多、复杂，包括客户、团队成员、各级管理者、供应商、合作伙伴、竞争对手、政府、社区等。项目管理者必须具备项目全局的系统思考能力。

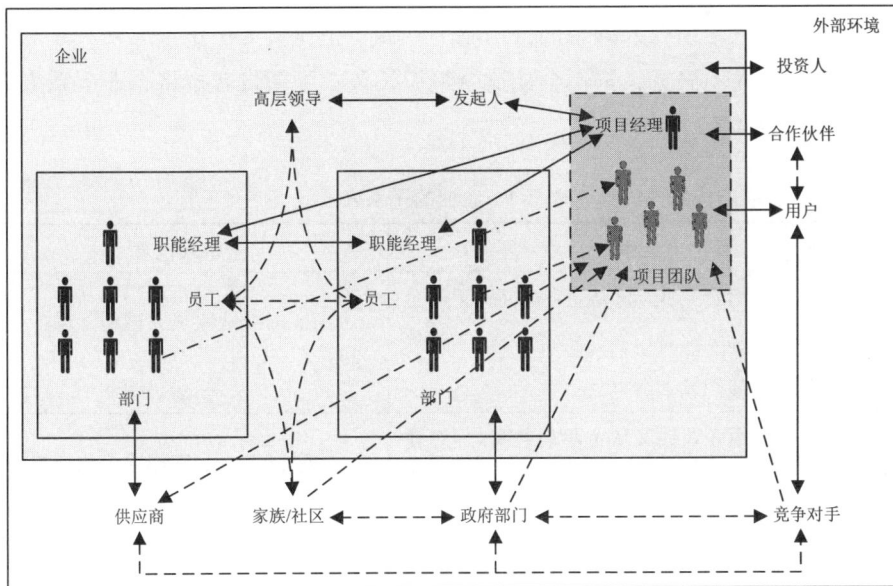

图 3-1 项目的干系人

3.2.1 干系人识别的困难与挑战

一个城管和一个大妈在广场上吵架。

城管说:"我一个电话能叫来二十多个人,你给我老实点。"

大妈什么话也没说,把音响打开,放了一首《小苹果》。5分钟不到,来了一广场的人……

项目干系人的识别颇具困难性、挑战性。识别干系人,并分析他们对项目的影响力,这是至关重要的。如果这项工作没有做好,将可能导致项目工期延长或成本显著提高。没有及时将法律部门作为重要的干系人,就会导致因重新考虑法律要求而造成工期延误或费用增加。

1. 干系人及其识别模型

活得越长、越成功的企业有一个共同点:它们的干系人都认为这些企业对他们是有不可替代的价值的。如果只是股东们满意,债权人就不会贷款,员工们就会消极怠工,供应商就不会积极配合,客户就不会再次合作,政府就会加强监管。如果只是债权人满意而公司赚不到钱，企业就无法正常运转。总之，任何一个干系人不满意，都不会让这个组织长久。丁荣贵教授将企业干系人分为 7 类（见表 3-1）①。

表 3-1　企业的干系人

类　别	特　点	干系人代表
第一类人	给企业钱，又从企业拿走钱。当企业赚了钱时他们就高兴，企业不赚钱时他们就不高兴	股东（对企业投资并期望分得企业利润）
第二类人	给企业钱又从企业拿走钱，但企业赚钱与否并没有使他们有明显的高兴与不高兴	债权人（银行，它们给企业贷款并获取利息）
第三类人	在企业劳动，从企业拿走钱	员工
第四类人	给企业货物或服务，从企业拿走钱	供应商
第五类人	给企业钱，从企业拿走货物或服务	顾客
第六类人	从企业拿走钱，但似乎没有给企业做什么	政府（政府提供了市场规范和市场环境）
第七类人	既不从企业拿钱、也不给企业钱还经常通过各种方式抢走客户	竞争对手

　　波特的五力模型（见图 3-2）用于从行业竞争角度对企业的干系人进行分析，5 种力量分别是潜在的行业新进入者的竞争力、替代产品的威胁、买主的还价能力、供应商的讨价能力、现有竞争者的竞争能力。五力模型用来确定某一行业的竞争程度，其理论假设是行业的获利能力不是由产品属性或产品的技术含量决定的，而是由行业的市场结构决定的。事实上，很多企业也的确是关注竞争对手远远胜过关注顾客和相关干系人，"同行是冤家"的说法就是明证。

① 丁荣贵.项目管理：项目思维与管理关键[M].2 版.北京：中国电力出版社，2013.

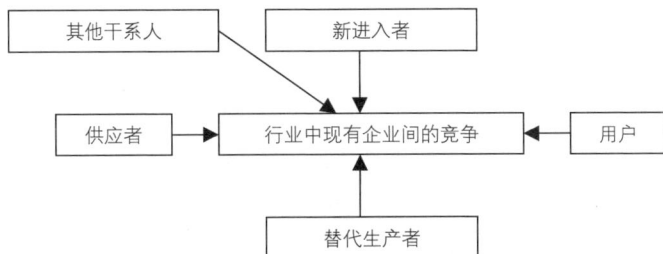

图 3-2 波特的五力模型

2. 干系人识别的挑战

尽管项目干系人对项目成功至关重要，但将他们全部识别出来却是一个挑战。外国人习惯于签字，中国人习惯于盖章。签字容易找到责任人，公章则未必，对公章背后干系人的发掘和管理是一项艰巨的工作，稍有疏漏会前功尽弃。

中国人做事大多是建立在"人脉"基础上的，影响到项目成败的干系人可能与项目有明显的相关性，这很容易识别。但还有另外一些人，他们看起来本来与项目无关，纯粹是所谓的"闲人"。这些人成事不足、败事有余，杀伤力却很惊人，而且还可以不承担责任，因为他们毕竟是"闲人"嘛。

2009 年 12 月动工的港珠澳大桥的建设项目，全长约 55 千米、工程造价逾 700 亿港元的港珠澳大桥，竟被一位家住香港东涌的 66 岁老太太，通过法律途径挡住建设步伐，致使项目无法按时开工同时导致造价增加 88 亿港元，也导致项目的建成通车时间推迟 2 年多[①]。

可见，项目"闲人"的杀伤力不小。

识别干系人是一个持续性的过程，并且随项目生命周期的进展而变化。不同干系人在项目中的责任和职权各不相同，有些只偶尔参与项目调查或焦点小组的活动，有些则为项目提供全力支持，包括资金和行政支持。

3.2.2 关键是要获取干系人的期望与影响

干系人既可能看到项目的积极结果，也可能看到项目的消极结果。有些干

---

① http://www.hzmb.org/cn/default.asp.

系人受益于一个成功的项目，而另一些干系人则看到项目成功给他们带来的负面影响。

　　某工业扩建项目将给某个社区带来积极的经济利益，那么该社区的商业领导人就会看到该项目的积极结果。对项目抱有积极期望的干系人，可通过帮助项目取得成功，来最好地实现自己的利益；而消极干系人则会通过阻碍项目的进展，来保护自己的利益。

忽视消极干系人，会提高项目失败的可能性。项目经理的重要职责之一就是管理干系人的期望。但由于干系人的期望往往差别很大，甚至相互冲突，所以这项工作困难重重。项目经理的另一项职责就是平衡干系人的不同利益，并确保项目团队以专业和合作的方式与干系人打交道。

　　缪骅是凌信柏斯公司负责自动包装检测系统的项目经理。在给一个客户的建议书中，他建议采用一个低成本技术方案，并从技术上论证了该方案完全可以满足客户的业务需求。但客户的包装车间事业部经理柳玉振强烈要求采用更加复杂的技术平台，缪骅和他的团队与客户就这一问题进行了激烈的争论。
　　客户："成本不是问题，关键是性能要好，要可靠。"
　　缪骅："这个方案是不必要的，而且会带来潜在的技术风险。"
　　……
　　项目陷入了困境！姑且不讨论和客户"争论"是否有问题（我不认为不能"争论"），关键是客户为什么坚持更加复杂的系统呢？
　　一周后，市场部经理通知缪骅"必须使用客户建议的方案"，这位经理不愿意在其公司内部尝试采用缪骅及其团队建议的方案；而他建议的是此前他们公司最先了解到的方案，公司上下的领导们都清楚。他担心在项目实施过程中出现任何意外，因为他们公司引入了"问责制"。也就是，他只是坚持一种对他自己最"安全"的做法。

国内的项目经理一般都出自较好的技术背景，技术视角往往会成为某种局限，而且技术背景越深厚越容易把自己的想法、思路强加给对方，因为他们对自己的经验、能力较为自信。关键是很多项目干系人的问题本身并不是技术层面的，一定不要试图仅从技术层面讨论问题。再次提醒读者，项目经理是业务层面的管理者，项目是基于业务导向的。

3.2.3 干系人分析实践

使用权力—利益方格进行干系人分析，编制干系人登记册并制定干系人管理策略，是项目经理必须掌握的基本技能。表 3-2 是我们在实践中使用的干系人登记册的一个实例。

表 3-2 一个干系人登记册实例（部分）

序号	姓名	从属单位	职务	预期	类型	权力	利益
1	高振瑜	市场服务	项目经理	……	中性	8	8
2	宋洪锁	市场服务	采购经理	……	阻力	8	2
3	谢廷毅	供应商	总经理	……	支持者	5	7
4	魏延军	总经理办公室	项目发起人	……	支持者	9	7
……							

编写干系人登记册的步骤如下。

（1）收集干系人的个人资料（姓名、从属单位和职务）。

（2）评估干系人对其项目的期望和态度。

（3）对各个干系人确定分值（在规定范围内的分值，如 1~10 分）。

（4）使用权力—利益方格（见图 3-3）分析干系人的影响。

（5）基于干系人在权力—利益方格中位置，制定对各干系人管理策略。

在整个项目生命周期中，必须保持干系人登记册和权力—利益方格的更新，确保干系人管理策略是适用的。项目干系人在干系人登记册与权力—利益方格中的地位可能比较敏感，不宜纳入公开的文件中。项目经理必须保持政治敏感性。

在权力—利益方格中，应针对处于不同象限的干系人采用不同的应对策略。

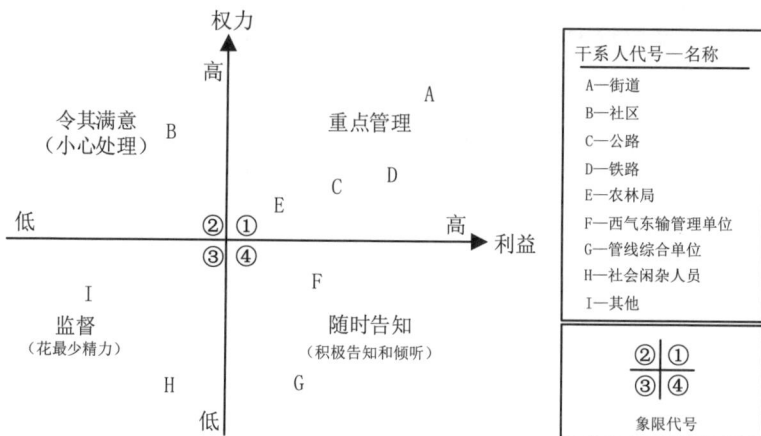

图 3-3 某燃气工程干系人的权力—利益方格

（1）不间断地管理第①象限的干系人，尽可能使其成为项目的支持者，促进项目的成功。

（2）务必小心地管理第②象限的干系人，因为他们是具有影响力的、常属于公共机构；应注重他们的地位。管理的重点是不要使他们成为项目的反对者。

（3）项目经理用于沟通的时间花费较多，应充分利用自己的时间。因此，尽可能花费较少的时间管理第③象限的干系人，监督其对项目的影响。

（4）倾听第④象限的干系人，他们对项目非常感兴趣，能够提供有用信息。

（5）在任何情况下，时刻保持对干系人地位和态度的关注，以避免意外地发现原有的图表已经出现变化。

3.3 重要的项目干系人

项目面临的内外部干系人非常繁多、复杂，管好这些干系人是一个严峻的挑战。

3.3.1 发起人

发起人是指以现金或其他形式为项目提供财务资源的人。项目发起人通常是处于组织的高层管理人员。在项目中，发起人的角色和作用包括（但不限于）如下。

（1）为项目提供资金或财务支持。

（2）制定和批准项目章程（也可以授权项目经理制定项目章程，但必须由发起人批准）。

（3）任命项目经理。

（4）对于内部项目，根据业务需要及对产品或服务的需求提供工作说明书（SOW）。

（5）对项目继续/不继续做决策。

（6）审批范围变更。

（7）启动项目或阶段，评审项目阶段工作。

（8）对超出项目经理控制范围的事项负责。

（9）同客户等重要干系人一起审查可交付成果，正式验收项目。

（10）宣布项目或阶段正式结束。

项目发起人担当的角色依据项目所处生命周期的不同阶段而不同。在项目开始阶段，项目发起人必须主动地参与项目目标和优先级的设立。在项目的执行阶段，项目发起人的角色由主动变为被动。如果项目经理需要的话，发起人应提供相应帮助。在项目进一步执行过程中，项目发起人必须有选择性地参与解决问题。

发起人的角色与仲裁相似。表 3-3 表明了项目发起人介入项目的成熟做法和不成熟做法。

表 3-3　高层管理者的界面①

序号	不成熟组织	成熟组织
1	高层管理者主动参与项目	高层管理者的参与是被动的
2	高层管理者担当项目的拥护者	高层管理者充当项目发起人的角色

---

① 哈罗德科兹纳. 项目管理：计划、进度和控制的系统方法[M]. 12 版. 北京：电子工业出版社，2018.

续表

序号	不成熟组织	成熟组织
3	高层管理者对项目经理的决策提出质疑	高层管理者相信项目经理的决策
4	优先级经常发生改变	不允许改变优先级
5	高层管理者视项目经理为不利因素	高层管理者认为项目管理是有益的
6	项目经理的支持很少	有可见的、持续的支持
7	高层管理者不鼓励向上级反映问题	高层管理者鼓励将问题反映到上级
8	高层管理者对发起者不负责任	高层管理者对项目发起人负责
9	高层管理者的支持只存在于项目启动阶段	高层管理者的支持始终存在
10	高层管理者鼓励做项目决策	高层管理者鼓励做业务决策
11	没有指派项目任务的程序	可以看到任务指派程序
12	高层管理者追求完美	高层管理者在可能的情况下做到最好
13	高层管理者不鼓励用项目报表	高层管理者认识到报表的重要性
14	高层管理者不参与项目报表的编制	高层管理者负责报表的编制
15	高层管理者不清楚报表的内容	高层管理者理解报表的内容
16	高层管理者不相信项目团队在发挥作用	高层管理者相信项目团队正在发挥作用

项目发起人除了正常的工作外，当项目需要时，必须能够提供必要的帮助。任何一个确定的高层管理者都会发现他不得不同时充当几个项目的发起人。发起人做的是一项很耗时的工作，尤其是项目出现问题的时候。因此，高层管理者只限于负责他能同时有效管理的几个项目。

在冠捷公司，对于周期小于 2 年的短期项目，只用一个项目发起人；而对于周期大于 2 年的长期项目，则在一个生命周期阶段就指定有一个项目发起人；并要求发起人最好是来自同一个管理层。

1. 防止发起人设置错位

项目发起人实际上像项目经理的"大哥"或建议者。在任何情况下发起人都不能替代项目经理的职能，经验表明如果发起人行使了项目经理的职责将不

可避免地弊大于利。项目发起人应该帮助项目经理解决那些项目经理自己不能
解决的问题[①]。

  Alpha 公司从空军拿到了合同价为 1.5 亿元的项目，Beta 公司从
Alpha 公司获得了 1 400 万元的分包子项目（见图 3-4）。Alpha 公司项
目经理的年薪为 36 万元，他拒绝同 Beta 公司的项目经理直接沟通，
因为他的年薪只有 21 万元。一个事实是，大象是不会和老鼠沟通的。
Alpha 公司的项目经理希望从 Beta 公司找一个与他自己年薪差不多的
人来做自己的工作对接对象，于是重担就落到了研发总监的头上。

  Alpha 公司项目经理对一位空军团长负责。空军团长只肯同 Beta
公司中与他地位相称的副总裁打交道。在这里，权力和官衔比 10 万元
年薪的差别更重要。发起人的设置错误，给项目的后期工作挖了不大
不小的"坑"。

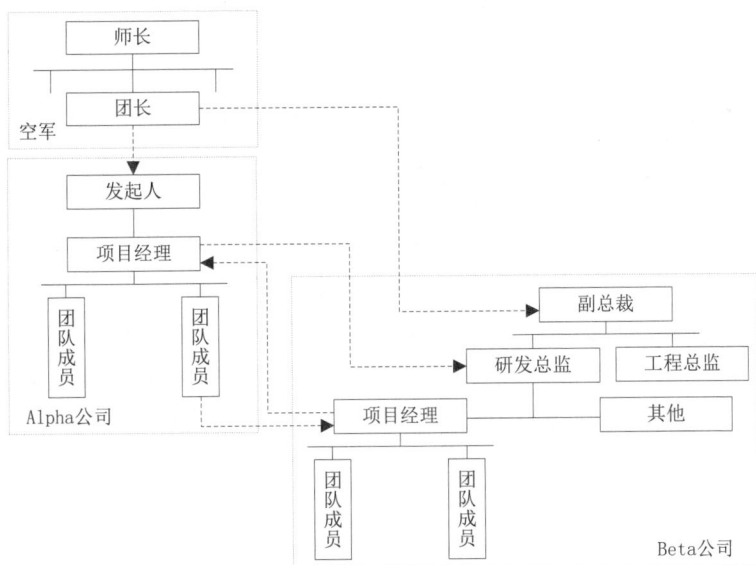

图 3-4 项目发起人的设置错误导致的管理混乱

---

① 哈罗德科兹纳. 项目管理：计划、进度和控制的体系方法[M]. 12 版. 北京：电子工业出
 版社，2018.

发起人应由可以承担相应责任的人担任，并明确确认。请记住：大象是不会和老鼠沟通的。

2. 避免"傀儡"发起人

遗憾的是，有些情况下项目发起人是"隐藏"的，项目经理可能没有意识到究竟谁是发起人。不可见的发起人常见于执行层，我称其为"傀儡"发起人。傀儡的出现有 4 种情况。

第一种，被任命为发起人的经理拒绝履行发起人的职责，因为他们害怕自己决策失误或项目失败对他的事业造成负面影响。这种"傀儡"是由于害怕。

第二种，任命了根本不懂发起人职责和（或）不懂项目管理的执行者为发起人。这种"傀儡"只是顶着一顶发起人帽子而已。

第三种，让工作繁忙的高层管理者同时做几个项目的发起人，导致根本没有精力履行发起人的职责。

第四种，项目经理拒绝让发起人了解和参与项目，架空了发起人。这常导致发起人认为项目中的每件事都在顺利进行，他没有必要参与。结果是，问题一旦发生也将导致一次危机发生，其结果将是灾难性的。

3. 密切项目经理与发起人的配合

一些人认为项目经理与项目发起人共事的最好方式是先做决定或决策，然后送给发起人一个备忘录，并注明"这是我做出的决定（决策），除非我在 48 小时内听到您的答复，否则我默认为您同意了我的意见"。

另一个极端是发起人进行"细致入微"式管理，美其名曰"细节决定成败"。有人认为，项目经理处理这种问题的最好方法是交给发起人大量工作以吓退他。遗憾的是，这样做的结果使发起人更加坚信自己的做法是正确的，情况往往更糟。

实践中，我发现应对"细致入微"式发起人的一个更有效的办法是澄清角色和职责，项目经理应该尽力与发起人一起清晰地确认项目经理的角色和发起人的角色。谨防在高层管理者不清楚发起人角色情况下就被将其任命为发起人的情况发生。

比"傀儡"发起人和负担过重型发起人更糟糕的是"不能说不"的发起人，

他们挂在口头的语言是"客户至上"。客户对他说的每个要求，他都会要求项目经理和团队成员予以落实，这实际上是范围蔓延。当发起人不断地对客户说"Yes"时，项目团队中的每个人最终都将是受害者。

4．协调与发起人的不一致

通常，项目发起人被认为是影响项目决策的关键干系人。但是，发起人通常拥有既定利益，如果项目经理认为发起人做出了一个错误的决定，他该怎么办？项目经理是否要走上上诉道路？

对项目经理和发起人之间的矛盾进行分析发现，导致二人矛盾的原因常见有以下 3 种情况。

第一种情况，发起人没有掌握足够多的技术知识或信息，致使决策存在潜在风险。

第二种情况，发起人工作繁忙，没有足够的时间做出决策。

第三种情况，"傀儡"发起人没有足够的权力做出最佳决策。

原则上讲，项目经理与发起人不一致导致的矛盾应该升级到指导委员会或总经理办公会公正的解决，但事实是很少有矛盾会提交到指导委员会。期望项目经理挑战发起人的设想是不严肃的，这常会演变为不正常的"政治"。

　　A 先生是一家国企背景股份制企业的某重要项目的项目经理。刚到任时，A 先生觉得项目经理的角色可以充分发挥自己综合能力强的特点，可以说是踌躇满志。但是，经过一年多的工作后，A 先生的工作热情变得很低，也很少主动开展新的工作，这是为什么呢？

　　原因是领导层内部经常出现不同的声音，而且，不同的声音并不能通过正常的程序取得一致。

　　例如，A 先生就某件事项向项目发起人汇报，发起人给出了同意的意见，同时补充说："因事项重要，请征询公司主管副总经理的意见。"主管副总经理看到发起人意见后，提出多种借口予以反对；麻烦的是，副总经理拒绝与发起人直接沟通交换意见，A 先生只得在两人之间多次往返……结果，项目问题被搁置了！

　　时间都在这样来回扯皮中浪费了，可是项目的下一个关键里程碑越来越近。更令 A 先生难过的是，该副总经理和发起人都认为 A 先生对自己不忠诚，经常批评其项目工作不力。A 先生既无力改变该副总经理与发起人之间的关系，又不能贸然向上反映这样的隐性困境。

　　A 先生到底该怎么办呢？

这种情况经常发生，基本属于组织的政治问题，常有人将其称为职场上的"厚黑学"。我对此持不同观点，在管理学上，"政治敏感"至少是中性而不是负面的，"厚黑学"则具有明显的负面特性。如果你希望别人支持你，你必须先对对方有充分的理解，这个就是"政治敏感"，也是最为典型的"中国特色"的技能。

在中国的文化背景下，"政治敏感"还包括对各方利益的深刻理解。例如：

（1）别人为什么要做？

（2）别人为什么不做？

（3）他们希望什么？

（4）他们最担心什么？

对此类"政治敏感"问题，我的原则主要有两个。

（1）不参与政治，但是必要时可以利用政治。

（2）关注利益而非立场。

上级主管间的矛盾（尤其是政治因素）无法调和，A 没有能力解决这个问题，更轮不到他来解决。更严重的是，顶头上司与副总经理之间的利益，比 A 与上述二者之间的利益关系更密切。

很多时候，"工作问题"与"组织问题"是纠结在一起的，很难完全区分开，"就事论事"很多时候在组织中并不容易实现。最常见的组织问题就是"情绪"问题。情绪是由某些事引起的。有时事情解决了，情绪并不会一同解决，而会对以后的事情继续产生影响。

在项目中，有人坚决反对你提出的某种解决方案，你感觉对方的反对没有实质理由，只是情绪性地"针对你"。这时你非常容易被激怒，用同样"情绪化"的方法反驳对方。于是，事情陷入了僵局。你必须搞清楚的问题是，对方情绪化针对你的原因是什么。这种原因很可能和你的解决方案没关系，而是由以前的某些事情引起的。

这就是"政治敏感"或所谓的"情商"吧!

如果 A 先生仍然在现有组织中生存和发展,可以采用以下办法。

(1)记住:没有永远的立场,只有永远的利益。尝试去探讨"真实动机",而不是表面的"立场",而真实动机往往是和利益直接相关的。有时候尝试给一些试探性的建议,有助于理解对方的真实想法。

(2)提升"政治敏感"性。遇到问题时,自己尽力考虑周全,在处理工作之前,尽可能通过面对面的非正式沟通(如午餐、运动)方式了解自己的直属上级和副总经理对问题的意见。

(3)如果一定要站队,我不建议站在副总经理一边,这往往让自己的陷于"时刻郁闷中",因为顶头上司与自己待在一起的时间更长。除非你可以明确地判断出顶头上司"待不久了"。

(4)多请示,多汇报,尽人事,听天命(无奈的体现,这是弱者经常使用的阿 Q 方法)。

总之,改变能改变的事,适应无法改变的事,提升智慧区分二者。还要说的是,我不觉得 A 先生在公司发展空间还有多好,两个老板一个都没有对他认同的。除非总经理明确表态对他信任,他自己也有能力去替代他的上司,方可能有出头之日。

"政治敏感"是一个难解问题,至少我不是这方面的专家! 当然,我也很不喜欢花精力在此类事件上。

3.3.2　客户/用户

客户/用户是提出成果需求、购买或使用项目成果的人,他们将使用项目产品、服务或成果。客户/用户也可能是多层次的。例如,某种新药的客户/用户可以包括开处方的医生、用药的患者以及为之付款的保险公司。

在实践中,有些项目很有可能没有明确的客户/用户或存在广义的客户/用户。特别是对于政府发起的项目(如公共投资项目、纵向科研项目等)来说,在项目需求的提出、项目验收以及项目管理过程中没有明确的客户/用户责任,在此种情况下，项目发起人应当承担起这些责任。

还有很多项目之所以不能按时完成，是因为客户/用户没有做好接受项目成果的准备，从某种意义上讲项目成果带给客户/用户的是一种变革。客户/用户尽管提出了项目需求，但他们尚未做好接受这种变革的准备。

人们在项目管理中过多地强调了客户/用户的权利，而容易忽视客户/用户也必须承担相应的责任。这些责任包括如下。

（1）项目启动阶段，清晰地描述项目需求、准确说明对项目团队和项目经理的要求。

（2）项目计划阶段，任命甲方联系人、批准项目需求和验收标准、确认项目计划。

（3）项目实施与控制过程中，审查项目进展报告、定期或不定期检查项目状态、提供项目实施的必要协助、参与并进行变更审查、协助解决变更产生的问题。

（4）项目收尾阶段，验收项目、接受移交的交付成果、参加或派员参加经验教训交流会议。

3.3.3　职能经理

职能经理是在企业的行政或职能领域（如人力资源、财务、会计或采购）承担管理角色的重要人物。他们配有固定员工，以开展持续性工作，并能全权管理所辖职能领域中的所有任务。职能经理可为项目提供相关领域的专业技术或服务。

项目是临时性的，完成项目所需要的资源大多掌握在职能经理手中，没有这些人员对项目的支持，项目的成功实现是十分艰难的，甚至是不可能的。

职能经理的角色和责任一般包括：将企业需求进行排序，同时将其包含在部门计划中；确保提供各项项目活动所需的资源；保证相关人员得到相应的培训。

3.3.4　跑偏的"项目经理负责制"

谈起项目管理，人们一般会想到"项目经理负责制"，普华永道的一项调查也印证了这一事实。

> 高层管理者经常责怪项目经理没有做好项目管理，没有取得良好的项目。在大多数组织中，似乎都存在这么一种观念：无论如何，只要项目失败了，那么项目经理总是有罪的……然而，我们从调查中看到，导致项目失败的很多原因都与组织有关且在项目经理所能直接影响的范围之外。
>
> ——普华永道

然而，项目经理实际拥有的权限和资源很少，他们能够承担得起的责任也很少。要想项目取得成功，不仅需要胜任的项目经理去完成项目管理，还需要胜任的企业高管去对项目进行有效治理。在某种程度上，项目治理的成果是项目成功与否的战略方向，而项目经理们只是按照这一方向具体实施项目的人[①]。

决定项目成败的很多原因（甚至大部分原因），在项目经理的层面上是不能解决的。据 2013 年 Standish Group 的调查，成功的项目中有 61%是由于项目得到高级管理层和组织的有效支持，而失败的项目中有 70%是由于高级管理层的能力和支持力度缺乏。可见，高层管理人员的支持是项目取得成功的第一因素。

1. 项目经理应承担的责任有限的

项目经理之所以被称为"项目经理"，是因为有了项目才有这个职位，没有项目这个职位自然就消失了。项目具有临时性的特点，其中一个显著的特点就是项目经理是临时的。"先有项目，再有项目经理"是基本的时间顺序。在多数情况下，决定项目该不该干的人是企业高管，项目经理只是完成项目，他们不是项目的决策者。

"以无比快的效率完成了一件不该干的事情"是最糟糕的问题之一。"做正

---

① 丁荣贵. 项目治理：实现可控的创新[M]. 2 版. 北京：中国电力出版社，2017.

确的项目"往往比"将项目做正确"对企业来说更基本、更重要。对一个项目正确与否的判断，责任不应该由项目经理来承担，他们也担不起这个责任。

2. 项目经理的权限和可用资源是有限的

临时性的项目经理和稳定的职能经理之间常常存在资源使用上的冲突。项目经理当然希望资源越多越好，而部门经理则希望项目资源消耗得越少越好。因此，不仅在项目决策上项目经理说了不算，即使在做项目计划时，项目经理也时常说了不算。他们需要去和职能经理商量，常见现象是项目经理需要的是"贤人"，但职能部门提供的是"闲人"。职能经理和项目经理常常为了抢夺项目资源而起纠纷。

3. 项目成功与否更依赖于项目治理

尽管项目管理的重要性已经被越来越多的人认识，项目管理的有效性也越来越被证实。遗憾的是，多数人仍认为项目管理是项目经理的事，是企业中层人员或基层人员的事，而没有意识到企业高管和项目发起人的项目管理责任。

2011年，云南省河口县投资2.7亿元建成了"中国—东盟河口国际旅游文化景观长廊"，这个项目被当地誉为"边境明珠"，是出了名的"形象工程"。但在3年之后的2014年5月，该项目却开始动工拆迁，理由是"沿河商铺严重影响了沿岸的景观，成了群众反映的热点问题"，拆迁补偿费用保守数字在3亿元左右。

项目治理是公认的项目关键成功因素。英国政府商务办公室（The Office of Government Commerce，OGC）总结出了导致项目失败的8个常见原因①。这些原因是通过对2000年以来英国政府的1 000多个高风险项目的总结而得出的。其中的几个原因，如"缺乏高级管理人员对项目的明确的……主权意识和领导力"，以及"缺少干系人的有效参与"，都属于项目治理的重要内容。对于信息与通信技术项目，"决策失败"被列为导致项目失败的五大主要原因之一。在澳大利亚，维多利亚财政部也列出了导致项目失败的一些类似问题。

---

① http://www.ogc.gov.uk/.

显然，高管对项目成功与否至关重要，项目治理不善导致项目失败，而有效的项目治理能促进项目成功。就像董事会需要决定盈利模式而不能将盈利的责任全推到经营者身上一样，高级管理层也不能将完成任务的责任推到项目经理身上。要取得项目成功，不仅需要胜任的项目经理去完成项目管理，更需要胜任的企业高管去对项目进行有效治理。

3.4　项目干系人管理要有点策略

干系人管理策略用于在整个项目生命周期中提高干系人的支持、降低干系人的负面影响。项目经理需要评估对关键干系人参与项目的程度，对干系人分组并按组别制定管理措施。

3.4.1　抓住干系人的要害

2012 年 9 月 7 日晚，南京的丁先生到中央路河路道附近一银行自助区存款，因操作失误，10 000 元被机器吞了，当即联系银行工作人员，被告之要等两个工作日才能处理好。可他心里不踏实，换个电话致电客服，假称机器多吐 3 000 元，客服 5 分钟后便赶到了。

姑且不评论银行的服务水平问题，也不去探讨银行在服务中的权利义务关系。从干系人管理策略角度看，别人不帮你解决问题，那是因为你的问题与他无关，没有触及他的利益。要想问题得到解决，就要想办法让你的问题与他的利益发生关系。没有永远的敌人，也没有永远的朋友，只有永远的利益。客户报称取款机多吐钱了，银行为自己利益着想，马上就派人到场察看。

可以分析干系人参与项目的可能程度，并在分析和讨论基础上，策划将如何对其制定管理策略。对干系人进行管理，必要时可对干系人分而治之。

2014 年 5 月份的一天，我出差刚回来，太太很气愤地说："自来水公司真不像话，我们的水表坏了，多次打电话，他们都不来看一看。"

我问："什么情况？"太太说："明明没有放水，水表还在不停地转。"

我看了看水表，思考片刻，又拨通了自来水公司的电话。大约过了一刻钟，自来水公司的人就来了，气喘吁吁地，很快他们把水表给换了。

太太很奇怪，问我是怎么回事。我笑了笑说："没什么，我只是正话反说而已。"太太问我："怎么正话反说？"我得意地回答："我跟他们说，我们家的水表坏了，怎么放水它都不转。"

在干系人管理中，要学会分析形势，尝试站在对方角度考虑问题，注意区分想要的与需要的（包括他们的和你自己的）。我们想要解决问题，就必须让问题变成对方的问题，这样就好办了！

3.4.2　警惕项目中的"小人物"

一天，有一对夫妇到一个小区看一套二手房。在中介的热情介绍下，夫妇二人感觉位置、户型、价格都比较还比较满意。

就在他们准备找房主签合同时，意外出现了。在小区门口，一个收废品的老头和保安吵了起来，老头叫的声音很响："不让我进去，好像我会偷东西似的。今年上半年，你们小区已经发生了四起盗窃了！有本事把这些事管好，朝我使劲算什么本事？"

夫妇二人听到这后，打消了买这套房子的念头，打算再了解了解情况。

一种典型"中国特色"的干系人管理是，项目中（特别是与客户打交道时）必须要知道怎么对付小人物，上面的领导好说话，到下面就难说了。这些人，看起来他们是对项目成败影响不大的"小人物"，这些人成事不足、败事有余，杀伤力却很惊人，而且还可以不承担责任。

小人物有两个身份，一个身份是小人，说明职位很低；另一个身份是人物，说明具备了执行的权利。你如果不尊敬他们，不把他们当回事，真把他们当小人，他们就用小人的方式对你；如果你捧捧他们，把他们当人物，他们就会用人物的方式对你了。

所以说，在中国做好项目经理，除了要懂技术和管理外，还要理解中国的"特色"文化！请无论如何要记住，永远不要小看那些职位不高但人脉无比强大的干系人！

3.4.3 管理客户期望切忌急功近利

当我们从事项目工作时，客户提出功能增加的变更要求，很多人会脱口而出："要增加可以，给钱！"更甚者"给多少钱干多少事"这句话被很多人认可。

看来，市场意识已深入人心！暂且不说项目变更带来影响不仅仅是钱的问题（变更涉及项目的范围、进度、成本、质量、资源、风险等诸因素），也不是给钱就什么都能干的！

> 一个炎热的夏天，空调坏了，客户很着急，越急越热，就给空调公司的客服打电话，客服人员告诉他，他们是 24 小时售后服务，不要着急，马上就有维修人员上门。客户感到一点安慰："服务还不错。"
>
> 果然，维修人员在 1 小时内就上门了。进门的时候，他们还穿上鞋套；拆空调的时候，为防止灰尘乱飞，他们还把空调罩起来。这下，客户心里想："这家企业想得还真挺周到。"
>
> 看到维修人员满头大汗，客户想请维修人员喝杯水，他们婉言谢绝："我们有规定，不能喝客户的水，不能给客户添麻烦。"这下，客户就更是佩服了："该企业真是名不虚传。"
>
> 再到后来，有朋友要买空调，这个客户总是要为该企业做宣传。
>
> 现在是空调坏了，人家给你服务得好，你不仅不骂他，还给他做广告，免费给人家卖空调。我们试着想一想，如果他的空调不坏呢？人家连再次给你提供服务的机会都没有？那问题来了，以后是把质量做好呢还是做坏呢？

在大多数情况下，人们很容易被眼前利益所诱惑，把目光只放在眼前，很多企业遇到客户投诉的第一反应是"这不是我们的责任""你要证明产品的损坏，不是自己使用过失造成的"，其结果是"一叶蔽目，不见泰山"。

项目管理者要想获得成功，就要有战略眼光，只有学会放弃眼前的蝇头小利，才能获得长远的大利。

3.4.4　干系人管理是对中国式项目管理的挑战

管理（Manage）是指在特定的环境条件下，以人为中心，对组织所拥有的资源进行有效的决策、计划、组织、领导、控制，以便达到既定组织目标的过程。管理的本质是通过他人完成工作。

字面上讲，管理就是"管"和"理"！

1."管"

在我们的文化里，也许国人是不能管的！对管不满是中国人的一种本性，比如我们常常听到这样的话语：

第一句话："你凭什么管我？"

第二句话："谁让你管？你管谁啊？"

第三句话："你干吗管我？你有本事去管他，管我干什么呢？"

还有更直率的："不要你管！"

此外，中国人还常说这样一句更妙的、独一无二的话："就凭他那种德行，还想来管我？"

分析这种心理，也许是这样的：

（1）你想管我，表示我不如你。

（2）你要管我，显然是你对我不满意。

一旦有了这样的感觉，大家就会变得消极、被动，不好好工作。也许，在我们的文化背景下，国人是不能管的。

2."理"

想要员工对干系人讲话客气，首先就要对员工讲话客气！"你怎么对我、我就怎么对你！"已经根深蒂固。既然国人不能管，那该怎么办呢？

很简单，别忘了管理中还有一个"理"字。听听这些常见的话：

第一句话："你为什么不理我？"

第二句话："来了半天都没人理。"

第三句话："不理我，算了。"

可见，国人对于无人理睬很是在意。

我总是觉得，国人只能理，不能管。因此，管人的人是很吃亏的，可是理人的人就很占便宜。

什么叫理？理，就是看得起。

你看得起人家，人家就看得起你，这也叫作"敬人者人恒敬之"，所以人人都愿意讲理。而管就是看不起，所以你管我就是表示你比我大，我就要听你的，这样一来我就很没有面子，即使挣再多的钱也觉得没有面子。

也许，老外们根本就没有去想过这些东西；或者，他们也根本不懂这些东西。

可见，干系人管理是如此之难！

第 4 章

明确的目标是项目成功的基础

> 如果你不知道要到哪里去，给你张地图也没有用！
>
> ——项目管理谚语

　　我经常会在课上做这样一个小试验。请大家用 3 秒钟的时间，环顾房间的四周。然后闭上眼睛后，让大家回忆一下屋子里红颜色的东西有几种？结果大家能够说出的答案一般很难超过 5~6 种。如果再做一轮，同样给大家 3 秒钟的时间环顾四周看房间里红颜色的东西有几种，然后闭上眼睛回顾。一般情况下答案会超过 10 种甚至 20 种以上。

　　目标可以让人把能量集中。这里想跟大家分享的是一个很多人都清楚的道理，如果把注意力当成一种能量的话，目标就能让你把能量集中，即关注才能得到。方向比努力更重要的励志故事太多，无须赘述。你会发现，先定目标而后行动的原则适用范围极广，小到做衣服要根据用途设计款式、出门旅行要根据目的地选择路线，大到人生发展要根据职业目标确定职业路径、企业发展要根据战略目标制定策略等。

　　目标能够刺激人们奋勇向上。在人生的旅途上，没有目标就好像走在黑漆漆的路上，不知往何处去；对于一艘盲目的船来说，所有方向的风都是逆风。

　　有目标才有结果，目标能够激发潜能。同样，无法定义明确的目标，项目也很难取得成功。

4.1　分清目的、目标与手段

项目的管理责任不仅包含"将项目做正确"，还应该包含"做正确的项目"。对大型项目来说，后者更重要。要做到这些，必须分清什么是项目的目的，什么是项目的目标，什么是项目的手段。

> 据 Standish Group 的调查[①]，截至 2015 年，项目按期、按预算和范围完成的比率不足 40%，而具有很高价值的项目（按 5 分制对 1 000 个组织调查）仅为 8%，干系人很满意的项目仅为 12%。

值得完成的项目首先应该是"正确的项目"。与中小型项目相比，大型项目面临更多的不确定性，这些不确定性都可能会引起项目目标的变更。适当的变更是合理的，也是不可避免的，但只有目的明确，项目目标等方面的变更才能有原则和方向[②]。

与目的相比，大型项目的具体目标反而不像想象的那么重要。

> 为加强和改善宏观调控，2017 年国家发改委对固定资产投资项目进行了清理，要求停止建设、暂停建设、限期整改、取消立项的项目超过了 5 000 个，总投资数万亿之多。

这些项目的目标也许是明确的，它们也许通过了可行性论证，但从国家利益角度来看，这些项目的目的却是短视的、狭隘的或错误的，它们甚至有可能是为了达到某些个人目的的手段。大型项目的最大风险来自目的方面，因此，必须确保有人对大型项目目的负责任，而不能只有人对项目工期、质量和费用这些目标负责。

要"将项目做正确"，分清项目的管理目的和手段是十分重要的。

---

① 参见 www.standishgroup.com.
② 丁荣贵. 项目治理：实现可控的创新[M]. 2 版. 北京：中国电力出版社，2017.

有一个人家里遭到偷窃。由于小偷刚走，他就跑着去抓小偷。很快，这个人就跑到了小偷前面，当他回过头来想嘲笑小偷时，才发现小偷已经躲进一个胡同里不见了。

你听到这则故事也许会认为荒诞不经，因为抓到小偷是目的，而与小偷赛跑是手段，两者不是一回事。然而，在项目管理实践中将手段等同于目的的事情却屡见不鲜。项目管理的一个难点在于对资源的管理，人力资源管理是其中的重要内容，也是很令人头疼的内容。

在一个公司调研，该公司负责研发的副总经理向我们介绍他们吸引人才、留住人才的种种经验，这些经验"很有效"，因为该企业的"人才很多，也很稳定"。不幸的是，该公司的研发项目按时完成率却不到30%。

项目人力资源管理的目的在于提高项目的执行力，吸引和挽留人才等只是一些手段而已。同样，现实中常常将项目绩效评价等同于评判项目组成员的行为、能力和态度。前者只是提高项目执行力的手段，它不仅不能等同于绩效评价的目的，甚至连有效的手段也算不上。项目绩效评价的目的同样是提高项目的执行力，但当绩效评价的焦点放在人员评判方面时，人们经常会为了保护自己的利益而牺牲他人的利益，或者牺牲整体的目标而追求局部目标。这种手段达不到提高项目执行力的目的。

分清项目的目的、目标和手段是成功管理项目的前提。分清了目的、目标和手段并不能保证项目管理会取得成功，但是，混淆了这三者区别的项目管理一定是会失败的。

4.2　六拍、四没、三边、只谈的狂热项目

有人把国内的项目管理总结为"六拍""四没""三边""只谈"。我深有体会，特将其整理如下，希望能引起读者的警惕。

4.2.1　六拍

第一拍：拍脑袋——领导立项

经常有些领导有了做一个项目的想法后，不是组织相关人员严格论证是否可行，而是自己觉得可行就上马。

第二拍：拍肩膀——任命项目经理

启动会议上，为了鼓舞士气、调动项目经理的积极性，领导拍着项目经理的肩膀进行激励："好好干，前途无量。"

第三拍：拍拍胸脯——项目经理向领导承诺

受到领导激励的项目组成员为了让领导放心，也会有所表示——拍胸脯，而且"牛人"们往往还会表决心："选择我，没错的!""放心吧，包在我身上!"

第四拍：拍桌子——项目遇到问题时相互攻击

项目进行一段时间后，运转情况远达不到预期，而且不知不觉中陷入了"墨菲定律"①的陷阱，领导忽然发现项目进展情况与预期相去甚远。在领导们的压力之下，团队成员间的冲突开始出现，推卸责任、抓凶手、互相攻击——拍桌子! 瞪眼睛! 这成了项目中一些脾气暴躁的团队成员束手无策时或着急上火时常做的事。

第五拍：拍屁股——项目经理干不下去走人

团队的震荡冲突，项目的种种问题，使项目经理越来越难以驾驭。拍屁股——"不给支持、只要结果，现在项目做不下去了，就知道训我? 我还不干了呢! 走人!"

第六拍：拍大腿——领导后悔

项目结果令人大失所望、领导开始后悔项目开始时的决策和冲动：为什么上这个项目? 为什么选择项目经理不慎重? 为什么项目过程不认真策划? ……

---

① 墨菲定律即"有可能出错的事情，就会出错（Anything that can go wrong will go wrong）。

大家都拍大腿——痛心不已，却又无可奈何："唉，早知如此，当初就应该……"

4.2.2 四没

1. 没问题：项目开始时

项目开始时，乐观主义情绪充斥在组织上下，每个人都对项目的未来充满想象，风险意识全无。即便项目有可行性研究，也常是"为可行而进行研究"——研究到最后都是可行的！此时，即便有人提出疑问，也常被当作异类，没有人听进去。

2. 没关系：项目实施中

项目实施过程中，时不时会遇到一些客户需求变更，而客户往往又表达不够清晰，技术"牛人"们常在内心里有"他不懂"的想法，认为按照自己的想法就够了，对所谓的"小问题"不以为意——没关系。为项目失败埋下了祸根，他们往往不记得"项目成功取决于干系人的感知[①]"。

3. 没办法：项目失败了

不出所料的项目结果终于如期而至，进度超期、成本超支、挫折感弥漫！"没办法跟这种客户打交道""他们根本就不懂，这种客户不是我们服务的对象""这就是我们的国情，没办法""中国特色呗"……请注意，我们的很多问题只要找到了"国情""特色"，大家就都没有责任并心安理得了！

4. 没资源：项目总结时

职能经理："市场部不知道客户的关键干系人是谁，根本就不知道客户的真正需求是什么？"

市场经理："我已经拿到了订单，把项目做好是项目经理和你们职能部门的责任。客户对我们的技术水平和服务态度很不满意，你们把我好不容易拿下的客户得罪了！"

项目经理："公司实施这种项目需要大家共同努力，市场部门没能搞定客户，

---

① 关于项目成功标准的话题，请参考本套书的《管法：从硬功夫到软实力》。

各职能部门资源不能保证，时间紧、任务重而且我们的员工素质明显不足，根本就是先天不足——没资源"。

4.2.3　三边

1．边设计

项目开始时，项目经理和他的团队不清楚项目目标，也不知道项目具体该如何做。范围不清、目标不明，盲目地、朦胧地凭感觉来做，边走边设计，"摸着石头过河！"成了一种习惯（参见第 7.2 节）。

2．边实施

实施过程就像和面，面多了加水，水多了加面，最后把人都糊到面团里了。我经常讲哥伦布式的管理，项目实施也有哥伦布式的项目（参见第 7.2 节）。整个过程是一种布朗运动，完全是一个无序的混沌态。

3．边修改（边返工）

所谓计划赶不上变化，项目环境实在多变，发生很多"始料未及"的事情。情况变了，随需应变，改呗。改来改去改成什么样子谁也不知道，反正最终的结果是什么样大家都不清楚，就顺其自然吧。

"三边"项目的结果是未知的，全凭运气，运气好就成功了。

4.2.4　只谈

1．项目初期：只谈成本

改革开放 40 年使得市场意识真的已经深入人心，项目工作开始时，"钱"是各干系人讨论的话题核心。讨论成本不能说是错的，但却是不完整的。即便是同一个项目，预算不同对应的实施方案和计划安排也是不同的。

2．项目中期：只谈进度

项目的实施阶段，干系人都急于看到项目的成果，进度冲突逐渐成了人们关注的核心。而且干系人看到结果的时间间隔越长，实施过程积累的进度压力也越发明显，往往进一步激化成众人的矛盾焦点。"只要能尽快完成就行"成了很多人挂在嘴边的话。

3. 项目后期：只谈质量

费尽周折，项目成果终于展现在面前时，人们像不长记性的孩子，忘记了痛苦的过程，也不管进度和成本的限制，只关注交付成果的质量。

4.2.5　狂热

六拍、四没、三边、只谈的项目，对于我们这个民族是一部血泪史。

　　1968 年，辽宁省朝阳市称发现了一个超大型铁矿，储量超过了当年全国最大的鞍山铁矿。于是中央就决定大干快上，边勘探、边设计、边施工，要把这个铁矿建成第二个鞍钢，第二个沈阳，第二个大庆。

　　在矿山还没有影子的情况下，铁路先上马了，当然也是"三边"。于是 1969 年组建了几万人的民兵，开始建设铁路。1970 年，更是集中当地的农村劳动力，干得浩浩荡荡、热火朝天。狂热氛围弥漫上下，大家盼望新的钢铁基地早日建成。

　　铁路建得非常快，1972 年就试通车了，可是就在此时，坏消息传来，全面勘探的结果是，铁矿石储量只有预计的十分之一！当然，铁矿也就不用再大规模建设了。后来那座铁矿由央企下放为省属企业，后来又把这个企业下放到市里。自然，那条铁路也由铁道部下放到地方管辖，原来还通过几天客车，但是客流量太少，也取消了。

　　就这样，巨额资金打水漂了。

造成六拍、四没、三边、只谈的原因很多，其中项目没有明确的目标和有效的计划是最重要的原因。由于项目是一种临时性、独特性的工作，对任何一个项目的管理在某种程度上都是风险管理，明确目标、有效计划的目的在于有效降低项目风险。

方法论背后应该是一部血泪史——其中不少弥足珍贵的经验或原则是人们在诸多项目失败的痛苦中总结出来的。有人说，方法论来自失败和恐惧，是诸多项目实施的先驱们痛定思痛的结果，是实施专家经过理论研究并在总结了无数案例和成功经验的基础上提炼而成的。

从"三边"项目到方法论是历史演进的必然，也是项目实施从高风险、不确定态演进到低风险、稳定态的保障。有人说："领先一步叫先进，领先三步叫先烈。"大约先烈们在做事情的时候是没有方法论的，他们只能靠"三边"的方法，所以大都失败成为先烈。后人只有汲取先烈的经验教训，才能降低失败的风险，提高实施的成功率，有机会成为先进。到今天实施项目还蛮干的人，不仅对自己不负责任，而且着实对不起"先烈"！

4.3　定义明确的项目目标

目标管理由管理学大师彼得·德鲁克提出，首先出现于他 1954 年出版的著作《管理实践》（*The Practice of Management*）一书中。德鲁克说，管理人员一定要避免"活动陷阱"（Activity Trap），不能只顾低头拉车，而不抬头看路，最终忘了自己的主要目标。

目标管理是项目经理变被动工作为主动工作的好手段，实施目标管理不但有利于员工高效地工作，也为绩效考核制定了目标和考核标准，使考核更加科学、规范，更能保证考核的公开、公平与公正。没有可验证目标的项目注定失败。

目标能够激发我们的潜能。在选择或制定目标时应考虑项目的现实状况，完成的项目成果符合干系人的感知，才会觉得成功。

美国的一份统计结果显示，一个人退休后，特别是那些独居老人，假若生活没有任何目标，每天只是刻板地吃饭和睡觉，虽然生活无忧，但他们后来的寿命一般不会超过 7 年。

目标能够刺激我们奋勇向上，但是，对许多人来说，拟定目标实在不是一件容易的事，原因是每天的日常工作就已透不过气，哪还有时间想这些。这正是问题的症结，就是因为没有明确的目标，才会走到哪里就是哪里，没有方向也没有方法，以至于进步缓慢，甚至原地打转。

也有一些人没有目标是因为他们不敢接受改变，与其说安于现状，不如坦白一点，那便是没有勇气面对新环境可能带来的挫折与挑战，这些人最终只会是一事无成！

事实上，缺乏目标的人，也没有办法使自己的潜能得到淋漓尽致地发挥。因此，必须要做一个目标明确的人。不幸的是，多数人对自己的愿望，仅有一点模糊概念，而只有少数人会践行这模糊的概念。

4.3.1　明确项目目标的框架：如来十掌

项目是一个复杂的系统过程，其管理思路可以概括如下。

（1）明确确定项目目标（要什么）。

（2）确定需要完成什么（需要得到的结果）。

（3）制定需要做什么和怎么做的步骤（计划）。

（4）构建考核的基准（范围、进度、成本），组织好实施人员（管理人）并在项目过程中通过绩效考核（管理绩效）来确保完成。

对上述思路的进一步明确是项目过程面对的 10 个知识领域，这就是项目的 10 个相互关联的目标。可以使用如图 4-1 所示描述这 10 个关联目标的逻辑关系。我将其称为项目管理的"如来十掌"。

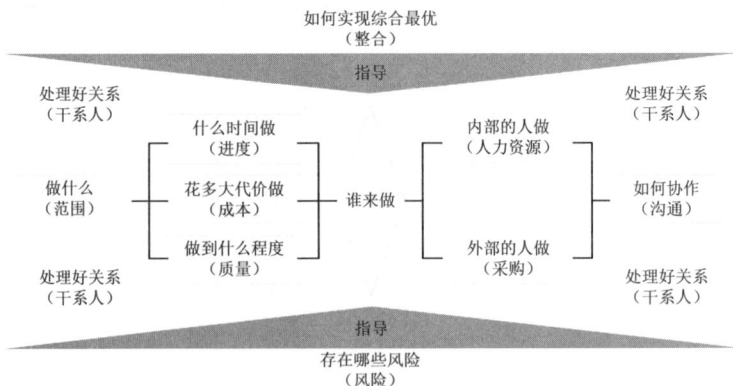

图 4-1　项目管理"如来十掌"[①]

[①] 汪小金. 汪博士解读 PMP® 考试[M]. 3 版. 北京：电子工业出版社，2013.

具体描述如下。

（1）确定项目的工作内容（范围管理、需求管理）。

（2）确定这些工作要在什么时间完成（时间管理、进度管理）。

（3）确定这些工作要花多大代价完成（成本管理、费用管理）。

（4）确定这些工作做到什么程度才可以接受（质量管理）。

（5）弄清需要谁、使用哪些资源来完成项目（资源管理）。

（6）如果没有足够的资源，需要外包一些工作给其他公司或个人（采购管理、合同管理）。

（7）项目所涉及的内外部干系人之间需要有效沟通，才能较好地相互协调（沟通管理）。

（8）识别有哪些不确定性会促进或妨碍项目成功，并积极加以管理（风险管理）。

（9）如何实现各干系人有效参与和期望控制并获得其对项目的满意（干系人管理）。

（10）在上述 9 个相互竞争的目标下，如何实现最优（整合管理）。

4.3.2　定义目标的工具：SMART 法则

需要说明的是，制定目标看似是一件简单的事情，实则不然。项目的目标必须满足 SMART 法则，即目标必须是明确的（Specific）、可以测量的（Measurable）、可以实现的（Attainable）、具有相关性（Relevant），并有明确的截止期限的（Time-based）。

1. S（Specific）：明确的

所谓明确，就是要用具体的语言清楚地说明要达成的标准。明确的目标几乎是所有成功项目的一致特点。很多项目不成功的重要原因就是因为项目目标模棱两可，或没有将目标有效地传达给相关成员。

"该系统必须满足客户方的业务需要"就是典型的没有可操作性的目标。今天提 100 个"业务需求"，明天提 500 个"业务需求"，项目团队永远不知道你的"业务需求"究竟是什么。常见的不明确的目标有：

（1）客户满意（什么是满意）。

（2）快速响应（多长时间算快速）。

（3）稳定运行（稳定指哪些指标）。

（4）有效控制（如何算有效）。

很多项目的失败，是在签订合同、确定目标那一刻就注定了。项目目标要清晰、明确，必须让所有人都能够准确理解目标。

"本月要完成人事审批模块开发。"目标就不够明确，可以修改为："本月，在公司已有开发框架基础上，依据客户确认的人事审批模块需求，完成模块设计文档撰写、代码编写、联调自测并通过评审。"

2．M（Measurable）：可测量的

可测量是指项目目标应该是可以验证的，而不是模糊的。应该有一组明确的数据，作为测量是否达成目标的依据。

"为所有的老员工安排进一步的管理培训"。"进一步"是一个既不明确也不容易测量的概念，到底指什么？是不是只要安排了这个培训，不管谁讲，也不管效果好坏都叫"进一步"？如果准确地说，在什么时间完成对所有入职多长时间的员工就某个主题实施培训，课程结束后，学员的评分要在85分以上，低于85分就认为效果不理想。这样目标就变得可以测量。

如果制定的目标没有办法测量，就无法判断这个目标是否实现。比如，领导有一天问："这个目标离实现大概有多远？"团队成员的回答是："我们早实现了。"这就是领导和下属对团队目标所产生的一种分歧。原因就在于没有一个定量的可以测量的分析数据。

"本月要完成人事审批模块开发。"这个案例不好验证，没有很好的测量标准，可以改为："本月，依据客户确认的人事审批模块需求，完成模块设计文档撰写、代码编写、联调自测并通过评审。时间以上

传 SVN 配置服务器时间为依据,质量以测试报告及评审报告为依据。"

目标的测量标准应遵循"能量化的量化,不能量化的质化"的原则。使制定人与验证人有统一、标准、清晰的可度量标准,切忌在目标设置中使用形容词等模糊、无法衡量的描述。对于目标的可测量性应该从数量、质量、成本、时间、验证人的满意程度 5 个方面来进行表述,如果仍不能进行测量,就应该进一步细化目标,直到可以测量为止。

3. A(Attainable):可实现的

项目目标需要项目团队实现,如果干系人利用一些行政手段、权力,一厢情愿地把自己的目标强压给项目,项目经理和项目团队的典型反应是一种心理和行为上的抗拒:"我可以接受,但是否能完成,这个可不好说。""既然你们不讲科学、不理你们好啦!"目标达不成时,项目经理、项目团队有 100 个理由可以推卸责任:"你看,我早就说了,这个目标肯定完成不了,但你坚持要压给我们。"事实上,这种不讲理的情况在国内是常见的。当然,推卸责任的理由也是非常好找的!

优越感强的客户和有长官作风的领导喜欢自己定目标,然后交给项目团队去完成,他们不在乎项目团队的意见和反应,这种做法越来越没有市场。客户和领导者应该听取项目团队的意见,让所有干系人参与项目目标制定的过程。

"本月要完成人事审批模块开发。"这个案例如果考虑项目实施条件的限制,可以改为"本月,依据客户确认的人事审批模块需求,完成模块设计文档撰写、代码编写、联调自测并通过评审。时间以上传 SVN 配置服务器时间为依据,质量以测试报告及评审报告为依据。如因客户需求确认延迟,需求变更等因素造成交付延迟,以评审通过的变更为准。"

项目目标设置要坚持干系人参与、沟通,使拟定的项目目标在组织及项目团队之间达成一致。既要使项目工作内容饱满,也要具有可实现性。可以制定出跳起来"摘桃子"的目标,不能制定出跳起来"摘星星"的目标。

4．R（Relevant）：相关的

项目目标的相关性是指实现此项目目标与其他目标的关联情况。如果实现了这个目标，但对其他的目标完全不相关，或者相关度很低，那这个目标即使被达到了，意义也不是很大。

> 目标的设定是要和职责相关联，不能跑题。一个前台，你让她学点儿英语以便接电话的时候用得上，这时候提升英语水平和前台接电话的服务质量有关联，即学英语这一目标与提高前台工作水准这一目标直接相关。若你让她去学习战略管理就跑题了，前台学战略管理这一目标与提高前台工作水准这一目标相关度很低。

项目目标要与组织目标达成一致，更要考虑达成目标所需要的条件，这些条件包括人力资源、硬件条件、技术条件、环境因素等。制定目标要做好成本和效益，取得结果的平衡点。

> "本月要完成人事审批模块开发。"这个案例进一步考虑与组织目标的相关性就可以改为"本月，在公司已有开发框架基础上，依据客户确认的人事审批模块需求，完成模块设计文档撰写、代码编写、联调自测并通过评审。时间以上传 SVN 配置服务器时间为依据，质量以测试报告及评审报告为依据。如因客户需求确认延迟，需求变更等因素造成交付延迟，以评审通过的变更为准。"

5．T（Time-based）：有时限的

时限性就是指项目目标是有时间限制的。没有时间限制的目标没有办法考核，或带来考核的不公。上下级之间对项目目标轻重缓急的认识程度不同，上司着急，但下属不知道。到头来上司可以暴跳如雷，而下属觉得委屈。这种没有明确的时间限定的方式也会带来考核的不公，伤害工作关系，伤害下属的工作热情。

> "本月要完成人事审批模块开发。"这个案例加入时限性要求可以改为"本月 30 日前，在公司已有开发框架基础上，依据客户确认的人

事审批模块需求，完成模块设计文档撰写、代码编写、联调自测并通过评审。时间以上传 SVN 配置服务器时间为依据，质量以测试报告及评审报告为依据。如因客户需求确认延迟，需求变更等因素造成交付延迟，以评审通过的变更为准。"

项目目标设置要具有时间限制，根据项目任务的权重、轻重缓急，拟定完成项目目标的时间要求，定期检查项目的完成进度，及时掌握项目进展的变化情况，以方便对下属进行及时的工作指导，以及根据工作计划的异常情况变化及时地调整计划。

项目的目标要符合 SMART 法则，还需要明确定义每个目标的优先等级，每个人会基于自己对项目目标的理解来考虑这个需求是否要做，什么时候做，做到什么程度，产生分歧和争论，因而增加了项目推进的阻力。

4.4　项目目标的挑战

现实的项目中，真正能够理想化地将工期、成本和质量目标在启动前就能够定义清楚的项目，能够完全按照商业合同来规范启动的项目只是少数，更多的是我们可以称为"泛项目"的项目，即不能预先将项目目标、范围等定义清晰、而只能大致明确其目的的项目。新产品研发（如抗埃博拉病毒药物的研制）常是"泛项目"，人们无法预知该项目将遇到何种技术难题、它们究竟需要多长时间才能攻克[1]。

"泛项目"占了项目中的大多数，真正能够规范定义的项目只是少数。"泛项目"不像理想的项目那样引人注意，但其数量极多，稍不注意都将导致组织资源的浪费，严重时导致项目完全失败、组织损失惨重。

《送给加西亚的信》就讲述了一个送信的泛项目。1898 年 4 月，美西（美国和西班牙）战争爆发，时任美国总统麦金莱急于与在古巴

[1]丁荣贵. 项目管理：项目思维与管理关键[M]. 2 版. 北京：中国电力出版社，2013.

丛林中打游击战反抗西班牙统治的起义军首领加西亚取得联系，但是没有人知道加西亚将军的确切地点。美国陆军的年轻中尉安德鲁·罗文接受了该任务。

罗文没有问"加西亚在什么地方？""到哪里能找到加西亚？"，接到任务就立即出发，没有任何人跟随前往。直到他潜入古巴岛，古巴的起义军才给他派了几名当地的向导，九死一生，终于把信送给了加西亚将军。

整个项目过程既没有良好的开始，也没有可控过程，更谈不上目标标准（不限费用、质量，只强调时间紧急还没有明确的里程碑计划），当然风险完全不可控，甚至目的地在哪里都不知道。但这个项目无疑又是成功的！

4.4.1 泛项目注定失败

融睿智捷公司的项目经理李炯曾经面对一个产值规模以"十亿元"作为度量标准的客户，为其定制开发的一套价格是以"百万元"作为计量单位的软件。第一次面对客户主管领导（职位是总工程师）的时候，该领导的要求："由于机构多，人员多，场地大，需要在网上共享尽可能多的资料，以方便员工之间的交流和领导层及时掌握实际工作状态。因此，我们需要以各部门（大大小小20多个）整理的资料为基础，连接若干个外部独立软件的数据库，建一个集介绍、查询、统计、共享于一体的综合性内部网站。为配合6个月后国家××部门（主管领导）的视察，该项目必须抓紧完成。"随后李炯的手中多了一份8页的建站内容要求。（由于某些原因，案例隐去某些细节）于是，一种前所未有的挑战感在李炯心中油然而生。

接下来，制定解决方案、编制投标书等，再加上一些不为外人所知的人情运作，3周后顺利中标。合同中约定，该项目的开发期6个月，维护期2年。

在公司总经理的授意下，李炯成立了一个由技术部"牛人"牵头的5人项目组。"牛人"负责系统总体设计和系统"主要部分"的开发，

2 名程序员负责系统"次要部分"的开发，还有一名美术设计来负责页面的美工制作。作为项目经理，李炯负责项目的总体把控和协调。

"项目成功后，依托客户的影响力将大大提升我们公司在行业中的地位。"启动会上，总经理为大家打气。

接下来的过程，正如狂热项目的过程，各位一定都很熟悉。陷阱就在此时被"挖"好了。

首先，客户方的需求暗藏玄机。既要功能全、自动化程度高，又要赶在上级视察时充分表现；其中又面临时间紧、初期构思简单等问题。真可谓"时间短、任务重"。

其次，合作方涉及面广，作为系统构建的主要出发点，系统应能连接众多的外部孤立系统，并从中查询和共享数据。以何种方式保证技术公开的完整性和准确性是片空白（相关系统中包含由国外厂商开发，由国内代理商销售的系统）。

再次，"主要部分""次要部分"的评价标准模糊，而且也没有人负责划分和解释，这在某种程度上挫伤了几个团队成员的自尊心。

最后，作为项目经理的李炯怎样对项目进行把控和协调也没有明确的定义和授权。

李炯感觉到了问题的严重性，决定针对预见到的问题召开一次项目会议。会议如期召开，参加的成员有总经理、销售副总、团队成员，会议的议题是"在有限时间内的优先开发标准"。最初，会议目的是建立基于判别标准的团队共识，以在 6 个月时限情况下，能够确定各类内容的开发时间顺序。换言之，短时间内，先做什么、后做什么，给出衡量标准。

可是，会议进程大出李炯的预料。总经理的态度："客户要什么样的系统，就给什么样的系统，技术的要求就是实现而已。"而且旧话重提："项目成功后，依托客户的影响力将大大提升我们公司在行业中的地位。"销售副总："我已经争取了这单，你们就一定要做好。""牛人"也开始表白："选择我，没错的。"其他人："领导怎么说，就怎么做。"

李炯慌了，思考了 2 天，很痛苦的 2 天，可能已经预计到了失败。

　　然后毅然决定：一是不过问项目技术细节，不表态；二是一切以领导视察为首要目标。

　　这里，客户的目标事实上是不确定的。

　　首先，一个能及时提供信息的平台是为了工作效率而设定的技术目标。

　　其次，"该平台应能够如实向国家机关领导反映企业领导层的先进性，从而能够……"可以说是政治目标。

　　最后，客户把本该属于他们的时间上制约给了融睿智捷公司。

　　也就是说，项目应该为客户进行整体规划。遗憾的是走上了泛项目之路。

　　在公司的规划会议中，乐观氛围弥漫，没有实质内容，只有李炯感受到了风险难以承受。问题只要还没有发生就不是问题，这也是国内很多项目的实际情况。

　　项目经理、"牛人"和团队其他成员的人员配备和任务安排也值得探讨，"主要部分""次要部分"的划分在项目组中引入了不必要的竞争。这算不算是一个危险信号？

　　会议中"拍脑袋"和"拍胸脯"的表现已很明显，大家憧憬成功，而没有人关心项目目标的具体化、可行性以及项目的过程控制。

　　通常，作为项目经理，尤其是新技术行业的项目经理，都会遇到"客户逼""上司压""牛人顶"的局面。这是任何技术手段都无法解决的矛盾。因此，在该条件下试图以技术手段来解决矛盾的一切方法恐怕都包含幼稚的成分。这些问题已远远超出纯技术工作的范围，划为公共关系学的范畴也许更合适。

4.4.2　忘记项目目标是技术型项目经理面前的一堵墙

　　时刻铭记项目目标是项目管理很重要的一个思维，项目所有的活动都围绕这个展开，而且项目目标是以业务为导向而非以技术为导向的。

　　随着项目的逐步开展，尤其是复杂项目：人多、事多、周期长，很多项目经理会逐渐因为个人喜好而忘记了项目的大目标，比较典型的如下。

　　（1）技术出身的项目经理会沉迷于技术细节，大量时间花在学习新技术或者一头闷在解决技术难题上。

（2）脾气火爆的项目经理会因为很多不值当的事情大发脾气，把团队搞得乌烟瘴气。

（3）小心眼、爱面子的团队成员会因为某个某种技术观点不同而怀恨在心，拉帮结派，不团结。

所有这些，无论原因是自身不成熟，还是管理经验、管理能力不足，结果都一样，那就是项目出问题，甚至失败。

项目经理最重要的一项任务就是跟踪与控制，时刻把握项目方向，保证项目计划得以顺利执行，让偏差控制在可控风险范围内。但项目总是有太多意外因素，特别是周期长的项目，人们常用夜长梦多来形容风险会随时间的延长而出现，所以项目经理一定要时刻保持头脑清醒，对项目无益的事情不做，对项目产生风险的事情更不能做。

任何项目在开展过程中都会不断面对机会和诱惑，项目经理一定要能明确以业务为导向的项目目标，才能清晰地识别哪些是使项目成功的机会，哪些是会给项目带来风险的诱惑，才会少走弯路，早日成功。

人是需要不断被提醒的，这由人性决定。智慧的人能够不断地反省从而自我提醒，愚笨的人会被挫折、外界的警示不断提醒，这就形成了成功与失败的差异。

4.4.3　银弹迷信

技术人员通常会认为采用新技术、新工具会缩短项目工作的时间，这就是"银弹迷信"。

正是因为银弹迷信，很多人在学习了一些新技术后，总想立刻在项目中实践，而不是去仔细分析这些技术在这个项目中是否需要、是否适合。技术的发展日新月异，不断有新的理论被提出来。有些人在一知半解，在对这些技术还不是很熟悉的情况下，就试图在项目中付诸实施。这可能是甲方的人员，也可能是乙方的人员。银弹迷信导致的项目失败并不少见！国内大量失败的信息化项目就是这类错误的典型。

技术人员大都很热爱自己的技术，技术"牛人"更是如此。但是，这些人懂得专业技术，常常并不是他们对项目的最大优点，反而有可能是他们的最大缺点。技术人员是实干家，只要在做他喜欢的工作，他就感到幸福。他对项目的兴趣，不在于项目的商业成果，而在于项目过程的刺激、在于对项目成果的技术先进性的追求。这简直是舍本逐末。请记住，项目是以业务为导向而非以技术导向的，业务导向的本质就是项目要实现其商业价值。

> 对于一个软件工程师来说，永远没有完美的项目。只要时间允许，他总能发现可以进一步修改的地方。实践表明，缺乏商业专家参与的项目所产生出来的东西一般是能力过剩的、不适用的、甚至是完全不能用的。

在项目中，科学、先进、好用等修饰头衔都不是要选择某种技术的首要理由，需要、适用和有效才是王道。很多项目经理因为年轻，初生牛犊不怕虎，胆量大、勇气足，敢于在实践中引入新的工具、方法。敢于尝试不是坏事，但试验的风险一定要控制好。对于项目经理来说，所有的决策都要围绕项目目标进行。

项目经理的首要任务是保证项目成功，如果同时引入新技术、新工具，增加组员的知识技能，提升项目组工作效率，提高产品的质量和可靠性，只能算是锦上添花。不能为了锦上添花而导致项目失控甚至失败，捡了芝麻，丢了西瓜！

第 5 章

需求，总有填不完的"坑"

> 与你的承诺有关的条件可能会被忘记，但你的承诺本身却
> 不会被忘记。
>
> ——项目管理谚语

近几年，随着项目经理、PMP®两词的泛滥，还有一个被说烂的词儿——需求。很不幸，这是一个近乎被神化的东西，每天需求中来，需求中去。

技术人员问：为什么加入这功能？

项目经理答：用户的"需求"啊！

老板问：这个功能一定要加吗？

项目经理答：得加！用户的"需求"，他们需要！

客服人员：这是用户的"需求"，都说了很久了，下个版本得加上！

就这一下，仿佛不说需求，项目好像就没法进行下去了。伴随着"需求"，还有许多词，如用户需求、产品需求、项目需求、功能需求、非功能需求、技术需求、质量需求、强需求、弱需求等。我不禁要问：大家真的弄懂这些"需求"了吗？

5.1 需求那些烦心事儿

每每谈及"需求"，我都会想起多年前的一个项目经历。

那一年，我的一个项目经理带领一个团队为一个重要客户做项目。在做了基本的用户调研后，项目团队给出了项目建议方案，根据用户（一位非常重要的客户，于我们而言）要求向用户的领导做了汇报。汇报后用户很不满意——因为与用户的期望差距很大！不满意就只能修改……修改、汇报；再修改、再汇报……如此反复！

修改到了第5版，团队成员终于要造反了——这差劲的客户，我们服务不了！重压之下项目经理找到了我——要么作为领导我一起陪他去跟客户汇报，要么不干了！我只好出面做工作，陪其一同前往。

可是，汇报的结果一如既往地不能令这位领导满意！我只好向这位领导请教其真正的需求是什么？想要的系统到底是什么样子？请其详细描述。这位领导的话，是我工作二十余年来听到的关于需求最为经典的一句："我确实说不清我想要的东西是什么样子，但是我能说清的是你给我的东西不是我想要的。"

天哪——这就是糟糕的需求！

Standish集团已经对项目失败的原因做了20年追踪，并定期发布项目失败的相关因素[1]。其结论是：需求问题对于项目的成果和潜在的失败有明确的影响，糟糕的需求管理成为项目最终失败的潜在因素。统计发现项目的缺陷与返工事件中41%~56%来自需求问题[2]，在需求活动期间纠正错误或不犯错误，产生的影响最大。在改进需求过程上投入精力是一项划算的投入。

---

[1] https://www.standish.com/.

[2] PMI的相关文献确定了40%~60%的范围。

5.1.1　需求管理的常见问题

表 5-1①给出了项目需求管理的主要困难和障碍。毫不奇怪，这些问题很少涉及技术和"硬"实力方面的原因，却几乎与组织、人、管理等"软"实力方面的原因密切相关。可见，需求的有效组织和管理极为重要。

表 5-1　实施项目需求管理的困难

问题相关者	困难的性质
干系人	（1）需要干系人的参与（干系人时间的可用性） （2）表达需求的能力 （3）观点和看法的多样性 （4）需求的冲突 （5）需要调节不同干系人群体的需求 （6）不容协商的需求 （7）根据优先级排列所有需求 （8）变更需求 （9）变更干系人
环境	（1）不明确的系统边界 （2）对问题领域的业务理解较差 （3）优先权冲突 （4）变更需求 （5）快速变化的需求 （6）不完整的信息 （7）权力与政治
需求过程	（1）识别并包括所有的干系人群体 （2）混淆需求和需要 （3）体现了错误的干系人群体的需求 （4）重视"什么"而非"如何"

---

① 罗德尼·特纳. 项目管理手册[M]. 5 版. 丁彬，译. 北京：中国电力出版社，2015.

续表

问题相关者	困难的性质
需求过程	（5）把需求转换成为期望 （6）干系人规定的不必要的技术细节，使目的变得混乱，而非清晰 （7）制定不明确的需求 （8）不切实际的取舍 （9）把所有需求排为高优先级 （10）确定完整性（如果有任何的缺口或遗漏，则需建立完整性） （11）衡量需求的"价值" （12）忽视业务需求
人力资源	（1）自然语言作为媒介所产生的问题 （2）歧义（多义） （3）如何确定人们已经理解了的需求 （4）映射真正需求的复杂性 （5）对所需的能力没有很好地理解 （6）沟通困难 （7）遗漏"明显"信息 （8）识别假设
分析师	（1）专业知识定义和表述的不清晰 （2）需要接触隐性和未知的事实和直觉 （3）分析师在用户需求和系统需求之间进行转换的能力 （4）有限的用户专业知识 （5）整合多种视角和考虑的复杂性 （6）过早识别解决方案 （7）建立优先权和对需求和要求进行取舍 （8）组织缺乏赞许的政治环境和权力

没有需求管理，项目管理不可能成功。需求描述了项目如何满足组织努力达成的业务目标，并描述了指导这一行动的业务要求。没有需求管理，很难知道已经取得的成就和对成果满意的人群是谁。

实践中，关于需求的问题很多，以下几种最为常见。

1. 需求理解不一致

来看一个耳熟能详的案例吧（见图 5-1）。

| 上帝是怎么
期望的 | 项目经理是如何
理解的 | 设计师是怎么
设计的 | 程序员是如何
开发的 | 测试员得到的 | 顾问是怎么
形容的 |

| 档案是如何
记录的 | 它是怎么付诸
实施的 | 顾客如何买
你的账 | 项目投资如此
巨大 | 项目支持如此
肤浅 | 客户到底需要
什么 |

图 5-1　秋千的诞生

客户：我家有 3 个小孩，我需要一个能 3 个人共用的秋千。它由一绳子吊在我家园子里的树上。

项目经理：秋千这东西太简单了，就是一块板子，两边用绳子吊起来，挂在树上的两根树枝上。

分析员：这个无知的项目经理，两根树枝上挂上秋千哪还能荡漾起来？除非是把树丛中截断再支起来，这样就满足要求了。

程序员：两根绳、一块板、一棵大树，接在树的中段。太简单了，工序完成。

商业顾问：您的需求我们已经完成，我们通过人体工学、工程力学等多方面研究。本着为顾客服务出发，我们的秋千产品在使用时给您如同游乐园里的过山车一样刺激，如同您在地面上坐沙发一样舒适与安全。

文档管理员：这么小的项目没有文档很正常，只要需求说明书与合同就可以了。

实施人员：我们的产品用户自己都可以完成安装，只要把绳子系在树上就可以了。

我们经常会遇到，按照客户书面上记录的需求进行开发后，客户却并不认可，而实际情况，客户对自己写的书面内容也并无异议。原因是对同样的内容客户的理解与我们的理解不同。

一个项目的需求中写道："购物后付款"。开发人员开发出来的是用户选择好商品进入购物车直接付款。而客户实际想要的是到购物车付款前先向客户发送一条短信验证码，让购买人二次确认无误后再付款。同样的文字，对细节的理解可能就是不同的，但实现的细节客户提供的需求里可能根本就没有提。

2.有些需求并没有直接写出来

这部分话题请参考本书第 5.1.3 节关于投射效应的探讨。

3.验收前总有提不完的需求

客户总是会在结项前提出各种需求，前期没有讨论过的各种需求都会在这个时候冒出来，让项目被动受制。造成这种情况的原因一般有两种，一是在项目开发过程中没有与客户充分地沟通，二是客户担心完成项目验收后乙方的支持和服务就难以保证了。以至于所有需求不论重要与否，他都要求在结束前完成。

4.无条件地迁就客户

虽然项目成功的标准常被定为客户满意度，但无条件地迁就客户最终可能导致项目预算超支、时间拖期，反而会导致项目失败。客户在提一条新需求时可能自己都没有想清楚，也可能只是他的灵光一现，许多需求可能只是冗余需求。客户往往不懂技术，随便说出口的需求，可能让我们付出很大的代价。

5. 沟通不顺畅

项目中，我时常遇到对技术完全不懂的客户，他们的许多想法根本无法实现，跟他解释又难以理解，弄得好像我们什么都做不了似的。对于这种客户有时会让我们有种无力感。

5.1.2 期望与需求

福特汽车公司创始人亨利·福特说：在汽车时代早期询问客户有何需求，很多人会回答说"要一匹跑得更快的马"。

"用户压根不知道自己需要什么，直到你把它摆在他面前"乔布斯如是说。

需求是什么？一匹更快的马？还是一辆汽车？毕竟用户都很喜欢。需求到底是什么？此时此刻，我想增加一个名词，叫作"期望"。其实，现在很多项目人员嘴里嚷嚷着的更像是"期望"，而不是"需求"。

难道就真的没有办法弄清楚客户的真正需求？回到福特汽车的例子上。

由于用户基于他们的阅历与认知，他们习惯给自己的需求套到现实可实现的方法或物质中，也就是在项目中人们总是用自己已经见过的东西描述外来还未见过的东西。换言之，人们用"已经见过的马"来描述"还未见过的更快交通工具"。所以他们回答一匹跑得更快的马。但并不意味着这就是他们的需求。需求可能不被察觉，经过大脑翻译然后输出，成了被我们理解成需求的期望。而这里就是那匹更快的马。逆着翻译，我们也不难得到他们的需求是"速度更快的交通工具"。

用户需求找到了，但是福特并没有给他们一匹更快的马，而是一辆福特汽车。而这辆汽车，我们称为"产品需求"。产品需求是什么？与用户需求又有什么关系？

产品需求实际上是产品所具有的功能和特性，它基于用户需求，需要结合产品成形。用户需求是底层，是内包含的。实现产品需求，实际上也在实现着某些用户需求，是用户需求的进一步提炼。

当用户提出很多意见时，往往夹着他们给这个问题的定性与解决方案。所以，我们往往听到的是"你在这里加个××按钮""这不行得那样才行"。其实就像用户使用产品只是想完成他们的任务，而不是来体验的一样。他们给你提各种期望也仅仅是为了更好地完成任务。所以，我们需要对这些期望过滤，得到用户的需求。然后再结合自身得到产品的需求，最终迭代到产品。

这里，一定不要试图仅从技术层面讨论问题，项目经理是业务层面的管理者，项目是基于业务导向的。

至此，我们不仅要问："即便是有了真实的产品需求就可以把项目做好吗？"不，我们还需要区分两个重要的概念：产品需求和项目需求。

（1）产品需求：为实现某项产品、服务或成果的特性和功能而导致的需求。

（2）项目需求：为交付具有规定特性与功能的产品、服务或成果而必须完成的工作而导致的需求。

现在，我们再梳理一下从用户期望到项目需求的过程，如图 5-2（a）所示；反之，需求的实现过程如图 5-2（b）所示。

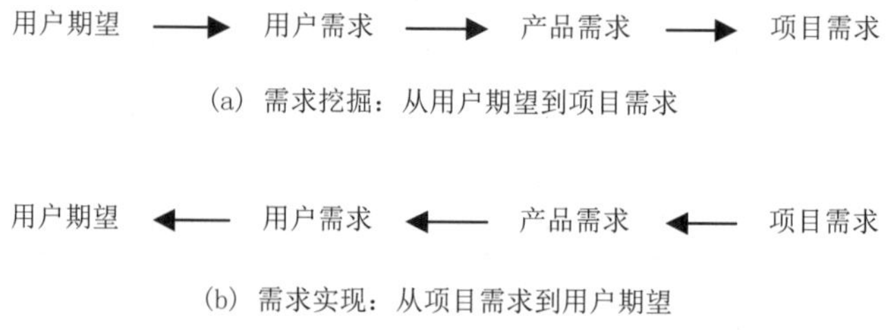

用户期望 ⟶ 用户需求 ⟶ 产品需求 ⟶ 项目需求

（a）需求挖掘：从用户期望到项目需求

用户期望 ⟵ 用户需求 ⟵ 产品需求 ⟵ 项目需求

（b）需求实现：从项目需求到用户期望

图 5-2 从用户期望到项目需求

很多人听到用户的声音，便已经定性为用户需求，或许他也知道需要过滤，然而在潜移默化中却成了真的用户需求。有时不是不知道，而是混了。所以，我更倾向于用"用户期望"这个词，与需求区分，也更加贴切。

5.1.3 谨防投射效应

在一家出版社的选题讨论中，要求编辑们列出他们认为最重要的一个选题。编辑 A 正在参加成人教育以攻读第二学位，他选的是《怎样写毕业论文》；编辑 B 的女儿正在上幼儿园，她的选题是"学龄前儿童教育丛书"；编辑 C 是围棋迷，他的选题是《柯洁棋路分析》。

投射效应是指以己度人，并强加于他人的一种认知障碍。投射效应是一种心理定式的表现，它以评价人自己的心理特征作为认知他人的准备，作为认知他人的标准。主要表现是，认为他人具有与自己相同的特性，把自己的感情、意志、特性投射到他人身上。比如，一个心地善良的人会以为别人都是善良的；一个经常算计别人的人就会觉得别人也在算计他等。

心理学家罗斯做过这样的实验来研究投射效应，在 80 名参加实验的大学生中征求意见，问他们是否愿意背着一块大牌子在校园里走动。结果，48 名大学生同意背牌子在校园内走动，并且认为大部分学生都会乐意背，而拒绝背牌的学生则普遍认为，只有少数学生愿意背。可见，这些学生将自己的态度投射到其他学生身上。

1. 每个人都活在自己的世界里

人们总是相信"物以类聚，人以群分"，认为同一个群体的人总是具有某些共同的特征。因此，在认识和评价与自己同属一个群体的人的时候，人们往往不是实事求是地根据自己的观察所得到的信息来判断，而是想当然地把自己的特性投射到别人身上。

另外，人们总是喜欢评价与自己有某些相同特征的人，总是习惯于与这些人进行比较，但是，人们又不希望在比较中自己总是落败，处于不利之地。当发现自己有某些不好的特征时，为了寻求心理平衡，就会把自己所不能接受的性格特征投射到别人身上，认为别人也具有这些恶习或观念。投射作用在此时起了一个自我保护作用，这样可以保证个人心灵的安宁，但也影响了自己对人和事的正确判断。

成语"五十步笑百步"就是这样的一个例子，自己因为临阵逃脱而觉得难堪，是怯懦的表现，心里很不舒服，突然发现别人比自己逃得更远，便大肆嘲笑，以减轻自己心里的不安。

一个常见的现象是，人们喜欢把自己所具有的某些不好特征投射到自己尊敬的人或者比自己强得多的人身上，这样一来，心里的不安就会大减。

> 在日本，洋娃娃代表着小女孩希望自己长大后的形象。芭比娃娃在日本刚推出时，在青少年眼中，胸部太大，腿也太长，蓝眼睛一点儿也不像日本少女，因此销售不佳。公司修正了芭比娃娃的胸部和腿，也将眼睛改变成咖啡色。两年内芭比娃娃卖出了近 200 万件。起初公司的失败之处就在于公司假定了日本市场和美国市场具有相似性，在美国受欢迎的芭比娃娃在日本同样会受到欢迎，结果却没有如期所至。这是忽略投射效应的后果。

人们可以根据投射效应从一个人对别人的看法中推测这个人的真正意图或心理特征。

> 苏东坡和佛印和尚是好朋友，一天，苏东坡去拜访佛印，与佛印相对而坐，苏东坡对佛印开玩笑说："我看你是一堆狗屎。"而佛印则微笑着说："我看你是一尊金佛。"苏东坡觉得自己占了便宜，很是得意。回家以后，苏东坡得意地向妹妹提起这件事，苏小妹说："哥哥你错了。佛家说'佛心自现'，你看别人是什么，就表示你看自己是什么。"苏小妹对苏东坡的提醒，是对投射效应的精准应用。

虽然人有一定的共同性，有相同的欲望和要求，在很多情况下，人们对别人做出的推测都是比较正确的，但人与人之间既有共性，又各有个性，如果投射效应过于严重，总是以己度人，那么人们将无法真正了解别人，也无法真正了解自己。

2. 投射效应提升了项目实施的难度

中国文化植根于儒家思想，话多为隐晦而不直白地说出，人们总是把自己的认知投射到他人身上。也正因此，客户提的多是自己期望解决的需求，而对于最基本的需求往往不说，因为他认为你就应该有。例如，做一款手机，手机打电话的功能客户是不用说的；又如，智能面包机，做面包的功能也是不需要说的，他只会说如何智能法。每个人都活在自己的世界里，所以，项目管理者务必详细调研用户的背景、项目的使用环境，深入了解其业务过程，得到用户的真实需求。

> 自己感到热，以为客人也闷热难耐，不问客人的意愿就大放冷气空调；有的老师讲课时对某些知识点不加说明，以为很简单，应该不用多讲，但是在老师看来很简单的知识，在学生看来则未必。

投射效应加大了项目需求获取的难度，为项目实施制造了障碍，对项目管理者是一个严峻的挑战。每个干系人对项目的目标都不尽相同，项目经理要谨防投射效应的负面影响，不要以自己的认知和喜好定义项目的需求和目标。

国内的项目经理一般都出自较好的技术背景，技术视角往往会成为某种局限，而且技术背景越深厚越容易把自己的想法、思路强加给对方，因为他们对自己的经验、能力较为自信。关键是很多项目干系人的问题本身并不是技术层面的，一定不要试图仅从技术层面讨论问题，项目经理是业务层面的管理者，项目是基于业务导向的。

5.1.4　展示你的"样板房"

在软件行业，在界面设计没有正式展现给客户之前，所有的工作都处于需求调研阶段。其实，房地产行业已经给我们做好了先例：客户买房子之前是先要看看样板房和模型的，什么都看不到这房子你敢买吗？除非你不是自己住！

我们的软件工程模型中，也有 3 个阶段：需求调研、需求分析和概要设计。

在客户把他们想要管理的业务模块以及与之相关的业务数据、流程、表单交付你的时候，千万不要把这个阶段定性为需要调研结束，认为写出《需要规格说明书》就可以了。大量的实践证明，在概要设计阶段所衍生出来的需求工作量是之前的 5~10 倍，甚至更多，因为这要看设计人员的业务沟通能力和建模水平。

实施经验比较丰富的项目管理者都知道，在中国实施软件项目，必须以咨询方式展开：要推出自己的方案，而不能完全按照客户提的需求做项目。这是一种很好的解决思路，但无法解决所有实施项目的难题。这种解决方案的前提是，要么项目实施者有成熟的业务模型，要么有成熟的产品（包含了成熟的业务模型），否则是不可能做到的。但如果没有 5 年以上的同一行业、同一领域的实施经验和理论总结，没有哪家 IT 企业能达到这样的水平。

得出这样结论的深层原因是因为国内多数企业管理思想不成熟，更谈不上完善的业务模型。所以，客户的思维一定程度是发散的，还未形成系统。甚至还有些客户的领导，脑子中有很多新鲜的点子，他都有可能想在企业信息化的实施过程中加进来，这对把控项目范围和项目实施效果来说，都可能是灾难的开始。

所以，要做好项目，实施者必须有很好的业务建模能力，快速地给客户展示合理的软件 Demo。多年的经验告诉我，对于软件项目，一定要给用户看到"样板房"——软件 Demo，才算需求调研结束！

5.2　干系人期望与需求的挖掘实践

如果你不知道你要去哪里，那你也就不知道什么时候能到达。我多次发现项目的失败是因为对需求的完整性或成熟性没有记录下来，也未在干系人之间达成一致。

5.2.1　需求收集既是科学又是艺术

需求收集是项目经理首先要做的，也是很具有挑战性的任务，而项目团队将在项目的生命周期的全过程中面对需求收集问题。

常有人用"有效地进行需求收集既是一门科学，又是一门艺术。"这样自嘲的、毫无信心的说法来解释需求收集工作的困境。这是一句外交辞令，更是一句正确的废话。它反映了尽管有关需求管理的书籍汗牛充栋，但很多人在实践中仍然不知道怎样有效收集需求这个现实。

1. 商业专家的介入是有价值的

项目经理必须能够读懂客户，并且使用适当的方法完成需求收集工作。有的客户比较开放，能够积极参与需求收集，而有些客户则不然。有些客户知道自己的需求，有些则是在强调自己的期望，而这些期望与实际需求差异很大。项目团队要寻找需求，并且建立解决方案。

需求是在完整地设计、开发或实施一个项目之前应该发现的东西。只有能力低下和头脑有问题的人才会在实施/构建阶段发现需求，当然这也是非常低效并有害的。

项目需求开始于客户的期望，结束于客户需求的满足。在这端到端的价值链中，很可能有出现误解和歧义的风险，这会导致非必要的或超出规定的需求。如图 5-3 所示说明了这一点。

图 5-3　理查德的软件开发

项目都是为了实现某些商业目的而存在的，如果这些商业目的不能明确表达出来并予以文档化，其失败率就会显著增加，甚至会失去项目存在的价值。

在定义项目的商业价值方面应善于使用商业专家，即便是纯技术项目，商业专家的介入常常也是很有价值的。技术人员在定义项目需求时常犯以下两种错误："需求镀金"和"需求过滤"。"需求镀金"是指技术人员不顾客户的实际需求，片面强调和夸大技术的先进性，这样所得出来的产品属于"镀金产品"；"需求过滤"是指技术人员根据自己的技术偏好对项目的需求进行主观筛选。

2. 获取需求的方法及适用环境

俗话说，"良好的开端是成功的一半"。需求获取作为项目伊始的活动，是非常重要的。我们知道，需求调研不充分、用户需求描述不完整、不准确，轻则影响项目过程的顺利程度，重则影响应用系统的质量，甚至决定项目的成败。

实践中需求收集的方法很多，表 5-2 列出了各种方法的优缺点，以供参考。

表 5-2　需求收集的不同方法

方　法	优　点	缺　点
引导式研讨会	适用于跨职能部门项目需求收集； 详细需求能够文档化并立即验证； 与一位公正的协调人员解决问题	使用未经培训的协调人员会引起干系人的负面反应
原型法	能够产生创新想法； 客户能明确其要求； 客户能指出遗漏的需求； 引起客户的关注； 尽早进行概念验证； 激励思考过程	客户可能想按原型实施； 很难确定何时停止； 要求专业技能； 文档缺失
访谈	用户参与； 对功能和过程进行高层次描述	描述与实际操作不符； 不成体系，很可能不知道干系人说什么； 如果分析出现偏差，会导致真正的需求被忽略
观察	所进行活动的特定、完整的描述； 对难以或不愿说明的需求非常有效	编写文档或录像花费时间和费用，可能会引起法律纠纷； 必须澄清模糊或矛盾的信息； 对观察到的事物理解会有偏差

续表

方　法	优　点	缺　点
业务分析	对跨职能的过程非常有效； 可视交流； 对"什么是"和"什么不是"进行验证	改进措施的实施依赖于组织对变更的开放程度； 要求良好的协调、数据收集和解释能力； 耗时
用例法	进入系统前，先描述系统状态； 将场景描述用于系统描述； 解释常见事件或异常情况的流程； 改进客户满意度和设计	不熟悉容易导致不一致； 信息可能会在场景描述中遗漏； 要求长时间交互； 培训费用高

事实上，对项目需求的明确把握对于项目计划编制及项目各阶段的实施至关重要。不能满足自身期望和需求的项目不可能是成功的项目，不能满足干系人期望和需求的项目也不可能是成功的项目。

5.2.2　区分想要的和需要的

对于同一个项目，各干系人的需求经常是互相矛盾的，处理好不同干系人需求之间存在的冲突，是一件极具挑战性的工作。我一再强调，期望和需求是不一样的。期望是人们真正想要的东西；而需求则是期望和目的的具体体现，是可以说出来甚至可以写到合同里去的东西。

客户期望总是比能交付的要多。这种期望差距常是由沟通不畅造成的，而这种沟通的缺乏在项目开始时就存在，并一直持续到项目结束。我坚信，缺少沟通是可以避免的。下面将介绍一种我已经成功使用多年的工具。遗憾的是，这个工具解释和理解起来比较容易，但落地却有一定困难——让每个人接受是一个痛苦且漫长的过程。

1. 汉语词汇的多义性使得理解极具挑战性

领导：你这是什么意思？

小明：没什么意思，意思意思。

领导：你这就不够意思了。

小明：小意思，小意思。

领导：你这人真有意思。

小明：其实也没有别的意思。

领导：那我就不好意思了。

小明：是我不好意思。

请问以上"意思"分别是什么意思？

汉语词汇的多义性使得理解极具挑战性。而人们通常是通过描述性的自然语言来进行需求描述的。具有二义性或多义性的需求描述会造成干系人对项目需求理解上的不一致，这是项目中普遍存在的问题，很多项目经理低估了解决这方面问题的难度。更麻烦的是，人们对项目的期望包含多个方面，其中既有对项目成果特性的要求，又有在感情等方面的要求。

2. 国人的含蓄增加了需求获取的难度

西方文化下，人们比较直接，获取真实信息相对容易。而在中国文化背景下，国人普遍比较含蓄，表达也相对委婉，这对项目管理者是一个挑战。比如一位朋友与你聊天共 30 分钟，结果前 28 分钟都在聊家常，最后 2 分钟才说，这次来主要是想跟你借点钱……事实上，这种方式的表达非常常见。

一位在中国多年的美国朋友，给大家介绍中美文化差异时讲了一个故事一直让我记忆犹新：有一位小朋友在上学的路上救了一位落水的同学，到学校后不但被学校表扬，而且被评为见义勇为小英雄。接下来的故事就发生在中国老师和美国老师分别给家长打电话的差别上。中国老师会这样打电话。

中国老师：喂？您好，请问是小明的家长吗？

孩子家长：是啊。

中国老师：我是他的老师，今天早上你家孩子在上学的路上，路过了一条河……

孩子家长：然后呢？

中国老师：河水非常湍急，这个时候他的一个小伙伴一不小心就掉到河里去了……

孩子家长：然后我家孩子怎么样？

中国老师：他非常的勇敢。跳到河里去救他的小伙伴……

孩子家长：然后呢？

中国老师：然后他顺利地把小伙伴救了上来，学校评他为见义勇为小英雄，所以今天打电话是想恭喜您一下。

相信这个接电话的家长已经被吓得完全疯掉了。那美国老师会怎样打电话呢？

美国老师：喂？您好，请问是小明的家长吗？

孩子家长：是啊。

美国老师：我是他的老师，今天打电话是想恭喜您小明在学校里被评为见义勇为小英雄……

3. 区分想要的和需要的

项目实施过程中出现需求困惑的一个重要原因是干系人想要的与真正需要的之间存在差距。差距产生的原因可能是客户对技术激动不已，迷恋于在网站上看到的东西，他们说自己一定要拥有它，却不考虑这是否是自己真正需要的。另一个原因是客户不知道自己需要什么。

当客户的想法出现错误或有迹象表明客户想要的与他们真正需要的不同时，你务必要马上找出原因。在没有明确想要和需要相符之前就实施项目是一个错误。只有知道你的解决方案能满足客户时，才能开始项目。

美国的经济学杂志社，当年搞了一个增订方案（见表 5-3）。电子版一年的订阅费用是 59 美元，印刷版的一年是 125 美元，滑稽的是还有一个电子版加印刷版也是 125 美元。正常人看上去，这是一个非常诡异的方案——第 2 个种方案放在这里是干吗的？

表 5-3　杂志的增订方案

方案序号	方 案	售 价
1	电子版	59 美元
2	印刷版	125 美元
3	电子版+印刷版	125 美元

丹·艾瑞是麻省理工学院一位著名的行为经济学教授，他看到了这个方案以后感觉很纳闷，于是就给这家杂志社打电话，确认杂志的增订方案是不是弄错了？接电话的人支吾了半天，最后说了一句只有中国的客服人员才经常说的话："负责人不在。"丹·艾瑞教授作为一个美国人显然很不适应……

丹·艾瑞教授找了两组实验对象进行了对比测试，结果令人吃惊。

当第 2 种方案不存在时，84% 的人选择了相对理性的第 1 种方案。只有那些完全不缺钱或更重视阅读体验甚至收藏杂志的人——占 16% 左右——选择了相对昂贵的第 3 种方案。

当第 2 种方案存在时，32% 的人选择了便宜的第 1 种方案，68% 的人选择了昂贵的第 3 种方案。

事实是，人们在消费时，除非是这个领域里的专业人士，大多数人判断的依据常是做粗略的横向比较。换句话说，第 2 个方案唯一的用途就是使第 3 个方案显得特别超值，在这种超值的感觉诱惑之下，很多人忍不住掏了更多的钱，我觉得这是比较奸诈的方案。

人并不总是理性，而是有限理性的。想要和需要之间还是在本质上有所不同的。想要趋向于客户想象的解决方案；需要则与业务相关。如果想要源于对需要的清晰理解，那么根据用户的要求实施项目没有问题，但是你不是每次都能知道是否是这种情况。为了安全起见，建议你要求客户说明他们为什么会提出这些要求。通过不断地提问，最终会知道问题的根源。针对业务的解决方案就是客户的真实需要。

区分需要的与想要的一个最佳实践是：客户愿意付钱的是真正需要的，否则就不是其需要的。

5.2.3　谨防虚假共识：阿比勒尼悖论

20 世纪 60 年代，美国人哈维根据自己生活中的一次经历描述了项目需求的一个陷阱——"阿比勒尼悖论"。他和太太以及岳父岳母在 40℃的高温下，坐在位于得克萨斯州科勒曼城的家中的门廊里。岳父建议开车去得州的另一个城市阿比勒尼①的一家餐厅吃饭。哈维作为女婿觉得这个主意很疯狂，但感觉也没有任何反对的必要，因此附和了该提议，太太和岳母也附和了。4 个人上了没有空调的老式轿车，冒着尘暴驱车抵达阿比勒尼。他们在餐厅吃了一顿乏味的午餐，然后回到了科勒曼，燥热难当、筋疲力尽。大家对这次经历普遍不满意。直到他们到家后，才发现原来没有一个人真的想去阿比勒尼，他们只是附和，因为他们认为其他人都很想去。同时他们担心如果自己提出反对意见会被认为是"很难相处"。

哈维将此命名为"阿比勒尼悖论"。组织中常会出现类似的荒唐现象，即组织采取的行动往往与真正的意图相悖，不能达到理想的结果。因为人们不愿意自己被贴上"很难相处"的标签！

项目中类似的事件并不罕见。人们常常不直接否定别人的建议，即便是自己有不同的想法或需求。所以，项目中的真实需求经常收集不到。

一家软件开发公司近年发展得很好，吸引了许多优秀毕业生，公司有一套严格的招聘制度和程序。按照公司规划，今年只招聘软件工程和市场营销两个方向的人才。一个偶然场合，总经办主任的大学同学向他推荐了一位管理专业的应届毕业生，虽然主任觉得不能违背公司的招聘计划，但希望由人力资源委员会的成员来做出决策，于是将被推荐人的资料转给了人力资源委员会。

人力资源委员会的 5 位成员开会讨论这位被推荐人的申请。起初没有人发表意见。过了一会儿，其中一位委员说："这位申请人知识面很宽，应当很有潜力。"其他人纷纷赞成，最终决定录用她。这位被录

---

① 科勒曼距阿比勒尼约 85 千米。

用的大学生来公司上班后到总经办道谢。总经办主任很惊诧，为什么人力资源委员会违背招聘正常，将一个素质平平且公司并不需要的人招进来？大家开始指责那位首先发言的委员，而这位委员则说："我看你们在会上都不发言，而我还要去主持另外一个会，而且我们既然开会，就要达成共识、做出决策，所以我才率先说出那样的话。如果我的想法不对，你们怎么没有一个人站出来提出不同意见呢？"

怕得罪人或从众的心理，很多人会人云亦云，揣测别人的心理和顺从别人的想法，模糊自己的责任，亦步亦趋，使其做法往往与真实想法相违背，有效地落实责任也就无从谈起。

很多时候，大家会或多或少地意识到公司存在一些问题，却很少有人会主动提出来。直到问题严重到纸包不住火，必须要追究责任时，大家才仿佛突然醒悟起来，争先恐后找证据指责那个失责的人，大有"墙倒众人推"之势。

开会时，老板追究某件事情的责任，没有人开口说话。老板问参会者的意见，大家相互推脱责任。

"我不知道，这不是我的责任。"

"这好像不属于我的工作范围。"

老板费尽精力找到了责任人与处理方案，众人突然都变成了诸葛亮。

"我早就知道是这小子没有落实责任。"

"我早就发现是这个部门没有负起责任。"

"我早就觉得该这么做了。"

······

许多项目经常会出现类似的场景，往往该落实的责任就在阿比勒尼悖论的作用下被不知不觉模糊了。

作为项目经理，面对需求必须谨防表面上的一致，必要时可以到客户的现场进行观察和对工作、业务进行实地跟踪。获得真实需求是一种责任，更是项目成功的必要条件。

5.2.4　建立需求与措施多维矩阵

如图 5-4 所示的质量功能展开（Quality Function Development，QFD）是将人们的期望转化为明确需求的有效工具。在图 5-4 中的"干系人期望"一般是笼统或模糊的。"期望的物化特性"是干系人期望的具体化表达，可以由专业人员予以定义并获得干系人的认可。"相关关系矩阵"是指众多物化特性之间的相互关系，通常用正相关或负相关表示。"关联关系矩阵"是指项目干系人的期望和其物化特性之间的关联关系，可采用分值表示。"物化特性的参数"是指能够用客观标准来度量的干系人需求，"优先级"则表示干系人期望之间的优先次序，它可以用来化解干系人之间期望或需求的冲突。

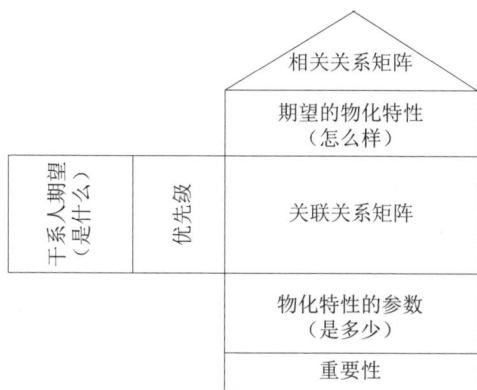

图 5-4　质量功能展开

对 QFD 的使用有以下步骤。

（1）确定项目干系人对项目的期望，并确定其优先等级，即明确"是什么"。

（2）确定干系人期望的物化特性（可以明确表示的事物，如资金、美观等），即将"是什么"转化为"怎么样"。

（3）用关联关系矩阵确定"是什么"和"怎么样"之间的关联关系。

（4）用相关关系矩阵确定期望的物化特性之间的关联关系。

（5）根据相关关系矩阵和关联关系矩阵，确定干系人期望的物化特性的参数或衡量标准（是多少），以及这些标准的重要性排序，将其转变为干系人的需求及其优先满足等级。

表 5-4 是一个工薪阶层购房者需求与开发商组合措施多维矩阵实例。在这个实例中：

（1）客户需求：列举出项目客户所关注的因素。

（2）相对重要性：对项目客户而言，这些需求的重要程度，相对重要性等级从 9~1。9 代表对客户最重要，1 表示重要程度最低。

（3）需求支持度：每项满足需求的要素（措施）对每项客户需求的支持度分为 9 个等级。9 代表该措施对某项需求支持或影响最大，1 代表支持或影响最微弱。

（4）加权总分：按列将每个需求相对重要性值与每项措施的需求支持度值相乘后相加，得出该措施的加权总分。得分从高到低表明应该关注的次序。

（5）难度等级：将实施该措施的难度分为 5 个等级，1 为最难，5 为最容易。

（6）权衡原则：在加权总分排序和难度等级排序中进行权衡，选择具有突破口的因素。

表5-4　工薪阶层购房者需求与开发商组合措施多维矩阵

客户需求要素分解	相对重要性	满足需求的要素（措施）										
		定价	绿化	公交	保安	设计	施工质量	物业管理	水电气	学校	超市	医院
价格	9	9	1	1	1	7	4	1	1	3	3	
舒适	5	3	6	2	1	7	4	5	5			
安全	9				8	7	8	6				4
美观	4	5	6			8	6	1				2
生活配套	5	2	1	1	1	2		2	6		7	
交通方便	7	1		8		1						

续表

客户需求要素分解	相对重要性	满足需求的要素（措施）										
		定价	绿化	公交	保安	设计	施工质量	物业管理	水电气	学校	超市	医院
维护方便	4	2	2					6	2			
教育配套	3	1				1				8		
实用性	7	1	2			8	2		6			
医疗配套	2	1				1						9
加权总分		153	86	80	91	271	166	126	114	51	62	62
难度等级		1	5	4	5	3	3	5	5	2	3	2

5.3　需求必须进行确认与跟踪

5.3.1　需求是要确认的

筱钧是天恒智通公司某项目的项目经理，负责为一家客户开发 CRM 系统。经过一个月努力，筱钧和他的团队终于把需求文档整理好，拿给客户项目方的项目经理马杰："马经理，这是项目的需求文档，包括验收规范，您看看有没有问题？没有问题的话麻烦您签个字……"

马杰："你们先做起来吧，你们有了雏形后我们再看。"

筱钧没能得到客户的签字，只好按照客户的要求先干……

在国内，这种项目客户不肯签字的情况常见，不知你是否遇到过。他们为什么不愿意签字？根据我的经验，最有可能的情况是他们还没有完全思考清楚。

但是，我必须告诉你，不管他愿不愿意签字，你务必逼客户签字。记住：拿不到签字，下一阶段就不能开始。如果他们不愿意签字，为什么还要逼他签字呢？其实，我们真正想要的并非他们的签字，而是逼他们认真考虑项目问题。很多时候你不逼，他们就不会深入考虑和审查项目需求；果真如此，倒霉的最终还是你。

在需求和范围确认这件事上，项目经理需要"强势"一些，用各种可能的办法"逼迫"干系人把需求考虑清楚。不管客户还是老板，不要被他们的强势压住。只要你是为了把项目做好，一般情况下，他们是会理解的。

总之，不管用什么方法，在项目开始前，主要的项目干系人必须对项目目标、需求达成一致。当然，请注意一个原则：对事要硬、对人要软！

5.3.2 切忌"鸵鸟心态"

金盾创盛公司为客户开发一套 OA 系统，客户要求在系统上线后对内部人员进行系统应用的培训，显然这并不是一个过分要求。但在需求分析过程中，项目经理刘宏发现客户希望培训大量的一线员工，麻烦的是这些员工中的很多人是刚入职的新员工。客户希望对这些员工从 OA 应用到相应岗位业务知识进行系统培训。因为合同里没有关于培训的条款，刘宏和他的团队经过讨论，决定将此问题留待项目后期再来同客户讨论。

对于这种培训要求，答应与否都不能说错。但明知道客户有这种需要，而不加以明确，让这个问题"悬"着就是一个严重的问题。这是一种逃避现实的"鸵鸟心态"，是一种不敢面对问题的懦弱行为。其结果只会使问题更趋复杂、更难处理。就像鸵鸟被逼得走投无路时，就把头钻进沙子里。

另一种情况，客户没有想到而你意识到的问题，是否应该拿出来和客户讨论呢？

多数人不想过早地和客户纠缠一些问题，只是因为怕麻烦。问题不谈的话，眼前还可以走下去，一谈就可能会变得复杂……说实话，有时谈清楚是"技术"，不谈清楚是"艺术"。的确存在一些"只可意会不可言传"的东西，这真是一个非常令人麻烦的问题。

从现实角度而言，如确实有问题存在而且早晚躲不掉，假如争吵不可避免，早吵也会比晚吵好。一方面，问题在早期解决代价会比较小，后期就会付出很大的代价；另一方面，尽早暴露问题，吵完了大家也就可以安心地做事了。

5.3.3　让客户参与到项目的各个阶段

项目经理要让客户参与到项目的各个阶段中，需求分析、总体设计、详细设计、编码、测试，要让客户参与到项目的每个阶段，并随时让客户了解和提出自己的真实想法。这样就不会导致项目到最后时段客户提出各种需求，变被动为主动。

特别是在需求分析和设计阶段，当整理完需求文档和设计文档时，一定要请客户一起参与评估，以避免需求理解不一致，需求范围不确定等问题。

在软件行业，在界面设计没有正式展现给客户之前，所有的工作都处于需求阶段。其实，房地产行业已经给我们做好了先例：客户买房子之前是先要看看样板房和模型的，什么都看不到这房子你敢买吗？除非你不是自己住！

要让客户对需求进行确认。当多次与客户确认需求后，尽量让客户签字认可，如不能签字也尽量让客户方领导在正式场合当面确认。

这样做的好处如下。

（1）可以有效地控制需求，当客户再有想加的需求时总不至于那么理直气壮。

（2）如客户真要加需求时，我们可以因需求变更而提出一定的经济补偿。

（3）如果需求变更，项目经理可以凭借着签字在公司内部规避自己的责任，毕竟客户以前是认可的，这回再提增加需求，就不是项目经理能力范围了，可以请领导出面。

（4）有了客户确认的需求，项目组可以放心地去完成项目，以减少需求变更所带来的影响。

客户之所以在项目结束前尽量让我们把所有能想到的做好，有时还提出各种刁难，就是怕我们在项目结束后就不能很好地给予支持。对于公司和团队，我们要建立完整的服务机制并让用户看到。客户对公司和团队认可了，对后续服务有信心，客户就会允许把部分非核心工作放到将来处理。信任是种力量，让客户信任我们就要始终如一地做好服务。

5.3.4 使用需求跟踪矩阵

钟健是融睿智捷公司某系统集成项目的软件设计主管，经过一番努力项目通过了由客户参与的内部验收测试，相关系统文档从配置库进入产品库。两周后系统发往客户所在城市，同时交付的还有一套由产品库中配发的文档。

系统在客户现场试运行过程中陆续暴露出一些问题，钟健根据客户要求进行了现场更改。但只是对用户使用的软件进行更改，配发到客户手中的使用文档和融睿智捷公司产品库中的文件都没有相应变更。

8个月后，钟健离职了。

此后的第4个月，客户反映系统运行状态不稳定，函电融睿智捷公司进行售后服务。公司领导赶紧安排新的软件主管姜驹赶到现场。姜驹根据系统报错，先后查阅了用户手中的使用文档和公司档案室中的文件，都无法理解系统错误，因为系统现有状态跟所有文件都不一致……

需求跟踪矩阵是一张连接需求与需求源的表格，以便在整个项目生命周期中对需求进行跟踪。需求跟踪矩阵把每一个需求与业务目标或项目目标联系起来，有助于确保每一个需求都具有商业价值。

需求跟踪矩阵为人们在整个项目生命周期中跟踪需求提供了一种方法，有助于确保需求文件所批准的每一项需求在项目结束时都得到实现。同时，需求跟踪矩阵为管理产品范围变更提供了框架。

表5-5为×××医院信息管理系统项目需求跟踪矩阵的实例。

表5-5 ×××医院信息管理系统项目需求跟踪矩阵

需求项标号	需求标题标号	软件需求功能标号	软件需求功能标题	软件需求变更标识	需求状态	变更序号	当前状态	概要设计状态	对应概要设计章节	详细设计状态	对应详细设计章节	单元测试用例	单元测试状态	集成测试用例	集成测试状态	系统测试用例	系统测试状态	对应代码	系统编码状态	责任人	备注说明
B5HIS	功能性需求	7.1	病人身份管理	增加	已批准	B130912	系统验收	评审通过	3.2.2	评审通过	3.2.2	E1.2	通过	E5.1	未进行	T3.1	未进行	emis导出业务代码	已单元测试	周海龙	
		7.2	挂号管理	原始	已批准	B131002	系统验收	评审通过	3.3.3	评审通过	3.3.3	E4.1	通过	E8.2	未进行	T3.1	未进行	emis导出业务代码	已单元测试	徐贵宝	
		7.3	网上挂号预约管理	增加	已批准	B131006	系统验收	评审通过	3.3.3	评审通过	3.3.3	E3.3	通过	E10.3	未进行	T3.2	未进行	emis导出业务代码	已单元测试	李鑫	
		7.4	系统管理	增加	已批准	B131103	系统验收	评审通过	3.1.1	评审通过	3.1.1	E6.2	通过	E7.2	未进行	T3.3	未进行	emis导出业务代码	已单元测试	尹求强	
		7.5	费用管理	增加	已批准	B140101	系统验收	修订	3.5.1	修订	3.5.1									应万力	
		7.6	处方管理	增加	已批准	B140103	系统验收	修订	3.4.3	修订	3.4.3									谷银华	
……																					

第 6 章

成败在项目启动已注定

> 我们所有人都面对着一些看似无解的难题，其实它们背后恰恰是一系列极大的机会点。
>
> ——约翰·威廉·加德纳

项目需要正式启动，通过启动过程，授权开始一个新项目并确定初步范围和落实财务资源。所有项目均存在风险，但在项目生命周期的各过程中，启动过程给项目带来的风险是最大的。任何项目的开始阶段都为项目结果埋下了伏笔。

很多项目的失败都是一开始就留下了失败的隐患，当这些隐患积攒到项目的后期爆发出来时，项目管理人员已无力回天。据统计，当一个项目已实际使用10%的预算时，将会锁定项目90%的最终成本。因此，如果在项目前期不能妥善处理，将会浪费实现项目最佳结果的机会。

2000年，美国电子数据系统公司（EDS）与美国海军签署了一份88亿美元的合同，旨在设计、安装、管理和维护一项"独立的、防黑客的网络系统"，以连接4 000个美国海军和海军陆战队站点的34.5万台计算机。2004年，EDS通报已在此项目中蒙受了16亿美元的损失，尽管该项目还没有收尾的迹象。他们认为，项目开始阶段的工作失误是巨额亏损和名誉损失的主要根源。具体包括如下。

（1）项目适应性差。习惯于与公司合作的 EDS 并不熟悉军事合同的复杂性和高度管制的军界。合同签署不久，国会就要求增加对网络系统的性能测试，因而工作被延误了 18 个月之久。"项目需求与来自公司客户的截然不同，"时任 EDS 主席的乔丹（Jordan）说。

（2）低估项目范围。EDS 估计将为新网络系统交付 5 000 个软件程序，但实际数量为 67 000 个，合同约定 EDS 承担意外的成本。

（3）没有预期到与关键干系人合作的现实。美国海军合同要求 EDS 在项目结算前必须将计算机安装完成。但是，由于用户远在海外，很多组装电脑等待安装的时间长达 9 个月。

（4）不明确的绩效标准。EDS 保证"使美国海军达到企业的计算机标准"，这一含糊不清的目标导致了不同的理解，给 EDS 在客户提出变更时管控造成了难度。

（5）对组织结构的错误理解。EDS 和美国海军希望此项目由两个独立的职能机构负责运营。这使得当局难以跟踪和及早发现问题，拉长了制定决策的前置时间。

6.1　启动项目是高级管理层的责任

我们反对边设计、边施工、边返工这样的"三边"项目，但"三边"项目的确也在所难免。因为项目要处理的是一些新事物，至少对项目的特定干系人而言即是如此。

正因为项目有个"新"字，"摸着石头过河"在项目执行过程中难以完全避免，特别是对于工期较长、干系人众多的项目，对于技术创新性较强的项目来说更是如此。

6.1.1　可行性研究的困境

所有项目都必须进行是否启动的决策，这应基于认真、科学、可信的分析，这是众所周知的。PMI 将其称为商业论证，通过专业的业务需要和成本效益分析，论证项目的合理性。国内，这个过程被命名为"可行性研究"，不得不说这个名字有点儿创意——为可行而进行研究嘛！

很多项目尽管做了可行性研究，得出了项目可行的结论，但项目实施起来依然不可行。项目前期决策的问题就像遗传病一样，后天很难弥补，造成极大的浪费和极其严重后果。

> 投资 3 亿元的吉林市长途客运站于 2010 年 10 月投入运营，占地面积 8.7 公顷，相当于 12 个标准足球场大小，设计日输送旅客 3 万人次，日发车 1 200 班次。但是因为地理位置较偏远，也没有公交线路等配套设施，导致乘客和车辆均不愿前往，一天只有零零星星几十个班次。当地迫不得已另投 10 亿元新建客运站。
>
> 耗资 5 000 万元[①]的太原长途客运北站于 2007 年建成后已闲置 7 年，试运行期每车日载客不到 1 人；江西省赣州市 4.5 亿元建设的钟塔公园停摆……

不否认，确实有一些官员是因为个人利益等原因故意做出错误或/和不良决策，从而给国家财产等造成损失。但更多情况是程序和系统问题，决策者是出于"好心"而为的。

众所周知，项目可行性研究的核心是对项目风险进行研究。既然做了研究，可行性分析又为何失效了呢？原因可以归为如下 4 个方面[②]。

1. 摆"花架子"、玩"两张皮"，为领导而论证

可行性论证前，领导已经有了想法和主意，工作只是履行一个程序而已。具体表现为：选择有倾向性专家、领导有意识引导、回避不利数据等；领导想干一件事，就放大有利信息，而对其他信息、其他方案视而不见。这种论证就是"为领导论证"。

---

① 有报道说 8 000 万元，具体数字不得而知。这里引用官方报道数字。
② 丁荣贵. 项目管理：项目思维与管理关键[M]. 2 版. 北京：中国电力出版社，2013.

2．倾向性意见导致判断上的自负

众所周知，人们在大多数概率判断时都会自负。也就是说，他们认为自己知道的比实际知道的要多。研究证据表明，人们在困难问题上会过于自信，而在简单问题上则会缺乏自信。自负偏见至少包括两种形式：第一，与经数据（包括他们自己的亲身经历）证实的正确性相比，人们倾向于夸大自己的正确性；第二，当要求确定某变量的分布区域时，该变量的变动范围将会很小。

3．论证对象的选择天生缺陷，论证内容不足

很多政府投资项目的可行性研究主要采用的是技术经济分析方法，这基本上是在计划经济时期下产生的方式。项目的可行性研究一般注重技术经济分析，而忽视了项目风险的主要来源——管理，忽略了管理可行性研究。管理风险是项目最大的风险来源，特别是对来自企业外部的其他干系人的管理更是如此。

4．对论证结论不负责任，专家"家奴化"

管理和决策的系统设计缺陷，对评估结论不负责任或责任很小，从事可行性评估的"专家"要么迎合领导意图，要么"伪专家"。这些都促使专家们不负责任地说昏话、狂话甚至"神"话。现在很多政治、经济问题的出现，与一些经济学家、法学家、社会学家说话后不担责任不无干系。

项目可行性研究的重点在于风险评估。建议组织两个专家团队（或两个以上），在背靠背情况下分别研究。基于多个团队分析结果决策，得出的结果也就会相对科学。

6.1.2　项目启动的核心人物是项目发起人

项目启动的核心任务是让项目干系人明晰他们对项目的责权利关系，项目启动的核心人物是项目发起人而不是项目经理，特别是对于那些涉及企业多个部门、有若干企业外部干系人的项目尤其如此。

但是，"项目经理负责制"的提出，时常让人产生误解。国内不少企业的管理者，时常将企业运转过程中的问题推向中层。这是一个典型的误区，必须承认的现实是"问题暴露在前三排、核心根源在主席台"。

关于本话题的更多探讨，请参考本书第 3.3.4 节。

6.1.3　项目章程是项目团队与组织的契约

企业是根据什么工作的？很多管理人员甚至很多大企业 CEO，都不能准确回答！他们忘记了公司章程是企业一切行为的准则。企业工作的依据是公司章程，部门工作的依据是部门职责，个人工作的依据是岗位说明书。那么，作为临时性的项目，其工作的依据是什么呢？就是项目章程。

> 2018 年 4 月 21 日，因迟迟不退还押金，来自全国多地的 15 名小蓝单车用户将小蓝单车公司和滴滴公司诉至法院，要求判令二被告向其返还人民币 99 元至 398 元不等的押金。同时，该案的诉讼费用由二被告承担[①]。

契约精神是文明社会的主流精神，在民主法治的形成过程中有着极为重要的作用，一方面契约精神促进了商品交易的发展，为法治创造了经济基础，同时也为市民社会提供了良好的秩序；另一方面根据契约精神，上升至公法领域，在控制公权力、实现人权方面具有重要意义。

> 2008 年 10 月，国际艺术品拍卖巨头佳士得宣布，将拍卖圆明园鼠首和兔首铜像。随后，佳士得对外宣布，中国籍男子蔡铭超以总计 3 149 万欧元的价格成功竞得两尊兽首。蔡铭超在成功竞得两尊兽首之后，多次对外高调表示，将拒绝付款。

1. 国人文化中缺少契约精神的基因

契约精神实际很简单，就是说话算数，一旦做出了承诺必须要执行，而且是不打任何折扣地执行。

一直以来，中国的市场经济中很多行为并不是体制上的改革，而仅仅是去调整、理顺一种参与市场各个主体间的关系。商业与市场是多元因素在其中起

---

① http://news.163.com/18/0421/17/DFUDO89F00018AOR.html.

作用进行交易与交换的一个过程，这个交换的过程要达到大家可以计算、判断和衡量的程度，就需要存在一种最基本的约定，这个约定就是契约。契约精神是维持任何一个社会中人们进行理性判断、预测以及比较的基础，实际上，契约精神恰恰是一个商业社会最基本的文化，是基因，而我们中国向来缺乏这种文化，缺少这种基因。

（1）契约精神产生于商品交易发达的社会。在与不认识的人打交道，与其交换才需要契约，有契约才会守约。而中国一直是农业社会，农业社会自给自足，商品交易贫乏。

（2）我们的文化中的投机元素。比如说田忌赛马的故事，我们会觉得中国人聪明，其实田忌赛马是违约的，赛马是有规则的，上马对上马、中马对中马、下马对下马。但是，田忌却使用了下马对上马、上马对中马、中马对下马。这种赛马方式放到讲规则的市场经济中就是不讲规则。

（3）对契约的尊重和保护力度不够，在中国缺乏完善的违约制约机制。人都是趋利避害的，商人都是追求收益的。当违约的收益远大于守约的利益，或者说违约的收益远大于违约带来的风险和损失时，违约会是一个很好的选择。

2. 项目章程是项目团队与组织的契约

项目章程的编制表明项目及项目经理已经得到管理层的支持，项目章程是一个简单、功能却很强大的文件，作为一项公告性文件，它像一部宪法，项目章程签发后就表明了项目的正式存在。

创建项目章程的另一个目的是向项目的干系人沟通项目的存在，明确他们对项目的责权利。项目章程是把项目与组织的战略及日常运营工作联系起来的纽带。

遗憾的是，契约精神的缺失在项目中也不可避免地体现了出来——国内的项目几乎很少见到正式的项目章程。找来找去，也只能找到一个与项目章程类似的文件，国人把它称为"项目任务书"，这也算是中国特色吧！鉴于国内的俗称，为便于读者，后文沿用"项目任务书"这一术语。

6.1.4 编制任务书的重点在于各干系人达成共识

在国内环境下，项目任务书作为项目的一个指导性文件，常发挥着类似章程的作用。任务书应该是一个简短文件（理想的是一页），简要说明项目要做什么、如何做和当项目结束时能给企业提供什么样的商业价值。项目任务书为对项目的发展方向、成果和执行过程进行明智的决策和规划奠定了基础。

1. 警惕"先干起来"的诱惑，关键在于达成共识

在项目早期对要做的事情进行说明并达成一致，是非常重要的。但是，要在一开始就这么做，特别是面对一些急于开始项目的人，是很困难的。这是一个痛苦的过程，国人容易失去耐心，可能倾向于放弃这个过程，"先干起来"是常听到的语言。

但是，我想问你想要现在痛苦还是将来痛苦？你有自己的选择，我还是想给你一个忠告：即使需求看起来很直接，也不要假设你已经理解了需求，更不能认为需求者也理解了你提供的服务。即便需求看起来很直截了当，也一定要坚持使用项目任务书来确保双方充分理解了期望。

项目启动阶段最重要的成果并不是项目任务书本身，而是在编写任务书的过程中所获得的洞察力和达成的共识。项目任务书只是记录这些重要的项目信息的载体而已。编写项目任务书的过程使得项目发起人、关键干系人和未来的团队成员有机会第一次共同合作，勾勒出项目的意图、远景和方向；此过程提供了一种机制，使得发起人与项目管理团队达成协议；此过程可以发现项目不同角色之间对项目目标和范围的不同理解之处。

对于一个项目干系人都集中在同一地点，并且经过了充分互动交流的小型项目来说，编写一个简单的任务书就可以了。对于大型或更为复杂的项目，特别对于涉及多个组织的项目来说，必须要有一个更为健壮的项目任务书。项目的参与者可以定期查阅项目任务书以保持目标一致。

2. 编制任务书的过程

实践中，我推荐尽早任命项目经理（最好在项目可行性研究阶段就任命），由项目经理召集联席会议来起草任务书。参加会议的人员包括客户代表、发起

人、项目经理和已经确定的关键项目成员。

编制任务书的关键是对需求达成早期概念层次的共识，并对需求做出回应。接着应邀请那些没有参加制定项目任务书的相关人员来检查和讨论，直到所有关键干系人都表示认可。以任务书为起点，项目计划团队在开始制订项目计划时进一步讨论任务书的细节，从而更好地理解项目的范围。应当将这种理解用正式文件归档。

一旦任务书完成，就将被提交给管理层批准。批准过程不应形式化，绝不是草率的，而应该是一个缜密的决策过程。批准了任务书，就意味着高层经理和专家基于对项目及其商业价值的了解，认为有必要正式开始项目，也就是说，有必要分配资源，来做进一步的详细计划。

批准过程的参与者主要应包含如下。

（1）高级管理层。管理层的支持对于项目的成功和项目可交付成果的成功实施起着至关重要的作用。他们的批准意味着："可以做详细计划，我们授权项目可以使用所需的资源。"

（2）客户。在我们的项目管理概念里，客户起着非常重要的作用。

（3）职能经理。项目的可交付成果不可能存在于真空中，总是有一些部门对项目的产品或服务提供输入或从中获得输出。应征求职能经理的意见和建议，使他们在最初阶段就了解项目并对项目做出承诺。

（4）项目经理。在理想情况下，项目经理应在最初阶段就确定下来，并参与起草任务书。因为他将管理项目，所以他应该在项目定义和项目批准过程中发挥重要作用。

（5）核心项目团队成员。其中包括项目经理、专家，他们将留在项目团队中，从项目的开始直到最后结束。他们参与，往往会加强其对项目的主人翁责任感。

3. 项目任务书的主要内容

尽管项目目的中存在着许许多多的"为什么……？"但项目任务书并不需要回答所有问题，因为它不是项目可行性研究报告的代替物。一般而言，项目任务书包含以下内容。

（1）可测量的项目目标和相关的成功标准。

（2）项目的总体要求。

（3）概括性的项目描述。

（4）项目的主要风险。

（5）总体里程碑进度计划。

（6）总体预算。

（7）项目审批要求。

（8）委派的项目经理及其职责和职权。

（9）发起人或其他批准项目任务书的人员的姓名和职权。

德瑞恒公司承担了××市财税库行横向联网系统的研发，该系统是由××市政府、国家金库××市中心支库、市税务局、市银行电子结算中心共同发起的跨行业、跨部门的大型计算机网络集成应用项目。

其目标是将财政局、税务局、全市的所有商业银行以及国家金库××市中心支库和 10 多家区支库连接成统一的网络，实现税收的征收、缴款、入库、对账和监管的全面电子化。项目自 2015 年 9 月提出，2016 年 1 月市政府审批立项，至 2017 年 1 月底全面完工，项目总投资 2 900 万元。表 6-1 是财税库行横向联网系统研发项目的任务书实例。

表 6-1　财税库行横向联网系统研发项目的任务书

项目名称	财税库行横向联网系统
时间	2 年完成财税库行横向联网系统的设计开发，总投资 2 900 万元
项目的可交付成果	交付一套财税库行横向联网系统，包括硬件网络系统、软件系统及相关资料一套
交付物的完成准则	操作方便、保密性强、网络畅通（详见附件《财税库行横向联网系统验收规范》）
工作描述	依据国家软件行业的通用规范
所需资源估计	人力、材料、设备
项目经理	马晓夏
项目经理职权	按项目经理岗位职责，超出项目经理职权的工作由项目发起人解决

续表

重要里程碑：

（1）项目启动：2016 年 1 月 5 日

（2）完成需求调研：2016 年 3 月 31 日

（3）完成系统分析：2016 年 11 月 28 日

（4）完成系统设计：2016 年 6 月 30 日

（5）完成系统集成：2016 年 10 月 29 日

（6）完成试运行和验收：2016 年 12 月 31 日

项目发起人审核意见	按要求保质保量完成任务
签名：李秀廷	日期：2016 年 1 月 5 日

4．关于任务书的注意事项

（1）为便于在各干系人中传阅，任务书中尽量不要出现晦涩的技术术语。

（2）在范围说明中，要特别指出项目不能提供的东西，尤其是可能被误以为已经包括在项目范围内的东西。

（3）项目目标主要是指项目的绩效目标。

（4）任务书必须由高级管理层（项目发起人）签署，以明确管理层将为项目提供组织资源而且对影响它的因素拥有控制力。

（5）任务书必须指定一位项目经理，并且明确其权力和责任。

（6）对于超出项目经理权限范围以外的问题，任务书必须明确处理问题和升级问题的机制，并让干系人知悉。

（7）任务书应清晰定义项目的关键里程碑，通过对关键节点的检查确保项目取得令人满意的进展。

（8）任务书要对项目的可交付成果进行概括性描述，以便于团队成员了解所做的工作是什么。

（9）项目任务书不是一成不变的，如果发生的项目变更非常大而使原来的项目任务书不再可行，那么就需要签发新的项目任务书。

6.2 达成项目驱动因素优先顺序的一致

项目中时常存在"解决世界饥饿[①]"的倾向，尤其是某些战略性变革或革新项目，每个人都想加入他们的需求。这些年中，我咨询和培训的很多客户都有此倾向。

包括或植入一个小功能貌似是不错的，但这常常导致项目难以在预算、进度、范围和质量限制内实现。因此，项目正式开始前，识别项目的各种制约和限制是必要的，还包括假设和制约。

每个项目都有诸多限制和制约因素：范围、质量、进度、预算、资源等，项目管理团队应对此加以关注。这些制约因素之间的关系是：任何一个因素发生变化，都会影响至少一个其他因素。缩短工期通常需要提高成本，降低成本往往影响项目质量，确保质量则时常伴随进度延期……项目干系人可能对哪个因素最重要有不同的看法，使情形变得更为复杂。

6.2.1 项目的假设、制约与驱动因素

项目管理者应在考虑制约因素、假设条件等限制的基础上，确定最合适的项目实施方法。错误的假设和未知的制约能把项目打倒。

1. 假设

假设是认定为真或认为理所当然的事情。项目有很多因素是尚不清楚的，所以总会做出某些假设。

> IT 部门的美女邱玥是管理测试的最佳人选，因为她是唯一使用过新测试工具的人，项目经理理所当然地将其列为测试负责人。然而，当测试开始时，邱玥却辞职了——假设成了一种风险！

[①] 干系人时常将一个项目当成解决所有问题的工具，为其增加更多工作，而且看起来还很有道理和充分理由，称为"解决世界饥饿"。

项目经理应该跟干系人沟通，找到这些假设形成文档并编制应对计划。如果某个假设证明不是真的，则意味着一个风险，甚至是重大风险。尝试验证任何尚不清楚的假设，是项目管理者的一个重要能力。

2. 制约

制约是在项目开始时，可能也可能不明显的限制或障碍，有些会随着项目的进展显现出来。制约如果没有得到管理，可以破坏一个项目。可以帮助管理制约的两个重要步骤如下。

（1）识别制约，如时间、预算、质量、技术、管理指令、法律、政治、技能等。

（2）制定应对措施，控制那些可以管理的制约。例如，如果管理层说不允许加班，如果合适，就让任务持续时间更长一些。如果项目依赖外部因素（如交付产品），让时间提前量更长一些。

事业环境因素和组织过程资产可以帮助项目管理者定义假设和制约。《PMBOK®指南》（第 6 版）对此进行了详细的描述，可供参考。

3. 项目的驱动因素

项目管理者都听说过项目的三重约束：成本、时间、质量（另一种说法是时间、成本、范围）。如图 6-1 所示。

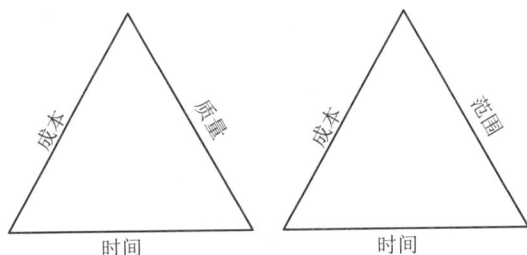

图 6-1　项目的三重约束

然而，如果让客户或发起人从三重约束中选择两个并依此实施项目，就太过于理想了。

驱动因素是指从客户或发起人角度项目需要完成的任务是什么（范围）、何时完成可交付成果（进度）、如何衡量可交付成果的好坏（质量）等。

项目成功的关键条件就是项目的关键驱动因素。实践证明，如果有一个关键驱动因素，项目成功是相对容易的。关键驱动因素越多，项目就越不容易管理。

理想状况下，关键驱动因素应该只有一个，现实是残酷的。过多的关键驱动因素，让项目过于受限，此时要取得项目成功是非常困难的。假如项目存在多个关键驱动因素，而又必须实施项目，这时所能做的就是选定一个关键驱动因素，并尽可能频繁地向客户和/或发起人提交项目过程中的产出，帮助他们确定自己真正想要的东西。

关键驱动因素过多，意味着没有人知道成功的条件是什么。关键驱动因素过多，意味着组织中没人愿意去判断孰轻孰重。应该让管理层决定项目的关键驱动因素，如果这不可行，那项目经理就做好项目痛苦的准备吧。

受到过多限制的项目难以逃避失败的噩运。

6.2.2　与客户或发起人讨论项目约束

项目驱动因素的顺序是干系人对项目看法的体现，每个部门都站在自己的角度看待项目时——计划部门强调进度"要快"、财务部门要求"省钱"、质量部门高举"质量第一"的大棒、市场部门竖起"客户至上"的大旗……不同的认知导致冲突不可避免地发生，在项目正式启动前，达成项目驱动因素优先顺序的一致非常重要。

下面是项目经理与发起人的一番对话：

项目经理：刘总，咱们讨论下这个项目吧！

刘总：嗯，我可不想重复上个项目的痛苦历程。

项目经理：在产品发布之前，您希望塞进去尽可能多的功能，我可以加，因为当时组织项目的方式还允许。可是，您提要求的时间太迟了！

刘总：嗯……我忘了。不过，这个项目不一样啊。

项目经理：您是说……

　　刘总：这个项目，你不需要担心成本问题，我最关心的是项目要多久才能完成。

　　项目经理：那需要哪些功能呢？对质量有什么要求？这是给财务部门用的软件，您知道他们总是要求完美。而且，财务部的陆部长常打咱们的小报告……

　　刘总：没错，不过我会帮你扛着的。我的原则是功能够用就行，关键是要在 10 周之内完成。

　　项目经理：如果要求 10 周，届时功能没有开发完或者发现漏洞很多，怎么办？

　　刘总：千万不能有不完整的功能，公司一个大型项目会在 10 个星期之后启动。你必须立即开始，我跟财务部陆部长达成了共识：过段时间你们开发团队到他那边的现场去工作，他已经准备好配合你们的全部条件。这样，你也有足够的时间来开展工作。

请注意，在对话中发起人提道：一个大型项目会在 10 个星期之后启动。显然，日期是这个项目的关键驱动因素。

在项目早期，客户/发起人常说："我们想要这 5 个功能，在 9 月底之前完成，还不能有严重的问题，给你这 6 个人，可以吗？"

对于这样的问题，我建议项目经理们不要轻易说行。分解并做了项目工作量的估算之后，项目经理才能知道 6 个人用这么长时间能不能做完项目。事实上，很可能没有办法按照客户/发起人要求，在规定的时间、成本限制下提供符合质量要求的产品。此时，客户/发起人需要做出决定给出项目约束的次序。

问题是，客户/发起人常不会给出项目驱动因素的顺序是什么，这个责任就自然落到项目经理肩上了。如果没有人给出顺序，每个人都会根据自己的认识给出不同的决策，这也将导致冲突不可避免地发生。

在很多情况下，即使已经有了驱动因素的优先级，项目还是没有灵活性。但至少可以定义出项目成功的基本条件，项目团队就可以根据约束较为合理地安排工作。

6.2.3 使用业务问题识别真正的驱动因素

关于成功标准的确定，往往不会顺利，更不可能理想。

有些项目对于需求、成本、进度、质量4个要求都最高，而且管理层都声称"多快好省都很重要"。我相信，读者一定以项目经理或团队成员的身份参与过类似项目（这在国内着实常见）。除非你是超人，否则很难使这样的项目成功。不过还是有一些方法能够厘清这些看来已经没有余地的约束条件。

如果客户/发起人愿意排定优先级，那是再好不过的。如果客户/发起人们不愿意给出优先级，项目经理可以先草拟一个优先级列表给客户/发起人审查，让他们确认。但是，他们仍然可能不肯签字，这种不肯签字的情况常见。他们为什么不愿意签字？根据我的经验，最有可能的情况是他们还没有完全思考清楚。

我必须告诉你，不管他愿不愿意签字，你务必强迫他签字。记住：拿不到签字，项目就不能开始。很多时候你不强迫，他们就不会深入考虑和审查项目问题；果真如此，倒霉的最终还是你。

在关键驱动因素确认这件事上，项目经理需要"强势"一些，用各种可能的办法"逼迫"客户/发起人把问题考虑清楚。只要你是为了把项目做好，一般情况下，他们是会理解的。

总之，不管用什么方法，在项目开始前，主要的项目干系人必须对项目的关键驱动因素达成一致。当然，请注意一个原则：对事要硬、对人要软！

启动项目时，为了得到项目的成功条件，可以问一些业务问题来明确驱动因素。我要强调的是，这些问题必须是业务问题而非技术问题，比如：

（1）项目要怎样才算成功？

（2）为什么想得到这样的结果？

（3）这种解决方案对你来说价值何在？

（4）这个项目要解决什么样的问题？

（5）这个项目如果不能成功可能会造成什么样的问题？

在实践中，在提问题时以下几点值得注意。

（1）少问"为什么"之类的问题。"为什么"问得越少，对于业务反而能了解得越多；而且，"为什么"这类问题很容易让对方产生戒心。

（2）避免"怎么做"之类的问题，客户/发起人会觉得你在让他们替你做工作，也会觉得你太过于技术思维。

（3）在问问题时，要让人感觉到你真心希望了解这个项目，而不要让别人抱有戒心。这些问题应该为项目经理和客户/发起人将来的合作打下良好的基础，而不是形成障碍。

（4）向客户/发起人提问时，要营造平等的气氛。在纸上做笔记，而不是用电脑，这样你和客户/发起人之间就不存在障碍。

6.3　名正言顺地启动项目

任何项目的开始阶段都为项目结果埋下了伏笔，名正言顺地正式启动项目极为关键，项目启动仪式（如启动会）要尽可能正式化，如果可能，更要大张旗鼓地进行，这大有裨益。

> 项目不是在结束时失败，而是在开始时失败。
> ——项目管理谚语

6.3.1　定基调

一首歌的第一句决定了歌曲的基调，唱好第一句是项目启动所要关注的。好的开始是成功的一半，项目团队工作的节奏、氛围以及后续和干系人的沟通，都与此阶段的基调关系密切[1]。

2011年6月，我参与了某核电站项目风险管理工作的阶段性评审。在这次评审会议上，我认识了A公司的工程部总经理李某，鉴于这次会议的正式性，作为专家学者身份的我语言较为正式。晚上聚餐，认识了该公司运营部总经理夏总，席间气氛轻松活跃，大家都较为随意。

---

[1] 高茂源. 项目管理心理学[M]. 北京：机械工业出版社，2014.

时至今日，与李总的交往方式一直保持着正式、彬彬有礼的风格，而和夏总的交往却始终是轻松随意的。

不排除两个人的个性差异，初始阶段的交往风格产生了长期的影响。而且，这种风格一旦建立，后期难以改变。

从这个意义而言，如果项目启动过程能定好基调对项目后期的实施至关重要。

6.3.2　找节奏

启动阶段的一个重要作用是找到项目的节奏，让项目的干系人和项目团队成员感受到项目的脉搏。

经过一个漫长假期的人回到工作时，常常会发现前几天的工作很难进入状态，所谓"假期综合征"。

星期日的休息，扰乱了学生的正常生活起居和学习秩序，意志下降、注意分散、精神不振，从而影响了学习的效果，这种现象被称为月曜效应（Monday Effect）。月曜效应在每天的早上和下午第一节课中也常会出现，在假期过后的开学那段时间也甚为显著。按理休息之后应该精神倍加，效率提高，但是事实并非如此，而是按照月曜效应规律发生。因为他们的身体需要一个信号才能从假期的状态中切换回来。

项目启动会就是这样，可以通知干系人和项目团队成员项目已经开始、要慢慢找到工作状态。为此，项目管理者需要知道一些暗示的技巧。尽量营造项目的工作氛围，例如张贴项目总体进度图形，制作项目的标志图形或者有意识地更换一下项目成员的工位，让他们坐得更近一些。当然，暗示的最佳效果还是每个人都进行一下自我暗示。可以让每个人想一句话，表达一下自己要如何努力来保证整个团队的绩效。

6.3.3　明规则

许多沟通的障碍就像某种依靠其神秘性吓人的妖怪，你说出它的名字它就会被消灭。在项目开始阶段，提前制定好可预见问题的处理规则，当事人在面对实际问题时的配合程度将大大提高。

1. 免疫效应

先说出对方实际中会遇到的情况，尤其是那些不愉快的情况，同时说出他们在这些不愉快的情况下可能要做出的心理反应，而改变对方的固有"程序"。当事情真实发生的时候，也就是固定的"程序"触发条件产生时，对方的固有"程序"便会失去原有效用。心理学中这叫"免疫效应"。

你可以马上试试这种模式的神奇作用。

你可以这样和你的家人沟通："我知道你听了我的想法之后会感到生气，但是我真的很想要那部越野车！"

你也可以直接走进你的老板办公室对他说："我知道这个要求会让你十分不快甚至产生各种失调现象，但是我真的想要加工资。"

你还可以对你的客户这样说："我知道您可能抓狂或者愤怒，但是我不想骗你，因为项目的确不能按时完工！"

这样说虽然可能并不会让对方满足你的请求，但是你会发现，至少对方不快的情绪会大大降低。

2013 年 9 月，我的一个项目组遇到了困难，军方领导对项目组的工作进展很生气，项目经理已无法与对方沟通。我被迫和军方一个比较强势的领导进行沟通："我知道这样说您可能会很抓狂甚至会发怒，但是我还是要请求，删去这个系统中的那个数据挖掘功能来保证项目进度。"这位领导听完之后大笑道："我不会发怒的！我也理解这个进度要求的确对你们很难，但我还是要你们想尽办法来完成。这是一个政治任务。"

他态度和气得让我们每个人都十分惊讶。他坚持了原有的工作任务，但至少双方可以更加理性地沟通了。请注意，气顺了一切都会好起来！

2. 启动阶段要明确的规则

在启动阶段到底要树立哪些规则？这要视项目的类型、周期和人员规模等情况而定。在实践中，在启动阶段必须明确下述规则十分重要。

（1）沟通方式、频率、内容及格式。

（2）项目经理的权力、项目奖惩权力、人事调度权力和项目方案的决定权力等。

（3）甲方责任、需求提供、调研配合和业务指导等。

（4）变更处理流程、文档、权利等。

（5）团队合作模式、风格、出勤、考核标准、争议解决等。

（6）项目开发方的各个部门的义务及责任。

这些规则并不一定都以项目制度的方式公布出来，因为成为项目制度本身可能会给某些干系人带来压力，会比较敏感。但是，即使不能用制度的方式呈现，项目管理者也要正式地提出关于这些规则的建议。

这些规则映射到制度上，分别是：

（1）项目例会制度。

（2）绩效考核制度。

（3）汇报制度。

（4）文档流程。

（5）变更管理制度等。

在项目启动阶段干系人对这些规则并不敏感，一般比较容易建立。遇到问题时再讨论建立规则，因其针对性过于明显，极易引发争议和冲突。

一个需要注意的问题是，在启动阶段确立规则会让人觉得项目管理者比较教条、刻板，常有人以"项目时间紧任务重，先干起来再说"等说法搪塞！对此，项目管理者要顶住压力，不必过多解释，因为你解释的理由往往会成为别人反对你的靶子。

记住，没有规则在前，后面全是坑，吃亏的是你自己！

6.4　表明正式开始的启动会

在项目正式启动之前，将项目的干系人召集到一起举行一次启动会议是十分必要的。笔者认为项目启动会应尽量开，如果可能，更要大张旗鼓地开，千万不要像鬼子进村——"悄悄地来、悄悄地走"。

6.4.1　获得干系人支持是启动会的关键

项目启动会是项目实施方法论中的重要一环，它可能现场澄清项目有关概念的内涵，以确保大家取得理解上的一致；还可能公开落实项目干系人的角色和责任，提高他们对项目承诺的兑现程度。

项目启动阶段出现的很多问题是项目后期问题的隐患。特别是从高级管理层及客户那里获得的承诺不足，将是项目后续工作的严重风险。

常见的情况是，当项目出现明显的经济效益前，一般不会得到公司高层的支持。当出现明显的经济效益后，公司高层会对项目表示支持。支持的方式是成立一个委员会，这个委员会经常要听你的汇报，但当你需要它的时候，它的成员往往找不到。

人们不支持项目可能有很多原因。如果在项目的后期出现这种情况，问题可就严重多了。项目需要资金或其他资源，如果提供资源的人对项目支持的意识不强或者对项目不感兴趣，项目就容易失败。在项目早期，高层领导就应当及时提供必要支持，并将这支持贯彻到整个项目生命周期中。

因此，务必避免相关领导没请到的情况出现。领导的参与，就是告诉所有各干系人这个项目很重要，如果组织的一把手到场客观上给人"一把手工程"的印象。"一把手工程"的实施，在一定程度上提高了"一把手"的责任心，"一把手"职责进一步明确，在一定程度上减少甚至避免了一些工作责任上的推诿扯皮现象，那种上级有令不行、有禁不止的现象明显地得到改善。相反，如果哪位相关领导没来，至少会影响到一部分人对项目的责任心，如分管某块业务的副总没来，相关的人就认为，领导都没来，可能我们这块不需要太支持项目。

项目启动会议也是大家相互熟悉、相互间沟通、促进相互了解的社交场合，毕竟良好的人际关系有时候比什么都重要；启动会议为明确项目经理角色、授权项目经理动用组织资源提供恰当的时机。另外，通过启动会议，让各方达成一种共识，为我们日后开展相关工作扫清障碍。

在项目实施时，需要大量的、分散到不同专业的领导和员工的支持，务必请这些重要的干系人参加启动会，否则，在项目实施时，他们对项目的认识还需要进行重新交流，尤其是他们没有看到领导在会上对项目的支持，他们的积极性可能会大打折扣。

会上，还需要说清楚项目的职责结构，如果没有明确责任分工，那么大家都知道要很好地支持项目，可是不明白哪些是自己的责任，哪些是别人的责任，就容易出现一腔热情用不对地方，或者本来是某位经理或者员工的责任，他又以为不是自己的责任，就容易推诿扯皮。

6.4.2　用结构化方法确保启动会实效

实践中，为了完美地启动项目，建议用结构化的方法实施启动会。你可以关注以下 10 个问题和 10 个具体细节，请参考表 6-2 和表 6-3。

表 6-2　启动会议 10 个问题

序号	问　　题	参考和建议
1	谁做会议主持人？	发起人、组织的高层管理者代表
2	启动会是为谁而开？	启动会为项目而开、属于组织行为，项目是组织战略的实现手段
3	谁来讲项目目标、要求？	发起人、组织的高层管理者代表
4	谁来讲项目组织构成？	发起人、组织的高层管理者代表
5	哪些人必须参加？	发起人、组织的高层管理者代表、项目经理、职能经理、其他关键干系人
6	历时多久较合适？	实践中项目启动会不宜太长，防止变成茶话会、扯皮会，普通项目以 30 分钟至 1 小时为宜，大型项目可以适当调整
7	技术方案是否应该讲？	不宜讲技术方案细节，可以简单介绍项目的技术概况、架构、组成等

续表

序号	问 题	参考和建议
8	重点对谁介绍分工?	重点对职能经理们介绍项目分工,获取他们配合项目经理的承诺
9	启动会的结果物是什么?	得到各职能经理、项目经理及关键干系人对项目的承诺,并形成书面确认
10	造势、定向、预警、落实哪个更应侧重?	按照重要性顺序依次是:落实项目职责、预警项目风险、确定成功标准、营造项目氛围

表 6-3 启动会议 10 个需要注意的细节

序号	参考和建议
1	注重面向未来
2	通过启动了解干系人对项目的期望
3	侧重已确定事项的说明,求同存异
4	需要组织协调的方面,让发起人讲
5	在讲规则时候要重点强调变更程序、协调和问题升级程序
6	将干系人的责任以及假设、约束等说清楚
7	需干系人注意的方面以及关键因素是什么
8	要充满信心地介绍项目团队
9	越是不支持的干系人,越要面对,尽力争取承诺
10	切记落实会后 1~2 周的工作安排

第7章

项目应该被计划管着

> 毫无规划的唯一好处是，失败于你而言纯粹是个意外，而此前你全然不会为此感到惴惴不安。
>
> ——哈罗德·科兹纳

管理项目是个复杂的过程，计划充当着这个过程的地图。该地图必须足够详细以便决定下一步做什么，同时也必须足够简单以使人们不会迷失在细枝末节中。

大量的研究支持以下观点：认真地做好计划工作与项目的成功密切相关，而且据我们所知，没有任何一项研究支持相反的观点。

7.1 切实地执行务实的计划是成功的基础

你必须保证工作要在规定时间、预算、范围内确保质量地完成。项目开始之前需要回答诸如图 7-1 所示的一系列问题。计划制订的目的是为以后工作的完成提供方便和指导。

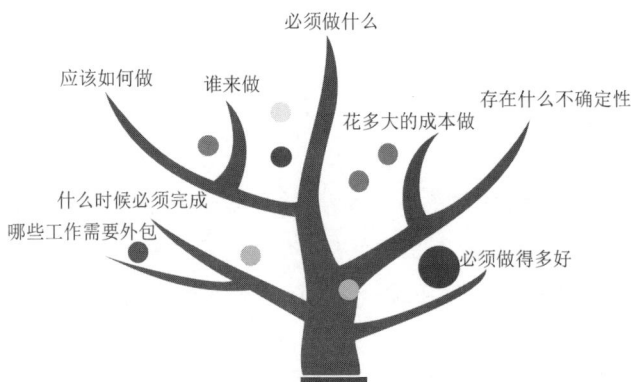

图 7-1　项目开始之前必须回答的问题

项目管理的计划方法，把项目活动、持续时间、所需资源有机地结合在一起，并且有严格的先后次序、里程碑和关键路径，可以清晰地提醒项目所有成员在什么时间，做什么事情，保证每个项目任务都得以执行。

定义并计划一个项目仅仅只是成功管理一个项目的保障，在制订工作计划后，还必须按照这个计划开展工作。通过对计划的执行跟踪，项目经理可以清晰地了解项目进展情况和偏差情况，评估并及时有效地控制项目风险，从而保证项目的成功。

7.1.1　没有计划的目标是浮云

在一次培训时，我问每个学员的工作目标，有个学员举手问："我的目标是在一年内赚 100 万元！请问，我怎么制订计划实现这个目标？"我问他："你相不相信你能达成？"他说："我相信！"我又问："你知不知道要通过哪个行业来达成？"他说："我现在从事保险行业。"我接着又问他："你认为保险业能不能帮你达成这个目标？"他说："只要我努力，就一定能达成。"

"我们来看看，你要为自己的目标做出多大的努力，根据你们的提成比例，100 万元的佣金大概要做 300 万元的业绩。一年：300 万元业绩。一个月：25 万元业绩。每一天：8 300 元业绩。大既要拜访多少客户？"我接着问。

"大概要 50 个客户。"

"那么一天要 50 个客户，一个月要 1 500 个客户，一年就需要拜访 18 000 个客户。"

我又问他："请问你现在有没有 18 000 个 A 类客户？"他说没有。"如果没有的话，就要靠陌生拜访。平均一个客户要谈上多长时间呢？"他说："至少 20 分钟。"老实说："每个客户要谈 20 分钟，一天要谈 50 个客户，也就是说你每天要花 16 个多小时在与客户交谈上，还不算路途时间。请问你能不能做到？"他说："不能……"

目标未必是可行的，通过计划的制订与工作的分解会逐步暴露项目目标的可行性。干系人期望不是孤立存在的，期望与计划是相辅相成的，目标指导计划，计划的有效性影响着目标的达成。

制订一份周密可行的计划是项目经理优秀能力的体现。所谓有计划、有组织地开展项目工作，就是把目标正确地分解成工作安排，通过采取适当的步骤和方法，最终达成有效的结果。通常会体现在以下 5 个方面。

（1）将有联系的工作进行分类整理。

（2）将整理好有各类事务按流程或轻重缓急加以排列。

（3）估计每个工作需要的资源（包含人、财、物等）。

（4）根据资源安排相应的实施时间。

（5）将计划发送给干系人，获得他们的认可和支持。计划最好可视化，可采取网络图、甘特图、里程碑图等形式。

7.1.2　阿蒙森团队的南极之旅

截至 1911 年 12 月，没有哪个地球人到达过南极点，所以这是一百多年前所有最伟大的探险者、所有具有探险精神及梦想的人最想做的事情。直到 1911 年，两个竞争团队出现了，一个是来自挪威的阿蒙森团队，另一个是来自英国的斯科特团队，他们都想率先完成这个从来没有人完成过的事情，到达南极点。

两个团队的出发时间差不多，这是因为这个世界上从来竞争都非常激烈。

当有一个大的机会出现的时候，不可能只有你看到了，基本上是一帮人看到了，这跟其他无数场合的竞争都很像。所以，这两个团队都是 1911 年 10 月在南极圈的外围做好了准备，进行最后的冲刺。

结果是，阿蒙森团队在两个多月后，也就是 1911 年 12 月 15 日，率先到达了南极点，插上了挪威国旗。而斯科特团队虽然出发时间与阿蒙森队差不多，可是他们晚到了一个多月，这意味着什么？

这就是成功与失败的区别，阿蒙森团队作为人类历史上第一个到达南极点的团队永载史册，获得一切的荣誉，而斯科特团队虽然也经历了同样的艰难险阻，但是晚了一个多月，没有几个人会记住第二名，大家只知道第一名。

但故事并没有这么简单，你不光要到南极点，还要活着回去。阿蒙森团队率先到达南极点之后，他们又顺利返回了原来的基地。

而斯科特团队晚到了，他们没有获得荣誉。更糟糕的是，他们因为晚了，回去的路上天气非常恶劣，不断地有人掉队，最后没有一个人得以生还！斯科特团队不但没有完成首先到达南极点的目标，而且全军覆没，这已经是生与死的区别了。

是什么造成了这么大的区别，不仅是成功与失败，更是生与死的区别呢？

首先，去南极探险，不仅需要人，还需要物资，两个队的策略和策划天壤之别。阿蒙森团队物资准备充分，带着 3 吨物资上路。而斯科特团队准备的东西很少，他们只有 1 吨物资。1 吨的物资够吗？如果过程中不犯任何错，没有任何意外，刚好够。这是多么可怕的事情，理论上可行，但现实中碰到压力，遇到未知困难，就不可避免地动作走形、犯错。所以，计划订得太紧，其实是很危险的。阿蒙森团队的 3 吨物资有较大的富余量，在充分预知困难的前提下，做好充足准备，为应对困难预留了储备，也给自己留下了犯错的空间。事实上，两个团队碰到的环境是差不多的，结果异同生死！

阿蒙森团队的成功经验，最后可以总结成一句话：不管环境好坏，照计划实施。

相反，从斯科特团队的日志来看，他们是一个比较随心所欲的团队，天气好就走得非常猛，天气不好就睡在帐篷里，吃点东西、诅咒恶劣的天气和坏的运气，祈祷天气尽快转好。

阿蒙森团队于 1912 年 1 月 25 日全部返回营地。这个日子和他 3 年前计划的归程一天不差，是巧合也是奇迹。后来有人请阿蒙森分享经验，他说："最重要的因素是探险的准备如何，你必须要预见可能出现的困难，遇到了该如何处理或者如何避免。然后，按照计划执行。"诚如哈罗德·科兹纳所言："毫无规划的唯一好处是，失败于你而言纯粹是个意外，而此前你全然不会为此感到惴惴不安。"

阿蒙森团队的南极探险之旅，还有一些细节也值得我们思考。

第一，斯科特团队用的是矮种马来拉雪橇，而阿蒙森团队用的是爱斯基摩犬。阿蒙森团队足足准备了 97 条爱斯基摩犬，阿蒙森认为只有爱斯基摩犬才是南极冰天雪地中的最佳选择。相比而言，马更强壮，开始的时候走得更快，但马不够耐寒，走到半路都冻死了，最后只能靠人力来拉雪橇；爱斯基摩犬虽然走得慢，但能在很冷的条件下生存，从而保证了行进的速度。

第二，阿蒙森为了极地探险，他曾经和因纽特人生活了一年多时间，就为了跟他们学习如何在冰天雪地里生活、求生等。

第三，阿蒙森的计划非常周详，连午餐也做了特别的安排。他使用了一种新设计的保温瓶，在每天启程前早餐时，便把热饭菜装在保温瓶里。这样午餐可以在任何时间吃，既节约燃料，又省时间。而由于需要扎营生火，斯科特团队吃顿午餐要多花 1 个小时。阿蒙森的队员时常坐在雪橇上，一边欣赏极地的奇异风光，一边嚼着暖瓶里的热饭，而且还有休假：星期天哪怕再适于行路，阿蒙森也不改变习惯。

正所谓"魔鬼藏在细节中"，阿蒙森团队详细策划，为成功探险奠定了基础。

7.1.3　这不是一只烟斗

怎样才能保证项目成功？计划，计划，再计划，这是项目管理的最佳实践！所以，做项目管理的专业人士一般都必须知道如何编制项目计划，并且很多人能熟练地使用 Microsoft Office Project 工具，知道 80 小时法则、WBS 和关键路径的概念。但只有一份周密、漂亮的计划是不够的，只有切实执行计划才是有价值的。不管主意有多好，不真正身体力行，永远没有收获。

在演讲的时候，美国成功学家格林曾不止一次对听众开玩笑说，全球最大的航空速递公司——联邦快递其实是他构想的。

格林没有说假话，他的确曾有过这个想法。20 世纪 60 年代，格林刚刚毕业，每天都在为如何将文件在限定时间内送往其他城市而苦恼。当时，格林曾经想到，如果有人开办一个能够将重要文件在 24 小时之内送到任何目的地的服务，该有多好！

这个想法在他脑海中停留了好几年，他也经常和人谈起，遗憾的是，他没有行动，直到一个名叫弗列德·史密斯①的人真的把它变为现实，格林才后悔莫及。

成功地将一个好主意付诸实践，比在家空想出一千个好主意要有价值得多。

前些年，不规律的生活方式和繁重的工作，导致我的健康每况愈下，身体臃肿发胖还经常感冒生病。2014 年起，我开始每天跑步 8~10 千米并配合饮食调整，经过 4 年的努力，健康回来了，另一个意外的收获是体重减去近 20 斤。

1928 年，比利时画家勒内·马格利特创作了一幅令人费解的名画《这不是一只烟斗》（见图 7-2），他的意思是说，这仅仅是关于烟斗的一幅画而已，并非真正的烟斗。

图 7-2　这不是一只烟斗

再完美的计划，也仅仅是计划。有计划、有组织地进行执行才是根本。实施计划时心理要平静，估计困难、做好准备、及时调整。

---

① 弗列德·史密斯，前美国海军陆战队队员，1971 年在阿肯色州小石城创立联邦快递。

人们都知道减肥的根本手段就是"管住嘴、迈开腿"，可是很多人并不这么做。我见过很多口口声声要减肥的人，他们给自己定了"减掉20斤"的目标，还把朋友圈备注为"不减20斤绝不换头像"；可是既没有面对美食管住嘴巴的决心，也没有每天跑步的行动！其结果是，头像再也换不下去了。

7.2　理解计划的价值，不做哥伦布派

> 没有计划就没有项目；没有计划控制就没有项目管理。
>
> ——郭致星

技术人员普遍不太喜欢做计划，而技术专家成为项目经理时常会成为项目管理中的一派——哥伦布派。该派的典型特征是"出发前不知道去哪儿，到了地方不知道是哪儿，回来后也不知道去过哪儿"。总之，走到哪里就是哪里。

M 公司是国内通信终端产品最大的 ODM/OEM 厂商之一，主要从事宽带通信设备、无线通信设备和网络视频产品的研发和生产。2017年之前，该公司 70%以上的项目不能按计划完成，即使项目计划在项目开展过程中经过多次调整，最终项目完成情况与计划仍然相差甚远。

于是大家都在抱怨："我们一直在 Delay，计划不如变化快，制订项目计划毫无意义，不但没有效果，反而浪费工程师的时间"。

计划不如变化快，还做计划干吗？这是技术大佬们经常提到的问题。

7.2.1　计划是应对帕金森定律的手段

徒弟：师傅，为什么一个项目中大家都很忙，但却看不到完成了什么成果呢？

师傅：因为只要不要求立即完成，任何人都可以做任意多的工作，

而不会关心做的工作有没有用，跟项目成果有没有关系。

西里尔·诺斯古德·帕金森所著的《帕金森定律》一书记录了一个老太太寄明信片的故事。帕金森发现，人做一件事所耗费的时间差别很大：一位老太太要给侄女寄明信片，她用了 1 个小时找明信片，1 个小时选择明信片，找侄女的地址又用了 30 分钟，1 个多小时用来写祝词，决定去寄明信片时是否带雨伞，又用去 20 分钟。做完这一切，老太太劳累不堪。

同样的事，一个工作特别忙的人可能花费 5 分钟在上班的途中就顺手做了。

工作会自动占满一个人所有可用的时间，工作总会拖到最后一刻才能完成。如果一个人给自己安排了充裕的时间去完成一项工作，他就会放慢节奏或者增加其他项目以便用掉所有的时间。工作膨胀出来的复杂性会使工作显得很重要，在这种时间弹性很大的环境中，人并不会感到轻松。相反会因为工作的拖沓、膨胀而苦闷、劳累，从而精疲力竭。

某个周五的上午，公司企管部经理小张一上班就被总经理叫去。"小张，下周四公司要开一个高层管理会议，会上我们将讨论下个季度公司的市场策划。这样，你先拿出一个初步方案来。"因为今天还有些部门的事要处理，而且小张也希望仔细准备一下以便能够展示自己新的创意，尽管小张有把握半天即拿出策划方案，他还是对总经理说，下周三上午提交初步策划方案。"周三？太晚了，我还要先看一看。这样吧，你辛苦辛苦，周二一早交给我。"小张为争取到了一天的时间暗暗高兴，他下定决心，一定要好好将策划方案做好。

小张会在什么时候开始撰写策划方案呢？一般说来会有以下 3 种情形[1]。

第一，拖到周一下午做。这种情况是最常见的，因为只要半天就

① 案例来源：丁荣贵. 项目管理：项目思维与管理关键[M]. 2 版. 北京：中国电力出版社，2013. 有改动。

可以完成了嘛。遗憾的是，周一下午常常有事，而且这些事常常是不得不做的。那么，小张只能晚上加班了。那时，"在策划方案中充分展示创意"等已经无暇顾及了，其最后的结果是，要么周二一早不能按时提交，要么提交的策划方案连小张自己也不满意。

第二，小张星期五上午就完成了。但是，他会将方案提交给老总吗？一般不会，因为到周二上午交差是争取来的。如果周五上午就提交的话，很可能不仅不会得到表扬，还会得到批评："这么快就完成了？不要偷工减料，不是说了周二上午给我吗？周末好好弄一弄，搞漂亮点。"

第三，周五上午小张就完成了，而且也提交给了老总。即使老总表扬了小张，但他的提前完成会使公司的高层管理会议提前召开吗？不会，因为计划是在下周四召开，那些与会者已经将下周四之前的时间做了别的安排了。

想一下我们周围的现状吧。调研发现，公司投标前一天的工作都在对标书进行打印、装订、签字、盖章……几乎无一例外！可是，按照《中华人民共和国招标投标法》的规定至少还有 20 天的投标准备期，之前都干什么去了呢？

每个周末的晚上，公司宣传部小张几乎都在赶稿，多年来不胜其烦。其实，上班时间写一篇通讯稿，只需 2 小时即能完成，但周末有了宽松的 2 天时间，小张在网上东游游、西逛逛，直到周日晚上，心里有了交稿的紧迫感，才能静下心来，急急忙忙完成草稿。

帕金森定律告诉我们：人做一件事情，耗费的时间越长，就会感觉越累。工作会自动占满自己的时间，如果你给了自己充足的时间去完成某项工作，你一定会不自觉地放慢节奏至最后的时间期限，才集中精力去完成这项工作，所以，你会因为时间的拖沓和最后的紧迫感而感到劳累，筋疲力尽。

如果投标需要准备 10 个文件，投标准备期为 20 天；就可以制订一个计划：每两天准备一个文件，每两天做一次检查，到第 20 天时（投标前一日）只要完成一个文件即可，这样可以有效避免投标前一日的工作忙乱。

为应对帕金森定律从而避免无事忙，必须制订工作计划，更要明确工作完成的最后期限，这个期限越近，工作效率越明显。

　　徒弟：师傅，为什么很多想改变自己命运的人迟迟都没有行动呢？

　　师傅：为什么很多人想拥有魔鬼身材，还是没法管住嘴、迈开腿？

　　徒弟：那到底是为什么？

　　师傅：因为人性。

　　徒弟：那何为人性呢？

　　师傅：浪潮来袭才想起挪动早已僵硬的身躯，站在悬崖边上才想学会飞翔，这就是人性。同样，穷途末路时人们才会迸发既有独创性又卓越的想法。师傅以前抄经书，每次都是在上交前熬通宵抄完的。

　　徒弟：您以前也中过帕金森定律的招啊！该如何应对这定律的影响呢？

　　师傅：最后期限往前提：把长期的项目划分多个里程碑，每个里程碑进行正式评审；把任务分解到每天，日事日清。

7.2.2　用计划保证方向

　　如图 7-3 所示，如果我们开车从杭州出发前往目的地北京，并制定了经过南京走长江大桥的渡江线路。在前往北京的路上，由于实际情况的变化，得到消息"南京长江大桥不通（比如不允许非南京车辆过桥等）"，结果行进到了芜湖长江大桥。这样，导致了实际行进路线与计划路线的偏差。

　　现在我们采取的措施可以有两种方案。

方案一：改变行动

　　在项目中，如果偏差较小，应尽可能回到原来的计划线路上去。比如，一个周期为 100 天的项目，到了第 80 天，发现完成了 79 天的工作量，因为只滞后了一天（这种偏差很小），可以采用周末加班一天的方式争取赶上计划。总之，如果偏差较小，就改变行动、回到原计划。

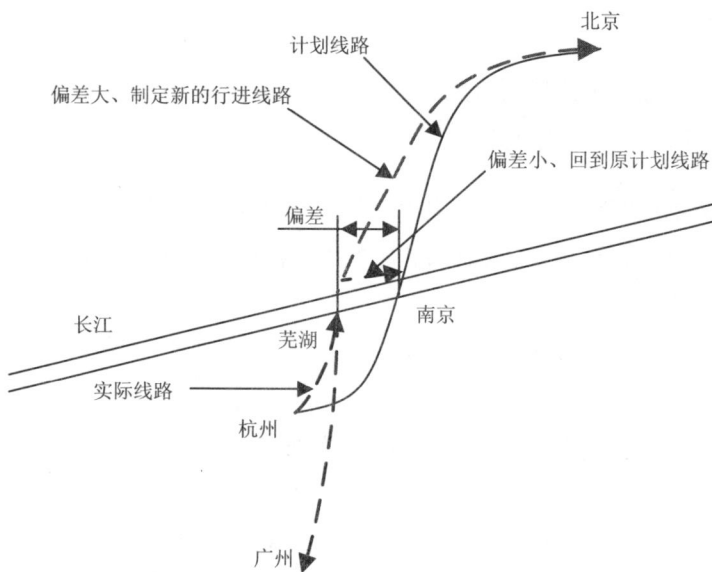

图 7-3　计划是保证项目方向的手段

在芜湖过江后，如果认为偏差较小，就赶往南京长江以北、回到原计划的线路，再奔赴北京。

方案二：改变计划

如果偏差较大，可以在保证方向不变的前提下，采取适当措施改变计划。比如，一个周期为 100 天的项目，到了第 80 天，发现完成了 50 天的工作量，滞后量达到了 30 天（这是一个很大的偏差），实现原来的计划已经不现实，我们可以遵照适当的程序（变更控制程序）来调整计划。总之，如果偏差很大，就确保方向、改变计划。

在芜湖过江后，如果认为偏差太大，就重新规划一条新的赴京线路后再去北京。

请注意，正是因为我们有计划，才确保去往北京的目标最终实现，只是过程未必完全符合计划。此所谓，道路是曲折的、前途是光明的。不管怎样，因为有计划才可以度量、才可以确定偏差，否则连比较的基准都没有，何谈如何采取行动。

试想，如果没有计划，当走到南京时，行进路线受阻，结果又将如何？

方案一：返回杭州（取消项目）

四大名著中的《西游记》是一个典型项目，在师徒 4 人中，八戒是一个没有计划的典型代表（之前一直思量着娶媳妇的，阴差阳错不知怎么回事就踏上了取经的路）。对于八戒而言，遇到困难第一反应就是"分行李、回高老庄"。

方案二：到其他地方玩一玩

假如，走到南京行进路线受阻时，突然听到一个传言——上海迪士尼很好玩，到上海看看！当然，也可能不知去向何方（到达广州也未可知）。

可见，计划可以保证目标不丢失、方向不跑偏。有计划就有了测量和控制的手段——测量偏差并根据偏差大小决定下一步的行动方案。计划为有效控制提供了测量标准和基础，没有计划的话控制无从谈起。

顺便提一句，有些项目经理会说需求不确定，所以没有办法制订计划。这同样是对计划的错误理解。即使计划不够周密，但它可以提醒我们项目的大目标是什么，保证项目团队所采取的行动不偏离大方向。而且，任何一个大的项目，都可以拆分成很多小项目，渐进明细地实施。实践中，"计划是用来改的"；正因为计划没有变化快，才更需要做计划——变更管理计划。

关于不确定条件下的项目计划的话题，请参考本套书的《管法：从硬功夫到软实力》第 3 章。

7.2.3　计划使难度提前并有效降低难度

新中国成立初期，没有现成经验可借鉴。1950 年 4 月 7 日，陈云在政务院第二十七次会议上说："物价涨不好，跌亦对生产不好……要摸着石头过河，稳当点好。"这是我国领导人关于"摸着石头过河"策略的最早提法。改革开放以来，邓小平同志对"摸着石头过河"的策略也持赞同态度，在不同场合也表达了类似思想，并将其提升为一种指导改革发展的理论策略。改革开放 30 多年来，"摸着石头过河"作为在没有经验借鉴情况下采取的一种选择策略，对推进改革发展进程发挥了非常重要的作用。

作为一种战术策略，"摸着石头过河"强调立足于当时的历史条件，在可控范围，积极稳妥地实现改革发展目标。然而，随着改革的全面推进，"摸着石头过河"的弊端日益凸显，相关争论也越发激烈。"摸着石头过河"缺乏改革的系统设计和科学规划，其强调在"过河"进程中对"石头"的依赖，只有摸到了"石头"，才能顺利踩着"石头"一步步地向河对岸前进。这种方法在刚刚下河的浅水区是有效的，但一旦进入"深水区"就有麻烦了。改革是一项复杂的系统工程，不进行系统设计和科学规划是很难达到预期效果的。

党的十八大以来，中国社会进入全面发展的新时代，改革逐渐步入"深水区"，遭遇的阻力也越来越大。"摸着石头过河"已明显不能满足要求。针对严峻形势，中央明确提出："以更大决心和勇气全面推进各领域改革，更加重视改革顶层设计和总体规划……"

但是，我还是有义务要告诉你将面临的情况。实行有效的计划管理说起来简单，但实施起来颇有难度。我们面临的工作压力和几乎不切实际的最后工期，迫使我们没有相应时间做好准备便开始了工作，而且"先干起来再说"也是高管们经常挂在嘴上话。

"很花时间""我们没有时间"，这往往是某些人对低质量计划的托词。工作任务的紧迫性（较之计划工作）占了上风。而事实上我们总是有时间的，只是我们没有很好地利用时间。正如一则古老格言所说："人们总是没有时间把事情做对，却总是有时间返工。"这不仅是一句优美的格言，而且更是客观事实。

"磨刀不误砍柴工"对项目计划同样适用，低质量的项目计划会导致更多"意外"。如果项目团队或管理层急于开始工作，就难以集中注意力在开始工作之前开发切实的项目计划。未经充分规划就直接进入实施是最大的错误之一，既然对产品的需求是如此紧迫，那就应该一次交付出合格的产品，而不要受"意外"的影响。项目经理必须抵挡住立即开始项目工作的压力，花时间制订详细的项目计划。事实证明：没有项目计划或者差的项目计划最终会付出进度延迟、质量低劣、不能满足期望的代价。

　　痛苦曲线（见图 7-4）和难度曲线（见图 7-5）告诉我们：制订项目计划的确是痛苦且困难的（需要明确项目需求、进度、预算、质量、资源、风险等），但会减少你在项目后期的痛苦和困难。不做计划将会使你在项目开始之后备受痛苦和折磨，以至于难度越来越大，直到摸不到石头、无法前进。事实上，这种痛苦将会持续地增加，除非在忍无可忍时不玩了。

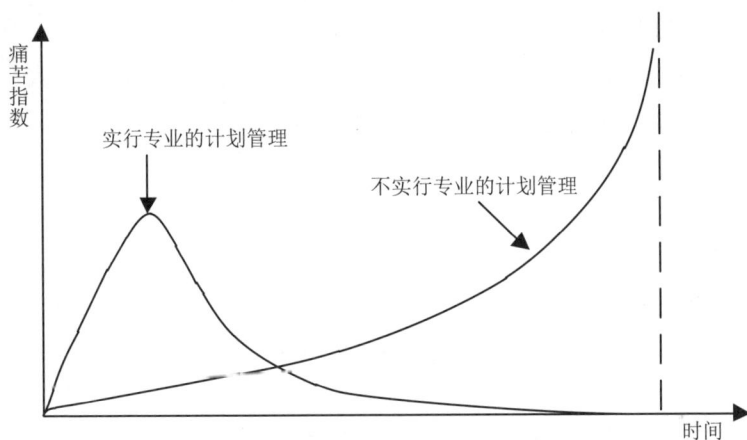

图 7-4　项目生命周期中痛苦指数曲线

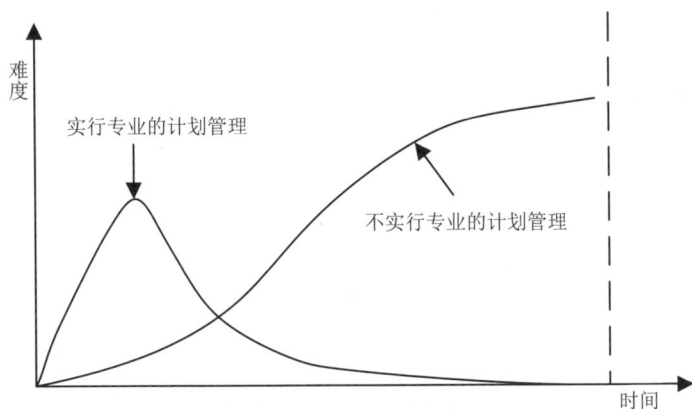

图 7-5　项目生命周期中难度曲线

　　张斌是一个负责无线通信基站建设的项目经理，他们的项目需要

3 天后在野外施工。天气预报显示，3 天后有暴风雨将至，而张斌团队并没有防雨设备。怎么办？

"凡事预则立，不预则废"，使用好"如来十掌"（见图 4-1），张斌团队的问题可以轻松解决。

- 3 天后需要在野外施工，这个工作非要做吗？不做行不行？（范围、需求）

- 如果非要做，提前或者拖后 2 天可以吗？必须在 3 天后做吗？（时间、进度）

- 如果必须在 3 天后做，可以花点钱购置防雨设备吗？如果防雨设备成本太高，能租用这些设备吗？（成本、费用）

……

其实，只要预计到了问题，解决方案会很多，而且很多方案的代价并不高。

试想，如果不做策划和预计，到了第三天早上，马上就要出门了，发现外面正在暴风雨，估计只有两种方案了：一是管它下什么呢，下刀子也冲出去干——这是"找死"；二是外面暴风雨了，诅咒恶劣的天气，诅咒运气不好，既然如此那就在家休息好了——这是"等死"。

事实上，计划是花费最少影响最大的工作。据调查，对于大型建设工程来说，项目前期计划工作对项目投资的影响程度为 70%~95%，设计和详细计划阶段对项目投资的影响程度为 60% ~70%，项目施工阶段对项目投资的影响程度还不足 40%，然而前期策划工作的费用只占总体费用的 1%~2%，正是这 1%~2%的费用决定了几乎全部随后的费用。

7.2.4　计划是变化的依据，为管理变更提供基础

每个项目经理必须清楚的一个基本原则：计划一旦形成，就严格按照计划去执行，而不受某个人、某件事的影响。也应该明白这样做不仅能够减少大量资源的浪费，产品的质量也能得到保障。但是，一个极端是很多项目经理排斥甚至拒绝改变计划。"计划一旦制订出来，就永远不要改变"。这是某些人的信条！有这种想法是可以的，但却是不现实的。

不可预见的问题总会出现。在项目的初期不可能收集到所有的需求；不管你需求收集工作做得如何，最终它们肯定都会发生变化。总会有任务超时、超支。变化并不可怕，重要的是让变更处于受控状态；也就是必须遵循标准的变更控制程序，以一种有序的方式来进行变更。不实施变更控制，项目就不能及时告警，从而引发最终的预算超支、工期拖延，以及完全不适用。

归结起来就是一句话：要勇于拥抱变化。在遇到任务超时或超支时，首先完成最重要的任务，将最不重要的留到最后。项目管理本质就是管理变化，计划的第一规则就是"随时准备重新做计划"。

关于变更管理的更多探讨，请参考本书第 9 章。

7.3 基于愿望的计划必将破产[①]

许多公司在能力计划方面做得很差，也就是平衡组织实际能力和工作需求的能力不佳，计划常常不是基于能力，而是基于愿望。一些行业文章中有关项目成功的光鲜故事使得经理们认为只要他们的团队足够努力，就会非常卓越。通常，这种激励的把戏最终导致团队不仅没能提高绩效，反而功能失调。无数的事实表明，管理者们漠视超越极限和完全不合理的差别，随着时间的推移，超越极限的项目计划就成为不理性的、基于愿望的计划。

平衡能力和需求是一项极其复杂的工作，因为它既涉及诸如估计等定量问题，也涉及诸如不断升级的客户需求和员工激励等定性问题。

解决定量问题需要具备估计和计划技能，项目的不确定性和风险对能力提出了更大挑战。组织往往基于愿望做计划，而不是基于自身能力。

经理们希望团队能够完成 50 个功能以满足市场需求，尽管项目经理和团队成员清楚地知道完成 30 个功能才是更现实的做法。许多经理

---

① 本节主要贡献者为陈利海。

把压力作为一种激励技巧，让员工满负荷地工作似乎是他们最广泛使用的方法之一。

7.3.1 愿望破产的过程

市场需求增大，项目经理面对竞争压力，常要挑战极限，于是，基于愿望的计划开始了。自然，问题随之而来。

首先，计划建立在需求大大超过能力的基础上。项目团队被迫接受这些需求（但他们并非真正接受这些需求）。

其次，如果计划不切实际，就必然忽视进度和功能等因素。然而，不能按时交付产品的话，就会被认为是"绩效"问题而不是计划问题，从而导致人们对项目团队的计划或交付能力失去信心。当愿望再次战胜现实，市场或管理人员就不再把精力投入项目实施中去（没有诚信），而是继续下一轮的基于愿望做计划。各方之间产生不信任，使得下一轮计划工作时产生更有争议的想法。

最后，不可避免地，组织会尝试通过产生问题的方法来修复问题。最常见的解决方法是提高估计和计划技能，因为基于愿望做计划和激励方法是管理文化的一部分，并且很难改变。许多组织投入大量的资金用以提高估计和计划能力，却无济于事，因为他们缺乏解决这些问题的意志，也就是接受现实。

在基于愿望的文化中，愿望总是凌驾于无可挑剔的估计之上，因此估计得再精确也会存在微小差异。

7.3.2 "狼来了"和"掩耳盗铃"从此相伴相生

在这种情况下，项目团队也并非没有过错。他们的估计做法和技能经常比较低劣，尽管有时很难区分低劣的技能和强加的非现实主义。加之，项目团队总是喊"狼来了"，结果导致更低的信用度，这也是罪有应得。他们不停地说"不可能"，从而将自己置于不利境地。

但这种消极态度也并非总是项目团队的错。如果有人不断地让你做不可能的事，你不断地说"不"，于是你就被贴上消极的标签，但那些人也必须佩戴上"不切实际的期望"标识。

7.3.3　会干的往往搞不过会说的

项目团队往往缺乏的另外一个技能是良好的谈判技能。许多管理人员和商务人员拥有久经磨炼的谈判技巧。开发团队试着与这些技艺娴熟的谈判专家沟通项目进度，结果往往是草草达成协议。

工程师对他们能够完成的事情持乐观、热情的态度，他们总是将这句话挂在嘴边——"我不知道我们是否能做到，但我们会尽力"。人们只记得这个项目花费的时间和金钱，而不记得执行这样的计划有多么困难，这样的计划从一开始就注定不可能取得成功。

7.3.4　自欺欺人的激励方法

另外一个有关计划的大问题是，计划总是被当作"激励"团队的手段。一个经过认真估计和合理计划从而判定周期是 9 个月的项目，有人也许会说："我们给他们 6 个月的时间吧，这样能激励他们。"这样做的后果是导致项目终会出现问题。

而当公司中多个项目都受到影响并且团队间合作消失时，这个问题会被放大数倍。最好的激励是激发内部动力，而不是外部强加。不现实的计划强加给项目，不但起不到激励作用，反而会起到反作用。

7.3.5　奖励任劳任怨却惩罚灵活应变

为了使现实满足愿望，上述所有的这些因素都致使项目团队在项目晚期才开始去掉一些完不成或不必要的功能。这种做法导致效率非常低下，因为团队在尽力去掉不易实施或测试较差的功能时，会导致项目整体出现巨大的问题。压力通常也会转化成不良测试，而不良测试会导致在交付时的问题进一步恶化。

最后，当人们开始面对现实并意识到项目计划真的只是一个幻想时，有人受到了奖励，有人受到了惩罚。那些没有制订自己的计划，只是毫无怨言地执行不切实际的计划的团队，经常会因为他们的辛勤工作而最终获得奖励，所谓"没有功劳也有苦劳"嘛！而那些在一开始就试图反对不现实的计划的团队会被认为是"阻挠者"和不具备团队合作的精神。

奖励错误的行为会导致下一轮的绩效和交付活动进一步受损。能力与需求的不平衡产生螺旋动态使得组织深陷功能失调的行为中。

7.4　计划需要跟踪和控制

> 领导不应该直接管人管事，而应该管计划；项目不应该被领导管着，而应该被计划管着；员工不应该按领导的指示做事，而应该按计划的安排做事。
>
> ——项目管理谚语

7.4.1　打靶原理

打靶时，你不能无限期地瞄准，而是应当先开枪，即使那一枪离靶心有点远，但这可以提供给我们修正目标的依据，根据以往的经验不断修正，才能最终打到靶心。打靶原理最关键的是迅速行动，在行动中不断修正。

为保证项目的顺利实施，就需要了解项目的实际进展情况，这包括团队成员工作的完成情况、整个项目计划完成情况等。只有了解这些情况才可以对计划进行检验，所以如果把计划和跟踪控制作为一个工作循环，计划就会得到适时的改进，因为这个过程中会发现计划的不当之处。

现实的项目中，有很多计划做得不够，这可以促使项目管理团队去改进和完善。项目跟踪实施人应该是项目经理，因为项目经理制订项目计划，并且项目经理有权进行工作的协调和调动。也就是说，跟踪的主要目的是给项目经理一个工作的参考。跟踪的结果和数据是"最好的教材"。

7.4.2　计划跟踪的作用

通过计划跟踪，可以了解项目状况并对后续的工作改进提供基础。

1．了解成员的工作情况

一个任务分配下来后，项目经理应该知道工作的进展情况，也就必须去跟项目成员进行交流，了解项目成员的情况。

"能不能按时并保质保量地完成？如果不能按时完成，需要什么样的帮助呢？"这是项目经理最关心的。如果这个信息没有被收集上来，那么项目经理就失去了对项目和计划执行情况的了解，也就失去可适时调整的时机。果真如此，后果可想而知，项目拖延、混乱……

2．调整工作安排、合理利用资源

如果项目组中有多人时，可能出现完成任务早晚的不同，完成早的不能闲着，完成晚的要拖后腿。这就需要项目经理进行工作调整。跟踪结果和数据可以帮助项目经理完成这个工作、达到调整的目的。

3．完善项目计划

项目人员多、任务复杂，这要求项目经理做出更为详细的计划。计划必须明确任务及其负责人，明确任务开始和结束时间及其保障条件。

这要求项目经理把整个项目分成若干部分，并详细考虑分工。项目经理的跟踪控制必然促使项目组成员更加详细、合理地制订自己的工作计划，最终形成一种可以乐见的情况——最终展现出的层次结构式项目计划。

4．发挥成员特长

工作分解后，应该按照个人的特长分配工作，特长就是效率。为此，项目经理必须了解项目成员的情况。

当然，在开始时项目经理也许并不了解每个团队成员的特点。计划执行情况的跟踪促使项目经理对成员进行评估，并根据评估找到相关信息，最终了解到每个团队成员的特点。

5. 改进工作量估算

众所周知，工作量估算是项目管理的重点，更是一个难点。工作量的估计总是很不准确，简直可以说让人尴尬、令人惭愧。

对工作量的估算不佳在项目跟踪中表现为完不成任务/计划，或者工作超前。情况发生后，也必然促使项目经理去考虑工作量的评估（包括整个项目的工作量，各个任务的工作量），随着对估算的总结回顾，还可能导致整个项目计划的修改。

6. 把控项目进展整体状态

对于复杂项目，在同一时间项目组成员会开展各自不同阶段的工作。此时，对于项目进展的把握往往比较困难。

如果项目阶段划分清晰，工作量明确，团队成员的工作统计真实，项目的总体进度可以由工具自动生成。也许还不够准确，但仍可作为一个参考，而且是一个比较好的参考。

对项目计划的跟踪控制，是项目经理主动去了解项目状态的过程。当然，我也建议团队成员要主动向项目经理汇报项目工作，尤其是工作中的问题。正所谓"没有问题就是问题"。

7.5 提高计划过程的效率

有些项目经理认为项目计划过程就是开会和写文档的过程。这是一个严重的误区，计划阶段是真正需要技巧和智慧的，协调、沟通与妥协都是为了达成一个现实、可行、有操作性、为各干系人接受的项目计划。开会、写文档、汇报、再开会、修改文档、再汇报……这些都是外在形式，真正重要的是和各方进行深度沟通，使项目计划在实质上缔结共识，而不只是表面上的走完流程。

项目计划的有效性决定了项目过程的可控性，为提高计划制订过程的效率，需要干系人的参与，更需要经验教训等过程资产的积累和有效利用。

7.5.1　项目文档对计划过程极重要

　　徒弟：为什么做项目的时候，一定要写文档？

　　师傅：因为文档总是要写的，领导也许永远想不起来你做了哪些事，但他一定会想起你写过的文档。

　　徒弟：师傅，那为什么大家写文档的时候都非常痛苦呢？

　　师傅：因为很多人更看重的是形式，而不关注过程，领导或者客户的很多要求是根本做不到的，异想天开；写文档是件烦心事儿，痛苦的不是写文档本身，而是明知道写的是垃圾还在写；更痛苦的是连写个垃圾都这么慢，还要尝试不让它看上去那么垃圾；更更痛苦的是好不容易写出来了还是个垃圾；当然最让人痛不欲生的是，居然连垃圾都写不出来。

　　和大多数同行一样，我提醒大家项目文档的重要性。

1. 国内的项目经理真的很重视经验吗？

　　不幸的是，国内的项目经理们一方面强调经验，事实上他们在项目开始前又很少仔细研读过往项目的文档——这失去了学习其他项目经验和教训的绝佳机会。他们常常像视线不清的父母一样，在装配好他们孩子的自行车之后，还发现落下一两个零部件没装上。如果我们明白文档的重要性，那为什么我们不经常用它呢？

　　然而，国人的项目文档的确存在以下较为普遍的问题。

　　（1）不完整。

　　（2）报喜不报忧。

　　（3）片面。

　　（4）过时或不准确。

　　（5）过于冗长。

　　（6）未经解释的缩略语或专用术语。

　　（7）查找信息困难。

2. 不重视文档的原因分析

不重视文档的主要原因是项目文档常常被退居次位。项目预算和工期迫使我们优先考虑技术过程中的主要活动，也就是那些可以看得到对利润和进度较为明显重要的方面。

管理工作、编写文档需要成本、更需要时间，因而它常常成为一项主观上的活动，而且通常被认为没有重要作用，总是缩减到最少甚至力图避免。许多项目经理认为客户不需要文档，它只是用来装点门面的。国人不重视文档好像已经成为一种文化（貌似"口口相传"一种传统），毕竟我们喜欢做、讨厌写，做的多而总结的少。

文档质量差的另外一个原因在于文档撰写者。重要的项目团队成员在组织中属于"贤人"，一个项目未完，就往往被分配到另一个"重要"项目上。简单来说，"贤人"不是用来编写文档的。为了解决这个问题，职能经理们使用另外一些"闲人"编写文档，换句话说，即编写者水平可能有限。

还有一个不容忽视的现实是，东方文化中"官本位"的思想深入人心，并潜移默化地影响着我们的生活和工作。在项目上的表现就是，很多人不信计划、信权力，谁是领导就听谁的。这降低了项目计划的严肃性和作用。

3. 提高文档质量

解决这个问题要考虑需要编写的文档以及文档的预期读者。一般的规则是，写文档需要团队协作，这样就允许"贤人"们放下身段、花点时间，向文档编写者提供技术细节并予以指导，当然，文档形成后还需要让"贤人"们审阅。

当然，作为项目经理，不管喜欢还是不喜欢，写文档是一种必须掌握的核心技能。而且，对于一些平时不容易见到的人（高层经理），文档也是体现项目经理价值的重要方式和机会。

文档的质量取决于其可用性，可从以下6个方面去评价其可用性。

（1）应用性：文档是否提供相关信息？

（2）及时性：信息是否及时？

（3）准确性：信息是否正确？

（4）完整性：文档是否足够详细而又不会太过拘泥细节？

（5）可得性：文档是否随时可得？

（6）可用性：你能否很快凭直觉就找到所需信息？

项目文档的最主要目标是传达系统的技术要素和使用方法。另一个目标是提供项目过程中的经验教训的书面记录。只有实现了这两个目标，文档才真正提供了有意义的信息。

另一个重要的良好实践是，务必要把计划做得简洁易读并可视化，关于此主题你可以参考本书第 2.2.4 节。

7.5.2　签字意味着牵制

> 不能记录下来的诺言，等于什么也没说；签字就意味着牵制。
>
> ——项目管理谚语

计划一旦制订出来，就应该送交干系人签字。

干系人签字表示他承诺其贡献，同意需完成的工作范围，接受技术规范等。但是，签字并不等于保证，因为没有人拥有 100%的预见能力，或完全能控制他们的时间。然而，签字是一种承诺，当事人许诺为实现项目目标而合理行动。

所以，我说"签字就意味着牵制"（签字=牵制）。客户签字表示他同意项目的功能将满足他的需求；职能经理签字表示他同意按约定为项目提供资源。

根据我的经验，在项目计划审查会议上签署该计划比通过邮件方式签署效果好很多。为保证计划的执行效果，应鼓励人们在审查会议上指出计划中的漏洞，而不要等到问题产生以后再来解决。一个值得注意的问题是，只要求对项目干系人负责任的人进行签署，不负任何责任的名字不应出现在签署栏，这样可以消除一件事要 27 个人签字的情况，从某种程度上克服了组织惰性。

7.5.3　警惕"先干起来再说"的蛊惑

"很花时间""我们没有时间"，这往往是某些人对低质量计划的托词。工作任务的紧迫性（较之计划工作）占了上风。而事实上我们总是有时间的，只是我们没有很好地利用时间。正如一则古老格言所说："人们总是没有时间把事情做对，却总是有时间返工。"这不仅是一句优美的格言，而且更是客观事实。

项目中的低质量计划会导致更多"意外"。从长远来看，高质量的计划能节省时间，而且是大大地节省时间。

项目经理容易犯的最大的错误之一是未经充分规划就直接进入实施。很多原因会导致他们不做充分的规划，但没有一个原因是真正充分的。时间紧迫也许是一个不能充分规划的原因。但是，既然对产品的需求是如此紧迫，那就应该一次就交付出合格的产品，而不要受"意外"的影响。管理层要求"先干起来再说"也许是另一个原因。但是，管理层会愿意再为意外或返工花钱吗？计划肯定会花费时间和成本，但好的规划将会避免后期因"意外"而导致时间和成本浪费。而且意料外工作的代价会随着项目进展而逐渐加大。和规划过程中的变更相比，执行过程中的变更要付出更大的代价。好的规划能够预防后期的进度和成本代价。

7.5.4　对有效计划的建议

我发现许多人不知道如何有效计划。这可以理解，因为没有学校教授计划制订，也很少公司对有效计划提供指导和培训。下列建议是基于我 20 年的经验提出的，希望对大家有用。

（1）对计划进行计划。把大家协调起来制订计划，总是很困难的。应该对计划制订过程本身进行计划，否则，它会变成一个毫无章法的过程，使组织疲于应付。

（2）计划执行者应该参与计划制订工作。这样可以提高执行者的主人翁意识，同时也往往起到团队建设的作用。

（3）计划制订的第一规则是随时准备重新做计划。不可预料的障碍必定会突然出现，因此注意对计划变更的控制。

（4）因为不可预料的障碍会突然出现，因此需要进行风险分析，预测最可能发生的障碍；制订备用计划（弹回计划），在计划不起作用时备用。

（5）定义问题比解决问题更重要。无论做什么，都要定义目的；从目的定义入手，制定问题陈述。如果跳过这一步，你就可能为一个错误的问题制订正确的解决方案。

（6）重点关注项目的工作分解结构。工作分解结构应该信息透明，即 WBS 应该分解到可以较为准确地估计工作包的工作量、进度、成本并能有效控制质量的层次。

（7）分阶段编制计划（滚动式计划）。项目跨越很长时间或所用方法有很大不确定性（如一些研究项目），不可能对久远的工作详细计划。可以对近期工作详细计划，对远期工作粗略计划。尽管这是一种有效的方法，但请注意组织的政治氛围，因为有的组织或许会不允许这样做。

为便于项目管理者对项目计划有效性进行检查，我建议使用的方式见表7-1。

表 7-1　有效项目计划 21 问

序　号	问　题
1	是否满足合同中的需求？
2	是否已经计划项目建议书/项目任务书里规定的活动？
3	是否明确了所有的假设和限制条件？
4	明确了成本、进度、质量目标吗？
5	是否已经有项目任务书和项目启动会议纪要？
6	计划中是否明确了重大里程碑？
7	重大里程碑设置合理吗？和回款时间对应吗？
8	项目计划满足合同规定的进度吗？
9	是否定义了重新修订计划的准则？
10	有费用计划吗？是否将费用分配到了每个重大里程碑？
11	明确了交付成果的评审方式吗？
12	明确了公司质量管理体系对项目的检查点吗？

续表

序　号	问　题
13	资源计划中，明确了资源的要求、资源占用的起止时间吗？
14	有沟通计划吗？是否明确了沟通周期和提交物？
15	有内部培训计划吗？是否明确了培训需求、培训时间、培训方式？
16	有对用户的培训吗，是否明确了培训内容、培训完成标准和培训完成时间？
17	有度量计划吗？是否明确了度量项、度量周期、度量数据报告方式？
18	有 QA 计划吗，明确了 QA 活动内容、时间和依据的标准吗，明确了 QA 报告的形式和提交周期吗？
19	有配置管理计划吗，明确了配置管理工具吗？明确了配置项吗，明确了基准吗，明确了备份策略吗？
20	有风险管理计划吗？是否明确了风险等级和风险应对措施？
21	用户手册的编写是否在计划中得到了体现？

第 8 章

没有 WBS 就没有项目管理

> 好的篱笆产生好的邻居。
>
> ——罗伯特·弗罗斯特（Robert Frost）

如果不确定自己在做什么，以及所做的项目底线，项目成功就无从谈起。项目范围管理包括确保项目做且只做所需的全部工作，以成功完成项目的各个过程。管理项目范围主要在于定义和控制哪些工作应该包括在项目内，哪些不应该包括在项目内。

项目范围管理是项目管理里最重要的一部分。但是，如果没有好好定义项目范围，管理项目范围几乎就是不可能的任务。

8.1 范围链与项目的范围管理

在项目的环境中，"范围"这一术语有以下两种含义。

（1）产品范围——某项产品、服务或成果所具有的特性和功能。

（2）项目范围——为交付具有规定特性与功能的产品、服务或成果而必须完成的工作。

定义项目范围的目的，是把项目的逻辑范围清楚地描述出来并获得认可。范围陈述被用来定义哪些工作是包括在该项目内，而哪些工作又是在该项目范围之外。项目范围定义得越清楚，项目目标就会越明确，离项目成功就越近。如图 8-1 所示说明了项目自上而下的范围定义过程，称为范围定义链（简称范围链①）。

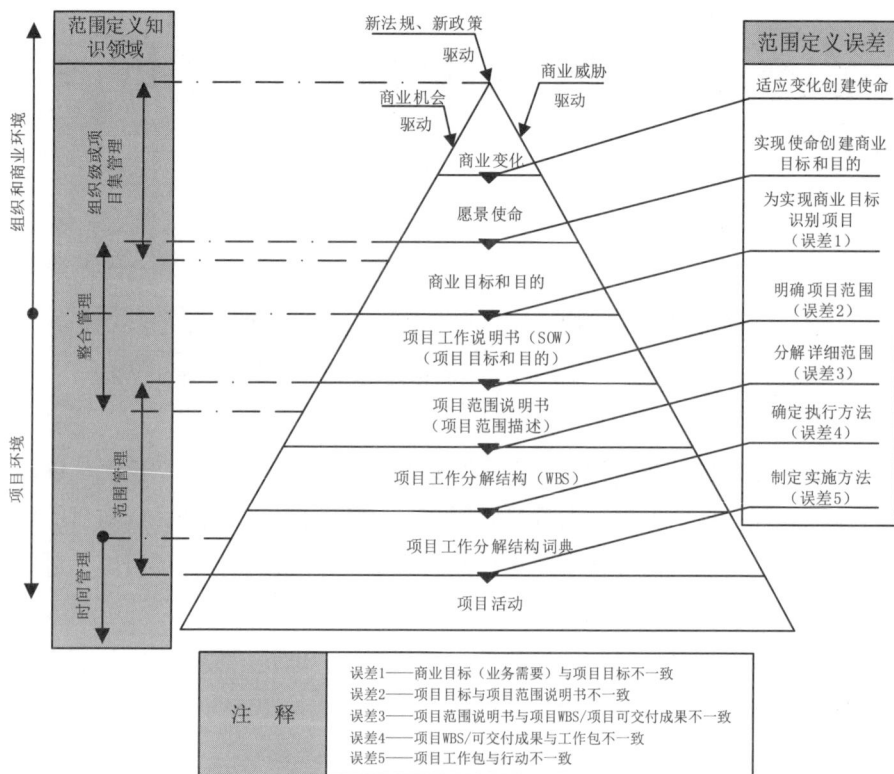

图 8-1　项目范围链、范围定义误差及范围管理

8.1.1　项目范围定义过程中的误差

在范围链过程中，由于缺乏准确的范围定义，很可能导致产生一些误差。误差可以分为 5 类（见图 8-1）。

项目管理者必须协调项目团队和其他干系人，减轻这些误差，防止不同层级出现不一致。以下两点值得关注。

① 罗德尼·特纳. 项目管理手册[M].5 版. 丁杉，译.北京：中国电力出版社，2015.

1. 上级误差比下级误差影响更大

若商业目标（业务需要）与项目目标不完全一致，项目范围、时间和成本就会受到明显的影响。项目目标不明晰，项目范围说明书、WBS、工作包和活动将不会全面。

2. 任何上级误差都会影响到下级

换句话说，如果发生误差 2，误差 3、误差 4 和误差 5 也将会随之发生。例如，当项目缺乏准确全面的 WBS，且没有完全涵盖项目目标时，就会导致工作包不够完善。因此，在商业目标和项目活动之间准备一个清晰的范围链就非常重要。

8.1.2 制定精确全面的项目范围

范围链不仅包括范围管理，还须结合考虑其他核心知识领域（如业务管理、整合管理、范围管理和时间管理等），才是一个完整的范围管理内容。图 8-1 左侧阴影部分列出了其每一项在范围链图中的职责。图中明示了准确定义范围时，组织级项目管理和项目管理（包括项目整合管理、范围管理、时间管理等）之间的关系。这些领域的整合，需以明确的可交付成果为基础，如图 8-2 所示。

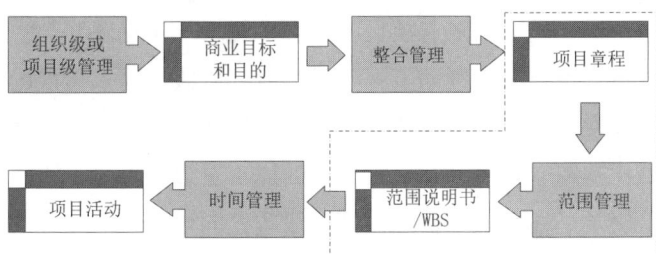

图 8-2 制定精确全面的项目范围的过程

明确的商业目标，是整合管理的前提之一。项目章程记录了整合管理的过程和功能。项目章程是范围管理的主要输入内容。后面的范围管理将对项目章程进行评估，并利用详细信息对项目范围进行定义。项目范围说明书和 WBS 是范围管理的主要输出。最后，以范围管理为基础的时间管理决定项目活动。

8.1.3 不确定性锥口与需求修复代价

收集需求是一个极不稳定的阶段，如图 8-3 所示表达了实施方（甲方）和委托方（乙方）对需求理解差异随时间（或项目知识累积）的关系，被称为需求的不确定性锥口。项目各方越早实现对项目目标和需求的共同理解，就越有可能实施准确的预估、制订有效的计划并提供正确（或令干系人满意）的产品。

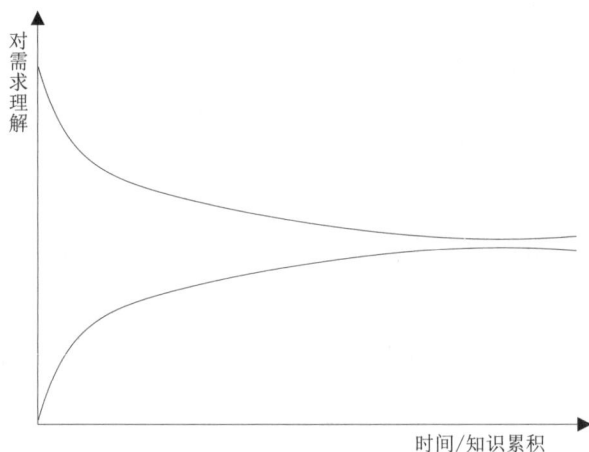

图 8-3 项目不确定性的锥口

变更和纠正错误的成本随着项目的进展大幅增加（见图 8-4）。早期阶段，需求错误的修正代价只限于纸面上；项目的后期阶段，需求错误的修正代价将显著上升。统计发现，如果错误在生命周期的后期被发现，那么为这些错误所付出的成本要比追踪、解决、返工和整合的成本更显著。改正验收测试中发现错误的成本，通常是在需求分析和设计阶段改正同样错误的成本的 30~70 倍，进入系统运行阶段这一数字将达 40~1 000 倍。纠错行为的成本与纠正行为发生的阶段呈显著函数关系。

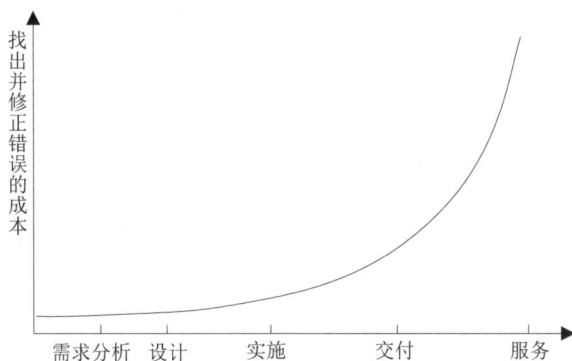

图 8-4　修复的相对成本是时间的函数

因此，减少需求错误，并提早发现和纠正错误及在遗漏方面投入更多的时间和资源是开发者和管理者唯一最有效的措施，可以降低失败和提高项目成果。

项目管理者可以通过以下方式提供需求管理的有效性。

（1）为项目需求设置高标准，要求并促进良好的需求分析，拒绝接受劣质的需求。

（2）得到高层和客户对需求工作的支持，包括更多、更好的资源。

（3）顶住猴急的干系人们"先干起来再说"的压力，需求未确定前不急于开工。

（4）做好幕后工作，确保识别所有相关干系人，并使其支持和参与需求活动。

（5）多向业务人员请教，请其为项目担任顾问，确保项目行进在正确的轨道上。

8.2　WBS 是项目管理的基础

2003 年 2 月 1 日，"哥伦比亚号"航天飞机爆炸（解体燃烧），其失事的根源在外部燃料箱脱落的一块绝热泡沫碎片击中左翼前缘，使热防护层形成裂孔，航天飞机重返大气层时超高温气体进入机体，酿成大祸，机上的 7 名宇航员，包括 6 名美国人及 1 名以色列人全部遇难。正是由于对助推火箭密封装置和外部燃料箱表面材料检验这一细节的疏忽，酿成了人间惨剧。

对细节的把握程度反映了一个企业、一个项目经理的管理水平。"魔鬼藏在细节中"，如果不能将藏在项目细节中的含糊的、不确定的、不合理的成分展示出来，我们永远不能尝到管理项目的乐趣，我们永远不能摆脱想当然带来的内心不安。

工作分解结构（Work Breakdown Structure，WBS）是帮助人们揭示项目细节的有效工具，也是界定项目范围、进行项目预算和沟通的有效工具。创建WBS 是把项目可交付成果和项目工作分解成较小的、更易于管理的组成部分的过程。WBS 组织并定义项目的总范围，代表着现行项目所必须完成的工作。

有人说"没有 WBS 就没有项目管理"，我认同这一观点。

8.2.1　WBS 是面向可交付成果的分解

WBS 是以可交付成果（Deliverables）为导向的分解，而不是以活动（Activity）为导向的分解。WBS 的最底层次为工作包（Work Package），工作包包括为完成该工作细目可交付成果而必需的计划活动。为什么 WBS 的最底层次不是活动而是工作包呢？

首先，WBS 是作为项目范围管理的工具、技术，项目范围管理关注点是项目的组成部分，它面向的是可交付成果，而不是过程。

其次，WBS 定义的是项目及其组成部分，是活动定义的依据，而活动是实现项目可交付成果而开展的工作。

WBS 的结构是由逻辑推演而成的，通过层层的包含关系，非常严谨。结构化是 WBS 的一大重要特性，WBS 的逻辑结构错误会直接导致项目实施过程发生错误，严重的会带来项目的失败。

8.2.2　用 WBS 确保项目"做正确的事"

"做正确的事并正确地做事"是项目管理的格言，WBS 首先解决的就是项目中"做正确的事"的问题，只有明确了"做正确的事"，"正确地做事"才有基础，所以我们说 WBS 是现代项目管理的重要基石。

WBS 是一个描述思路的规划和设计工具，可以清晰地表示各项目工作之间的相互联系。它提供了一个思路，协助项目团队结构化地准确界定项目工作，并有效地管理这些项目工作。

在计划阶段，WBS 为项目团队展现一个项目的全貌，详细说明了为完成项目所必须完成的各项工作。WBS 使项目团队能开展更详细的规划，并可在执行过程中指导项目团队的工作；它还为评价变更请求或额外工作是否超出项目边界提供基准。从 WBS 的最低一层着手，可以估计出工时、完成工期和资源需求，制定出项目的工作进度表，估计出项目的交付日期。

WBS 也表明项目干系人之间就项目范围所达成的共识，WBS 可作为项目状态报告的框架。项目活动随着低级活动的完成，自下而上不断整合。当相关的工作完成时，活动也就完成了。低级别工作的不断完成导致高级别工作的部分完成，某些较高级别的工作意味着项目取得显著进展，这些工作的完成将成为项目的里程碑事件。因此，WBS 定义了里程碑事件，可以向高级管理层和客户报告这些里程碑事件，汇报项目状况。

在最后的分析中，项目经理将最终决定 WBS 的结构和细节水平，这是非常重要的，因为项目经理要对项目的成功负责。WBS 描述项目工作的详细程度，决定着项目管理团队控制整个项目范围的有效程度。

WBS 应该满足项目经理管理项目的需要。这就是说，创建 WBS 的方法和细节水平不能仅按照其他人的方法。除了满足管理层对状态报告的要求或组织对文档或过程的要求之外，项目经理应根据自己的管理需要来自主开发 WBS。因此，WBS 不是独一无二的，它应该为项目经理进行项目管理提供帮助。

8.3　WBS 是揭开项目细节的神器

项目的 WBS 具有重要的作用，因此必须使用科学的方法遵守必要的原则进行分解。

8.3.1 创建 WBS 的原则

实践中，尽管不够完整，但以下原则极有指导意义。

1. 100%原则

工作分解结构包含了全部的产品和项目工作。通过把 WBS 底层的所有工作逐层向上汇总，来确保没有遗漏工作，也没有增加多余的工作。通过确认 WBS 下层的组成部分是完成上层相应可交付成果的必要且充分的工作，来核实分解的正确性。

2. 80 小时原则

任何工作包的完成时间应当不超过 80 小时，即任务分配的 10 个工作日期限。对于正在进行的活动是无法了解其真实状态的，团队成员可能会说他们已经完成了 50%，也可能会说仍旧能够赶上截止日期。但只有到了截止日期时你才能确切知道。因此，分配的任务不应该超过两周，这样的话最多需要两周就能了解这个工作是否还在正轨上。

3. 信息透明原则

WBS 的最底层工作包应该分解到信息透明的层次，所谓信息透明是指可以估算工作包的工作量以及完成工作包所需时间、成本和验收标准。某些可交付成果只需分解一层，即可到达工作包的层次，而另一些则需分解更多层。工作分解得越细致，对工作的规划、管理和控制就越有力。但是，过细地分解会造成管理努力的无效耗费、资源使用效率低下以及工作实施效率降低。

4. 独立责任原则

确保工作包有且只有一个责任人，避免推诿扯皮。

5. 滚动式规划原则

要在未来远期才完成的可交付成果或子项目，当前可能无法分解。项目管理团队通常要等到这些可交付成果或子项目的信息足够明确后，才能制定出 WBS 中的相应细节。

8.3.2 WBS 的分解类型

有很多方法可以用来创建 WBS,但是我们希望由项目经理自己选择具体方法(既然是项目经理负责管理项目,那何不让他自己选择合适的方法,以利于任务的完成)。遗憾的是,这在很多情况下不会发生。方法选择必须考虑到 WBS 的用途和表示方式。某种方法对于定义工作是最好的选择,但也许对于状态报告不是最好的选择。

1. 4 种常见的 WBS

图 8-5 显示了工作分解结构的 4 种类型。

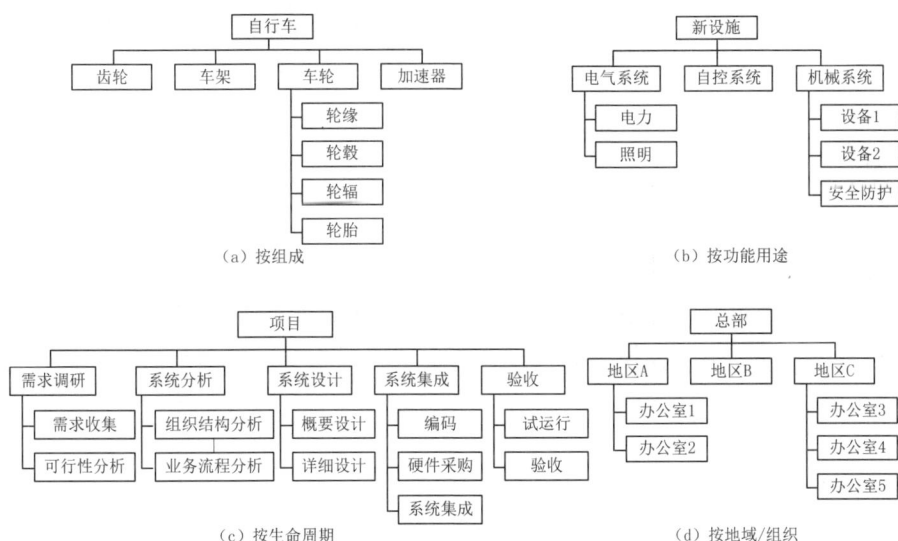

图 8-5 WBS 的类型

(1)按组成分解。如果在项目中涉及开发产品,就可以采用按照组成进行分解[见图 8-5(a)]。以开发自行车为例,部件包括齿轮、车架、车轮和加速器。如果每个部件都需要制造,那么这个方法就产生一个简单的 WBS。正如前面提到的,你必须考虑到 WBS 还要适用于总结报告。

(2)按功能用途分解。也可以按照系统的功能组件来创建 WBS。在图 8-5(b)中,项目包括电气系统、自控系统、机械系统。

（3）按生命周期分解。按照生命周期分解通常用在那些涉及方法论的项目上[见图 8-5（c）]。就系统集成项目来说，可以借鉴经典的瀑布模型。这个类别是需求调研、系统分析、系统设计、系统集成和验收。把这个结构用于 WBS，其对应的进度甘特图就很容易读懂。

（4）按地域/组织分解。当项目工作的部署跨越地域或组织边界时，我经常建议 WBS 与组织结构相适应。项目经理不情愿采用这种方法，但也不得不使用，换言之，项目经理没有其他合理的选择。这种方法没有什么实质性的优点，并且会产生更多的麻烦。我们只是将它列出，作为创建 WBS 的补充方案。

2. 合适的就是最好的

实践中，往往存在着部门的界限和政策，可以首先按部门分解项目工作，然后在部门内采取其他合适的分解方法。这样做也许更有利，因为项目工作的主要部分由一位经理进行组织控制，简化了资源分配。但是，这样做却增加了在组织边界间的协作和沟通。

还有一种方法是，首先根据业务流程来分解项目，再在每个阶段采取其他适合的方法。它和按部门分解的方法有着同样的优点和缺点，但这种方法在整合各个阶段的可交付成果时，比按部门分解更困难。

再次强调，没有最佳方法，合适的就是最好的。我们建议在项目计划会议开始时考虑每种方法，从中选择一个可以清晰定义项目工作的方法来分解项目。4 种 WBS 类型常用分解层次可参考表 8-1。

表 8-1　4 种 WBS 类型常用分解层次

层级	级次	组成	系统（功用）	生命周期法	地域（组织）法
1	总项目	总项目	总项目	总项目	总项目
2	项目	一级组成	系统	生命周期	分部
3	任务	模块	子系统	系统	部门
4	子任务	部件	个人	子系统	基层
5	工作包	个人	个人	个人	个人

3．WBS 的表示方法

WBS 可以用由树形[见图 8-6（a）]的层次结构图或者阶梯缩进的表格[见图 8-6（b）]表示。在实际应用中，树形层次结构更适用于向高层管理者或其他干系人沟通或汇报工作，而表格形式更适合项目团队成员们使用，因为可以在表格右侧增加更多细节备注，这有利于团队协作。

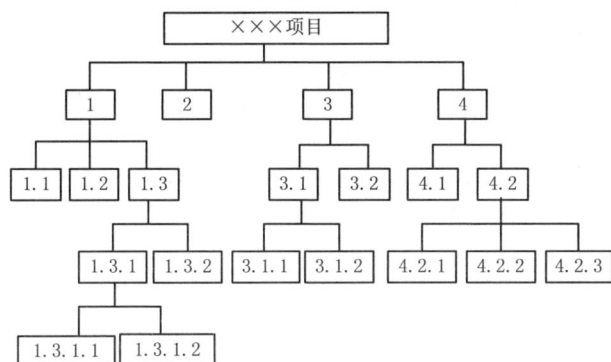

ID	任务名称
1	开始
2	材料任务
3	A—选择材料
4	B—获取材料
5	设备任务
6	C—建立
7	D—调试
8	E—进行试验
9	F—设计文档
10	理论任务
11	G—文献评审
12	H—理论研究
13	J—理论研究书面报
14	报告任务
15	K—最终报告
16	结束

（a）以树形层次结构图表示的WBS　　　（b）以阶梯缩进表格列出的WBS

图 8-6　WBS 的表示方式

8.3.3　创建 WBS 的步骤

创建 WBS 的最好方法是使创建 WBS 成为项目计划会议的一部分。有两种方法来创建 WBS，第一个是自上而下的方法，第二个是自下而上的方法。实践中，我建议使用自下而上与自上而下相结合的方法创建 WBS。在进行项目工作分解的时候，一般遵从以下几个主要步骤。

第一步，识别项目的主要组成部分，即明确项目的主要可交付成果。

一般来讲，项目的主要组成部分包括项目的可交付成果和项目管理的本身。这一步需要解答的问题是：要实现项目的目标需要完成哪些主要工作？一般情况下，项目的主要工作是指贯穿项目始终的工作，它在项目分解结构中主要被列在第二层。

第二步，分配高层责任。

在定义了 WBS 的主要组成部分以及完成项目的团队建立后，就要给各相关人员分配高层 WBS 的责任，这样就可以保证管理层专注于将高层元素分解成更具体、明确的产品/服务，以界定项目各项工作的具体范围。

第三步，进一步分解 WBS。

确定每个可交付成果的详细程度是否已经达到了"恰当"估算工作量、持续时间、成本，并是否足以检验工作质量，即遵守信息透明原则。"恰当"的含义可能会随着项目的进程而发生一定的变化，请遵守滚动式规划原则。

第四步，确定可交付成果的组成元素。

组成元素应当用切实的、可验证的结果来描述，以便于进行绩效测量。与主要元素一样，组成元素应该根据项目工作实际进行定义。切实、可验证的结果既可包括产品，又可包括服务。这一步要解决的问题是：要完成上述各组成部分，有哪些更具体的工作要做。对于各组成部分的更小的构成部分，应该说明需要取得哪些可以核实的结果以及完成这些更小组成部分的先后顺序。

第五步，为分解的元素分配责任。

WBS 分解到最低层次以后，就应当为所有工作包分配责任，请注意独立责任原则。

第六步，核实分解的正确性。

这一步需要回答下列问题：最底层项对项目分解来说是否是充分且必要的呢？如果不是，则必须修改组成元素（添加、删除或重新定义）。每个组成部分定义是否清晰完整？如果不完整，则描述需要修改或扩展。是否能够分配到接受职责并能够圆满完成这项工作的具体人？如果不能，需要做必要的修改，以便于提供合适的管理控制。

第七步，创建工作包的工作说明书（ Statement of Work，SOW ）。

一旦定义了各项目的工作包，就应对其进行描述，我们称为工作说明书，它包括工作名称、完成方法、需要资源、相关责任和验收标准等。创建项目工作说明书的目的就是确定每一工作包的活动和责任范围。

如图 8-7 所示是×××财税库行横向联网系统项目的 WBS。

財税库行横向联网系统

需求调研
- 需求收集
- 可行性分析
- 立项报告

系统分析
- 组织结构分析
- 业务流程分析
- 数据流程分析
- 功能数据分析

系统设计
- 总体结构设计
- 代码设计
- 数据库设计
- I/O设计
- 功能模块设计

系统集成
- 软件编码
- 硬件设备采购
- 系统集成

试运行和验收
- 系统试运行
- 培训
- 系统验收

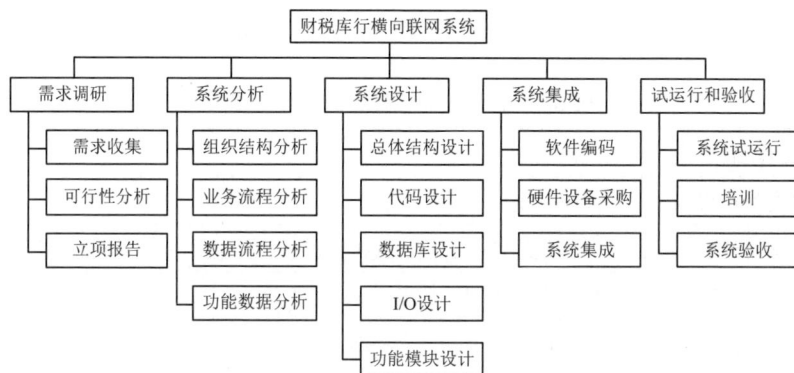

图 8-7　财税库行横向联网系统项目

8.3.4　确保 WBS 的完整性、正确性

如果 WBS 分解这部分工作做得好,那么其他部分工作就轻松些。检验 WBS 是否定义完全、项目的所有任务是否都被完整且正确分解可以参考以下标准。

（1）每个任务的状态和完成情况是可以量化的。

（2）明确定义了每个任务的开始和结束。

（3）每个任务都有一个可交付成果。

（4）工期易于估算且在可接受期限内。

（5）容易估算成本。

（6）各项任务是独立的。

8.4　WBS 构件化是组织的必要之路

在同一企业中,尽管所有项目各不相同,但有许多项目在较高层次上是相似的。如果这些企业能够花费些精力去编制涵盖这些同类型项目的标准 WBS,那么,这样的 WBS 就成了企业的一种无形资产。根据项目的实际情况对标准 WBS 进行减裁就成了该类项目可以采用的 WBS。在项目分解完成后,为了使项目组成员更准确地理解项目所包含的各项工作的具体内容和要求,形成 SOW。

财税库行横向联网系统代码设计工作包的 SOW 见表 8-2。

表 8-2　代码设计工作包的工作说明书

工作名称	代码设计
可交付成果	代码系统
验收标准	项目经理签字，确认代码设计方案（参见×××验收标准）
技术条件	代码设计规范（参见×××条件）
工作描述	根据项目要求和设计规范，进行代码设计并报批
假设条件	系统分析和总体结构设计工作均正确无误
信息源	系统分析所收集的信息
约束条件	总体结构设计所确定的大纲
其需要注意的问题	风险：工作分类不准确 防范计划：分类工作要详细准确，以保证编码的标准化、系列化
签名：×××	日期：×××

不仅如此，这些以 WBS 建立的 SOW 也同样是组织开展后续类似项目工作的重要参考，习惯上把这些工作说明书的汇总称为 WBS 词典（WBS Dictionary）。

财税库行横向联网系统的 WBS 词典（部分）见表 8-3，可以作为一个模板使用。

表 8-3　财税库行横向联网系统的 WBS 词典（部分）

WBS 编码	工作包名称	过程	所需资源	结果	完成标准/质量	责任人	预算	工期
1.1	需求收集	核心成员到 A 公司进行调查与需求分析	调查标准、设计标准	需求分析报告、系统的初步方案	列出的要开发的交付成果的标准	张立华	13 万元	9 天
……	……							

WBS、SOW 及 WBS 词典是组织的重要无形资产。新加入项目组的成员或

组织外部人力资源能够根据这些资料迅速确定其工作内容和明确其工作标准。这种方式虽然一次工作量较大，但这种组织知识形成以后，项目经理们就能够迅速界定项目范围、进行可靠项目预算，不仅提高了速度，也提高了项目的可靠性，降低了项目风险。

　　只有将知识转化为技术才能提高项目的执行效率；也只有明确何种技术对提高项目执行效率有帮助，我们才知道如何提炼、积累和运用知识。要提高项目的执行效率，必须提高项目的构件化（标准化）程度，创建 WBS 的过程就是对项目进行结构化、标准化和构件化的过程，唯有此才能提高项目过程的复用性。项目的构件化（标准化）是组织提高项目管理能力的必由之路。

第 9 章

频繁变更是项目管理的严峻挑战

> 与你的承诺有关的条件可能会被忘记，但你的承诺本身却不会被忘记。
>
> ——项目管理谚语

利用 WBS，我们可以更清晰地定义项目范围。然而，在项目的实施过程中，范围仍然极有可能会发生变化，一成不变的项目范围是很少见的。

项目一旦开始，就到了必须进行范围变化管理的时候。因为客户会不断要求你完成超出原来范围的工作，或者和原来范围不同的工作。如果项目经理不善于范围控制，就会做本不属于项目范围的工作，还要花上更多预算。

徒弟：师傅，范围会影响进度吗？

师傅：肯定会。如果你允许项目范围发生变化，那么它变化的速度将超过你的想象；客户会告诉你所问的任何问题，但仅限于此，没有问到的那些问题往往是影响进度的最关键因素。

范围变更是导致项目失败的主要原因。项目经理们都经历过不太成功的项目。切记："糟糕的范围控制是项目管理第一大失误"。

9.1　项目变更在所难免

我的学生曾画过一组漫画（见图 9-1），名字是"一个 NB 项目的上线过程"，发布在微信公众号"项壮"中，在项目管理朋友圈流传甚广，并引起了不小的波澜。

图 9-1　一个 NB 项目的上线过程

我搜索了一下网上类似的段子还有不少，大部分看完之后，包括作者仅有"呵呵"二字而已。这两个字的含义有很多，包括无奈、痛苦、讽刺、漠不关心、好笑等，但是几乎没有哪个给出解答。

为什么现实中的项目会如此的奇葩，几乎可以写一部《二十年之项目现形记》了。很多人认为，项目的这一切的"苦难"归根结底来源于不确定性，也就是大家常说的"计划赶不上变化"。

也许你会想，如果项目一开始就把需求定下来，后面不要变，那么项目就好做多了；这种项目虽然很理想化，但确实是人们摆脱痛苦的一种方式，即"掩耳盗铃"法或阿Q精神。不论你喜欢不喜欢，项目的变化总是在那里！当然，还有一种解除痛苦的方法，就是从根本上认识这种变化。

扩展阅读：用微信扫描下面的二维码，浏览精彩案例《一个NB项目引发的思考：唯一不变的就是变化》《频繁变更是项目管理的最大难点》。

9.1.1 项目的价值源于变化

变化并不是造成项目痛苦的原因，造成痛苦的原因是你没有从根本上认识变化对于项目的意义，也就不能掌握应对变化的方法，这才是造成痛苦的原因。世界是变化的，变化决定了项目的特点。项目的变化是由项目的特点决定的，项目具有两个重要的特点：独特性与临时性。

独特性意味着，当前的项目与以前的项目多多少少存在不一样的地方，如果是创新性很高的项目，将完全没有可以参考的以往项目。独特性意味着项目上有新的知识有待认知。知识仅是对现实世界的近似描述，人不可能掌握任何事物的全部知识。不能认知和掌握的事物产生了不确定性，也就是变化。

临时性，是变化的结果。因为商业环境的变化，产生了新的需求，从而催生了项目的产生，项目就是为了满足新产生的需求而临时启动的。需求是由人提出的，需求本身因为人需要存在不确定性，即会变化所导致的，变化了的需求可能是原来需求的完善，也可能变成了其他的需求。所以因需求启动的项目不可能一直持续下去，当需求得到满足或者需求不再存在，那么项目必然就会结束。

如果世界是一成不变的，也就是从一开始（上帝那里）就是按照固定的程序运转的，那么也许现在根本不可能有人类。正是变化的存在，才产生了这个世界，才产生了你我，所以说项目的价值来源于变化一点都不过分。期望项目中不要发生变化，只能是痴人说梦，徒劳无益。

9.1.2　唯一不变的就是变化

1999 年，比尔·盖茨预言："数字信息速度的增加，使企业在未来的 10 年中的变化，将超过过去 50 年变化的总和。"但是，比尔·盖茨意识到变化的加剧，但应对仍然不够。10 年过去了，微软没有意识到平板电脑、手机等移动终端正逐渐代替 PC、笔记本电脑，导致苹果公司出尽风头。微软在移动终端的操作系统方面已大幅落后于 iOS、Android 系统。

10 年来，柯达、诺基亚、摩托罗拉、黑莓、夏普、松下、LG、悍马、索尼等明星企业等纷纷衰落，而 Google、三星等企业则迅速崛起。"江山代有才人出，各领风骚数百年"的场景已改为"商场代有人才出，各领风骚能几年"。乔布斯尸骨未寒，苹果公司的 iPhone 6S 已不再像 iPhone5S 那样风光。面对挑战，苹果公司又能支撑几年？

我们正处在一个不断变化的环境中，换句话说，唯一不变的就是变化，而且变化的速度越来越快。快速变化的环境，项目本身的不确定性，都导致项目变更不可避免。

出于同商业环境保持一致，不断出现新的机会、新的问题、新的威胁或新的法律，所以项目变更不可避免。项目的任务、期望及组织的最终目标，都应根据业务变更做出修改。

项目经理和项目团队必须意识到范围变化本身并没有什么不对，也就是说在项目进行过程中修改范围并不总是个坏主意。事实上，很多时候，这也是一件好事。首先，客户通常都不能确定其所希望的解决方案具有何种功能和特性。其次，就算客户十分清楚终极目标，商业环境亦随着时间不断变化，因此项目的需求也会发生变化。

对于公司内部的软件开发过程，额外的功能能够让你的产品比你的竞争对手更胜一筹。但是，如果你发布软件的时间推迟一两个月，那么这个优势就会被丢失。通过控制你开发过程的费用并按时发布软件，你的项目就会取得成功，而不需要损失在软件制作过程中的灵活性。

9.2 让变更受控

在所有的变更中，范围或需求变更无疑是被讨论得最多的一个。个中原因，一是范围或需求变更发生的概率最高，二是业界的确还尚未找到彻底解决范围或需求变更的手段。

9.2.1 避免变更处于"非管理状态"

发生变更不是问题，问题是许多变更处于"非管理状态"。变更请求的形式多种多样：清晰的或微妙的；内部的或外部的；操作上的、管理上的或者技术限制性上的等。

在变更时，需要界定以下几个问题：范围变化发生时要确定项目经理能做些什么以及不能做些什么；规定一个大家都同意的办法，以便提出变化并评估其对项目基准的影响；说明为何批准或者不批准变化所需的时间、工作量、经费。尤其重要的是，CCB需要加强以下工作：评审变更会引起哪些连锁的变更，以及如何对这些变更进行管理；变更效果达到后要不要更改管理标准等。

为规范化项目变更管理，需要制定明确的变更管理程序，其主要内容是识别并管理项目内外引起超出或缩小项目范围的所有因素。它包括3个主要过程。

（1）对引起工作范围变更的因素进行识别。

（2）确认确实需要发生变更，并施加影响以保证变更是有益的。

（3）管理那些实际发生的变更。

此外，范围变更会影响整个项目计划编制阶段的各种文件，要对诸如WBS和项目进度等的文件重新评价、更新，考虑范围变更所带来的影响。项目经理应将范围变更的有关内容及时同干系人沟通清楚，项目组成员需要理解范围变更对他们在项目中的角色所带来的影响，其他干系人需要得到范围变更后的最新信息。

9.2.2　项目生命周期中变更控制

根据项目生命周期（见图 2-2）的特点，变更和纠正错误的代价在项目接近完成时通常会显著增高。因此，站在项目实施方（乙方）来说，在项目生命周期中变更处理的原则如下。

（1）项目早期的变更，原则上倾向于接受（我称为"让怎么干就怎么干"），当然必须遵守变更控制程序。

（2）项目中期，要通过分析变更的影响，原则上尽可能与干系人沟通取消变更（我称为"要变更先谈谈"）。

（3）项目后期，变更代价太大，原则上尽可能不变更；遇到大的变更时可以考虑启动一个新的项目，遇到小的变更也要到售后服务时再做。当务之急，必须获得验收，收尾项目。（我称为"生米已成熟饭"　　吃，是这盘菜；不吃，还是这盘菜！）

看来，站在实施方（乙方）的角度：项目过程就是"绑架客户上咱们贼船的过程"。当然，如果站在委托方（甲方）的角度：项目过程就是"逐步移交主动权的过程"。

9.2.3　变更管理的"九阴真经"

某世界 500 强公司对项目经理面试的题目：依据客户要求正在定制研发的一款手机已经进行到了一半，突然客户觉得应该有一个新功能（理由是市面上的手机已经提供这种功能），但客户不想增加任何成本，请问该如何解决这个问题？

这是项目过程中的典型情况——变更！

关于对于变更的控制管理过程，我建议按照如图 9-2 所示的程序进行，我将其命名为"变更管理的'九阴真经'"。

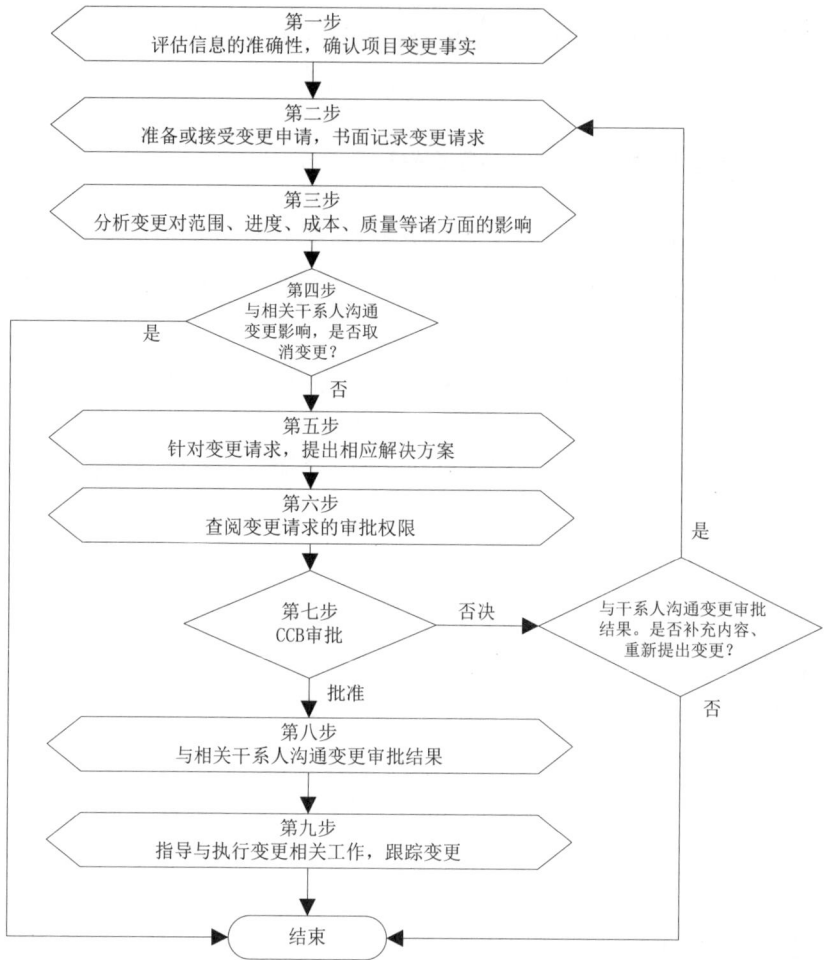

图 9-2 变更管理的"九阴真经"

第一步，当客户提出变更时，首先要评估信息的准确性，确认项目变更事实。

也许客户并非真的需要这个新功能，只是因为某些其他因素导致了干系人不满意。如果是这种情况，估计无论怎样变更都不会得到好的结果。这种变更就是所谓的"用正确方法解决一个错误问题"。因此，在此时最应该做的是干系人管理，而非变更管理。

一次又一次地快速修复，每一次都不探究问题的根源，久而久之就形成了一个危险的沼泽地，最终会吞噬整个项目的生命——为了节省项目的时间而走愚蠢的捷径是会付出巨大代价的。切记，定义问题比解决问题难。

第二步，提供变更申请的书面记录。

原则上讲，谁提出变更就应由谁提供书面申请。不得不面对的一个现实是，在一个不成熟的商业环境中，我们的客户一般都位于相对强势的位置——不愿意甚至不提供书面申请！怎么办？既然客户不愿意提供，那么我们来写好了。当我们完成了书面文件以后，呈给客户："领导，这是根据我理解的您的意思所起草的文件，请审阅。如果我的理解是正确的，就请您给我确认下；如果我的理解有问题，就请您批评指正，然后我修改后再给您汇报。"

一般而言，当我们这样跟客户沟通时，客户是会认可并确认的——因为客户也想把项目做好——毕竟项目是客户业绩的来源！

有没有客户会"打死也不确认（签字）"？对于这个问题，我不敢说就一定没有；只能说，在我本人从事项目工作的20年中还没有遇到。

第三步，分析变更对范围、进度、成本、质量等诸方面的影响。

项目的十大知识领域之间是一个相互联系的系统，一个方面的改变，会对至少一个项目目标造成影响。请不要忽视变更对时间安排和质量的影响。国人的成本意识已经深入人心，注重成本已经无须强调。

> 师傅问："如果你要烧壶开水，生火到一半时发现柴不够，你该怎么办？"有的弟子说赶快去找，有的说去借，有的说去买，有人说烧成怎样就怎样。师傅说："为什么不把壶里的水倒掉一些呢？有舍才有得。"

> 当项目资源（费用）不足时，消减范围而不是降低质量。请注意，对项目范围（需求）的不满是暂时的，糟糕质量的影响将是持久的。

第四步，与相关干系人沟通变更影响，确认是否取消变更。

对项目问题讨论和探索过程中，谁先找到最好的结论并不重要，重要的是寻找最佳结论的过程。如果你能给那些试图说服你的人一个信号，表明在这个探索过程中你是他们的伙伴，这个探索过程对双方都有益，也许他们就会把你的批判性问题看作是对双方都不可缺少的工具。

对于这个面试题，我们可以尝试采用以下沟通策略：

"如果增加这个新功能，原来 10 个月的研发时间，需要再增加 10 个月。"

"没问题，延长 10 个月我们认可。"

"研发时间只是一方面。麻烦的是，原来 100 万元的费用不够了！需要再增加 100 万元。"

"可以的，增加预算 100 万元。"

"费用还不是最关键的——您知道的，手机是电子器件组成的系统。增加新功能，需要引入新的器件，系统的电磁兼容性问题需要验证，恐怕会导致系统整体性能和质量的恶化。"

"质量恶化，我们可以接受。"

"更麻烦的是，这种新功能我们的团队没有做过，也没有这个能力。因此，需要寻找新的研发人员。"

"哦！"

"国内没有实现这种新功能的器件。根据调研，只有美国有；更麻烦的是，美国对这种器件是禁运的！"

"这个……"

"即便是能拿到这种器件，毕竟是第一次研制，风险是存在的——也不能保证能成功。"

"……"

假如，真这样沟通，结果会怎样？不出意外，客户会说："还是不要做了吧！"当然，我心里会想："我本来就不想做，只是我不能说！"

第五步，针对变更请求，提出相应解决方案。

项目范围变更很可能需要额外项目资金、额外的资源与时间，因此，应建立包括来自不同领域的项目干系人在内的变更控制委员会，以批准或否决变更。这个委员会应当由具有代表性的人员组成，而且有能力在管理上做出承诺。

在没有形成相应的解决方案之前，请项目经理们不要向高级管理层或 CCB 汇报。如果没有相应的解决方案，管理层会问："我要你干什么！"试想，如果公司同时开展多个项目，假如每个项目经理都直接把问题交给管理层（要命的是，每个项目都不理想，问题普遍），估计管理层会崩溃。当然，在他们崩溃前会"先把项目经理们整崩溃"！

最佳的方式应该是给出变更的至少3种解决方案。你应该这样汇报："最好，这样做（上策）；如果不行，就这样做（中策）；实在不行，还可以这样做（下策）。"

总之，让管理层做选择题，不要让他们做问答题。

第六步，查阅变更控制系统中对审批权限的规定，选择合适的干系人对变更进行审批。

请务必时刻记住变更的权限问题。变更申请必须由被共同认可的有相应职权的人签署；通常，非合法授权的代表人的签字会产生令人不快的矛盾。避免干系人说"我未批准"的出现是很有必要的。

一般情况下，如果导致需求、成本、进度变化的变更，项目经理是没有批准权限的，需要由 CCB 批准；项目经理有权处理涉及范围、进度、成本 3 个基准的变更。当然，在紧急情况下（比如发生飓风等不可抗力事件），项目经理有权处理任何变更。

第七步，召开 CCB，批准或否决变更。

如果需要，就应该及时召开 CCB 对变更做出决策。

第八步，根据对变更请求的审批状态，与项目的相关干系人进行沟通。

项目经理需要根据审批结果与相关干系人沟通，在本节案例中，其结果不外乎表 9-1 的几种情况。

表 9-1　变更审批结果的沟通

CCB 审批结果	干系人接受否	项目经理的处理方式
CCB 批准并接受了一种变更方案	客户认可	（1）记录变更并将结果归档 （2）与相关干系人（含项目团队）沟通变更 （3）执行变更
	客户不认可	（1）记录问题 （2）安排双方领导见面并沟通问题，问题升级

续表

CCB 审批结果	干系人接受否	项目经理的处理方式
CCB 否决了变更	客户同意	（1）记录变更结果并将结果归档 （2）结束变更
	客户不认可	（1）记录问题 （2）安排双方领导见面并沟通问题，问题升级

第九步，执行变更、跟踪变更执行状态。

保证变更的正确执行，保证相应的变更都被登记、评估、批准、跟踪和正确实施，从而确保配置文件所规定的功能要求都已实现。

在变更执行过程中，要注意将变更执行结果及时通告相关干系人，同时使用需求跟踪矩阵实时跟踪。

9.3 对变更的管控是项目管理者水平的体现

关于变更管理的书籍汗牛充栋，各类变更管理表格、模板充斥坊间，变更流程也常被讨论，但实际工作中却往往没有那么美好，结果也常是不令人满意的。下面的内容，全部来自我的实践，很多都是经过惨痛失败后的教训。

9.3.1 认识变更中的矛盾

变更不可避免，处理不当常会导致冲突。冲突带来的好的方面是可以发现项目中的不足，进行及时调整，进一步优化项目的资源配置。但是，如果处理不好就会导致矛盾。这种矛盾可能来自于甲乙双方、项目组内部或者部门之间[1]。

（1）甲乙双方的矛盾主要涉及是否变更，变更的范围，变更引发的时间、质量、成本上的变化等。

（2）项目组内部的矛盾则来源于项目组成员对变更所增加的工作量或者否

---

[1] 高茂源. 项目管理心理学[M]. 北京：机械工业出版社，2014.

定自己已完成工作的强烈抵触情绪。

（3）部门之间的矛盾往往来源于公司管理层对项目底线的坚持和市场、营销、售后等部门的工作调整。

应该说，项目变更所引发的矛盾涉及方方面面，项目管理者要保持高度警觉。

> 某通信运营商流量统计与分析项目中，甲方负责人希望了解项目进展，让乙方项目经理组织主要项目组成员汇报工作。项目组已经对前期不断的需求变更忍无可忍，带着一种抵触的情绪参加了这个会议。
>
> 甲方负责人对某些业务有些疑问，希望澄清，项目组成员误认为这又是一个变更，极力辩解，而且明显情绪化。这引发对方情绪反应，继而导致了激烈争论。"语言在出口之前你是它的主人，但是语言出口之后你就成了它的奴隶！"此时，争论已不单纯是业务的合理性问题，演变成基于双方情绪的争论。表面上的道理其实都不过是在为自己内心的情绪服务而已，最终演变成更大的矛盾。
>
> 该负责人回去之后向更高层进行了汇报，阐述项目的缺陷如果不能改正一定会影响最后的业务使用。这场矛盾上升到公司层面，双方的高层出面才得以平息！

变更对项目内部的影响也是显而易见的。一个技术专家经过了辛苦努力取得的成果，被告知要重新设计和调整时，内心的挫折感不可避免。这对士气的打击是巨大。他们一方面将此归因于项目经理的失误，另一方面把矛头指向"不讲理""不懂"的客户。

9.3.2　警惕范围蔓延

> T&G 公司为一家客户开发基于 Web 的 3 年期数据处理中心项目。鉴于双方过去良好的合作关系，T&G 公司迫不及待地展开工作，没有项目计划而只有一个简单进度表。项目启动时，项目组有许多很有天赋的 Java 程序员，而他们所有的指导来自于他们并非项目管理专家的上司。

这听起来像是一场噩梦，它确实是一场噩梦而且现在还是这样。

随着项目的继续进行，这家公司自身已经无法为它的员工发工资了，这对投资者看起来像一个无底洞，而且在它的管理层看来还只是刚刚开始。由于在开始工作的时候没有签订正式的项目合同，这个项目的范围不断地改变，甚至每天都在改变，而所有的工作，从开发到销售和质量保证都因为不断改变的项目范围所带来的繁重工作而停滞。

项目过程中，由于各种各样的原因，人们会加入"细小的"计划外工作，范围悄悄改变，这就是范围蔓延（Scope Creep）——不受控制的范围改变。项目管理者并不一定能意识到这种变化对项目的致命性破坏，直到有一天这些变化由量变引起质变，严重时会彻底摧毁项目。

项目范围蔓延产生的原因主要有两种：一种来自客户，另一种来自项目组自身。

客户在项目过程中，一般会提出一些小的、略微增加一些工作量就能实现的工作。这些工作虽然与项目成果的特征与特性无太大关系，但会使客户更愉快、更满意。然而，这些细小的变化积累起来就会造成工期的拖延、费用的超支，而到了那时不仅是项目发起人对项目不满意，客户同样会对项目不满意。客户不会因为你所做的额外工作而抵消对整个项目延期的不满。更有甚者，尽管项目的延期可能是由于客户造成的范围蔓延引起的，但如果对这些范围蔓延不加以记录和确认，还可能会造成一些法律纠纷。

> 与你的承诺有关的条件可能会被忘记，但你的承诺本身却不会被忘记。
>
> ——项目管理谚语

作为项目管理者，你不得不面临的骨感现实是大多数客户总是对项目的结果不满，为什么？因为人的欲望是无穷的，不管你的项目增加多少功能，用户总是会提出更多的需求。我必须提醒你：不管产品特性多么耀眼，过一段时间人们就会将其视为正常的功能。这就是人性！所以，在做项目的过程中，不要追求多，而要追求少而精，反正无论做多少需求，客户都总是觉得不够的。

为了避免客户造成的范围蔓延，记住这一条原则是十分有用的："决不让步，除非交换"。变化是客户的权利，但任何范围改变都需要通过正规的范围变更控制程序来完成，必须在项目工期、费用或质量等方面做出相应的、正规的变更。

来自项目组自身原因造成的范围蔓延同样值得注意，因为这种情况的发生是没有人买单的，所造成的损失只能由项目组或其所在组织承担。试图通过范围变更而增加合同额的"钓鱼工程"只对不成熟的客户有用，对于成熟的客户这种做法只会自取灭亡。

> 同学甲："你又不想做老师，为啥突然想考师范大学了？"
>
> 同学乙："听之前的学长说，师范大学里漂亮妹子可多了！"
>
> 同学甲："银行里的金条也很多，和你有关系吗？"
>
> 同学乙："呃……"

项目组自身造成的范围蔓延较为隐蔽，它一般是由于项目人员的技术心态造成的。技术人员从技术中获得成就感的渴望促使他们自觉不自觉地按照自己的兴趣去创造一些没有必要的、不合理的、满足自身情感需要的产品。

项目在执行过程中，团队内部或外部总会时不时冒出各种各样的想法。遇到这种情况，项目经理一定要谨慎对待，确认是否有助于项目目标的实现。否则，放任自流的常见结果就是项目范围的蔓延，增加了项目成本，推迟了项目进度，却做了和项目目标无关的事。

因此，不仅清晰定义项目的需求和目标十分重要，定义清楚项目的边界（决定哪些活动不属于项目范围），同样十分重要。

9.3.3 "烦琐"的"九阴真经"

> 日常生活中，消费者拿到所购买商品后发现一个小瑕疵，往往会要求更换。如果商家拒绝更换，常会引发买卖双方的争执。如果太容易更换，对商家是一种损失。因此，商家往往同意更换，但要完成更

换就必须履行复杂的程序：首先要填写申请单，之后需上报主管，还需经过某个专业部门复核，最后才能给出更换的批准。简言之，可更换但很烦，还要等一段时间。实际情况是，"烦琐"的程序让大部分人选择了放弃更换。

变更是不可避免的，当变更发生时，一定有要正式的变更机制，冷静应对。从心理学上讲，如图 9-2 所示的"九阴真经"的意义就是"烦琐"——你可以变更，但要经过一些程序、填一些单子，当然还得等上一段时间。"九阴真经"人为地增加了变更的摩擦系数，让变更变得困难，客观上降低了变更的频率。我相信，你也慢慢理解了公司很多复杂程序的合理性。

9.3.4 给客户提供多个选项

David 和 Chris 是用户的两个不同部门的经理，二人对一项关键需求的实现方案争执不下，David 主张采用方案 A，Chris 主张采用方案 B。最后，客户公司的副总经理拍板选择了方案 B。

4 个月后，客户发现方案 A 对解决其现场的另一个业务问题十分有益，提出了正式的变更请求，希望将方案 B 改回方案 A！

这里，方案 B 被选择，但方案 A 却埋下了变更的"祸根"。解决这类变更的手段是让项目具有更大的灵活性。

有一种在软件系统中的常用方法叫系统变量设计（System Dariables Design），思想是在设计时把可能的变化作为可选项来处理。

如图9-3所示是Microsoft Office Word的选项功能，把系统默认的、用户可能的需求配置集中在此。此选项面板提供了用户十大类上百种功能配置，一定程度上覆盖了用户可能发生的需求变化。从某种意义上说，软件的选项功能是其对用户需求了解程度的标志。对于上述案例中的方案 A 可以考虑使用此方法。

现在的 Web 系统正越来越多地把用户可以个性定制功能作为其主要卖点。遗憾的是，Web 系统对深入业务规则上的定制尚不成熟，大部分还是集中在用户界面上。所以，业内人士了解一个 Web 系统对需求的适应性，常常直接去看这个系统的配置管理部分。

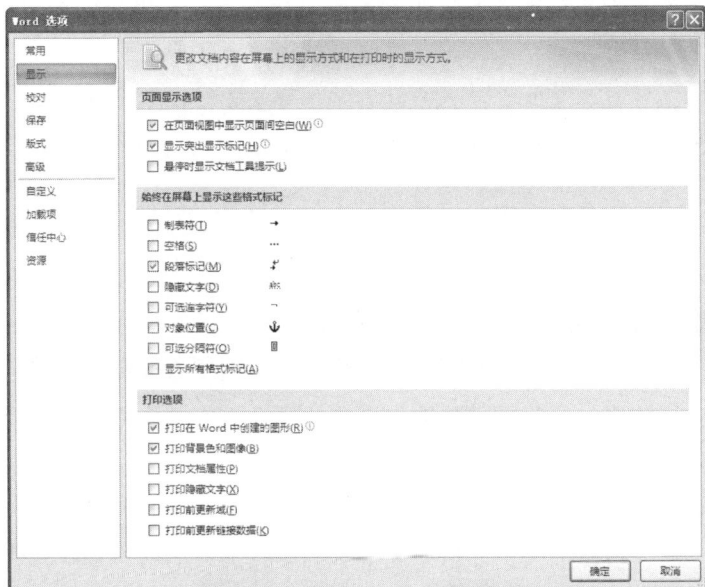

图 9-3 Microsoft Office Word 的选项功能

系统变量设计在技术实现上常表现为一个配置文件或者是数据库里的一个表格。在前端，用户可以通过界面自行修改；在后端，技术人员可以根据需要改变配置文件使系统在不修改代码的情况下适应客户需求变更。

9.3.5 "较真"第一次

老张是某大型集成电路（IC）制造公司的车间主任，他们为很多客户同时生产多种规格、型号的 IC 产品，制造流程超过 50 个步骤。

由于一些量产问题，A 公司某笔订单发生了交货迟延，于是 A 公司向市场部催货，市场部李经理给老张打来电话想了解生产的情况，并希望采取措施尽快出货。老张知道，在该公司同时生产上百个不同规格的 IC 产品，而且 A 公司也有许多不同批次订单的情况下，要找到该笔延迟交货的订单并不容易，更别说改变计划有可能造成生产线混乱。但是，他也知道 A 公司是重要客户，李经理亲自来电话已经说明了问题。

于是，他就指派了专人跟踪 A 公司的订单，并调整生产计划，加快进度。经过一番折腾，A 公司的订单终于交货了。

但是，好景不长，A 公司的订单出货不久，B 公司又来催货，希望马上拿到货。于是，故事又重新上演了一遍……结果，催货的公司越来越多，而且迅速增加。该公司生产线则被不断中断、调整，导致更多的交货迟延和更多客户抱怨。

现实中的行为实际上是一个环环相扣的复杂系统，任何一个部门或成员的一个举措，都可能在不同的时间、不同地点产生这样或那样的影响。

过去为了解决一个问题而采取的措施往往会产生副作用，从而使得在另外一个时间或另外一个地点产生另一项问题。正如大师彼得·圣吉所言：今天的问题来自昨天的解。

有时，客户提出的需求变更看起来十分不合理，但客户却坚持要进行。客户清楚乙方很讨厌自己对需求总是发生变更。但是，他们一开始对项目了解不够，随着对项目了解的逐步加深，他们才发现存在的问题。很多情况下，他们可以忍受原有需求，但他们更清楚只要对乙方进行施压，乙方就会妥协。这让他们有了争取的动力[①]。

换言之，客户喜欢需求变更是因为你喜欢接受客户的变更请求。这简直是一个悖论，因为没有一个项目经理喜欢变更。当客户提出变更，假如项目经理顶不住压力同意了变更，这在事实上会给客户一个信号：变更是可以被接受的，只要对项目团队施压就行。

家长带着上幼儿园的孩子逛商场，自动贩卖机里花花绿绿的糖果让孩子简直无法拒绝。孩子闹着要糖果，家长不理睬。家长禁不住孩子的软磨硬泡，败下阵来。家长第二次面对孩子同样的请求，经历比第一次更残酷的"斗争"又败下阵来……

---

① 高茂源. 项目管理心理学[M]. 北京：机械工业出版社，2014.

如果家长一开始就选择拒绝，将会有不同的结果。

过分溺爱孩子的父母，最后导致孩子无法适应环境而出现了问题。溺爱孩子的父母面对出现的问题，还会说："我们如此小心保护孩子，孩子还是出了问题，可见对孩子的照顾有多少都不够啊！"他们可能永远都不知道，就是自己的行为才导致了孩子的问题。

客户的需求变更和上面的情景完全相似，关键是你要"较真第一次"。能否用一个正式的理由拒绝第一次对需求变更管控至关重要。需要说明的是，这个正式的理由必须是在项目开始前就制定好的规矩。一个临时搬出来规定往往会被视为一种强词夺理，极可能会激怒对方。

关于变更的具体规矩可以采用"九阴真经"来处理，也可以根据情况适当简化。无论是什么规矩，关键是要先有。规矩先行，所以对于那些被客户的"无理要求"弄得焦头烂额的项目经理，首先要想一想是否立过这样的规矩。

> 精神错乱的典型特征便是，一遍又一遍地重复做同一件事而期待会有不同的结果。
>
> ——爱因斯坦

为了维护与客户的关系，我们这么尽力满足他们都不能令其满意，如果以教条的流程来约束他们，关系会不会变得恶化？项目经理如果想改变在需求变更中的被动局面，必须改变一下自己过去的那种小心维护客户关系（简直是讨好）的行为，营造一切按照规矩（务必定好）办的文化。

9.3.6　利用框架效应

在经历了股市的大牛和快熊之后，很多人都说，能不赚不赔已经不错了，但即便能打个平手，你是否觉得还是"心塞"？尽管别人安慰说"不亏就是赚"，果真如此？

如果一个人的喜悦程度完全是按金钱来衡量的话，那么在赚了一笔钱又亏回去的时候应该感觉回到了原点，不高兴也不沮丧，喜悦和伤心互相抵消，就像浮云一样随风而逝。但事实上，人们在先赚后亏的时候往往比丢了钱还沮丧。"不为天长地久，只为曾经拥有"恐怕不如"曾经沧海难为水，除却巫山不是云"更为写实。

也许你会说，那是因为在这个过程中付出了巨大的努力，况且还有时间成本和机会成本，存个银行买个理财产品也能赚钱，甚至说不定还能中个彩票什么的。那我们就来做一个实验，如果把付出的努力和花费的时间尽量压缩到最小，把收益放大，会怎样呢？假设某一天你花 2 元钱买了一张彩票，然后在开奖后上网对号发觉自己中了 1 000 万元。正当你欣喜若狂的时候，突然发现这组中奖号是上一期的，也就是说，在你买彩票之前这组中奖号码已经过期了，瞬间 1 000 万元没了，这时你是开心还是不开心呢？你是不是觉得自己瞬间损失了一套豪宅、10 辆名车呢？

1981 年，阿莫斯·特维斯基（Amos Tversky）和丹尼尔·卡尼曼（Daniel Kahneman）对公众面对一种罕见疾病的态度做了研究。该疾病发作将导致 600 人死亡，有两种治疗方案可供选择，要求被试人员选择其中一种。他们对两组人进行了测试。

第一组，152 人。对于这组人叙述以下情景。

（1）如果采用 A 方案，200 人将生还。

（2）如果采用 B 方案，有 1/3 的机会 600 人将生还，而有 2/3 的机会将无人生还。（28% 的人选择）

第二组 155 人。对第二组人叙述同样的情景，同时将解决方案改为 C 方案和 D 方案。

（1）如果采用 C 方案，400 人将死去

（2）如果采用 D 方案，有 1/3 的机会将无人死去，而有 2/3 的机会 600 人将死去。（78% 的人选择）

实验结果见表 9-2。

表 9-2　两种不同表述下人们的不同选择

被试组别	方　案	选择人数比例
第一组	A 方案	72%

续表

被试组别	方　案	选择人数比例
第一组	B 方案	28%
第二组	C 方案	22%
	D 方案	78%

实际上，A 和 C、B 和 D 的方案完全一样，只是换一种描述而已。

但仅这小小的语言形式改变，使得人们的认知参照点发生了改变，由情景一的"收益"心态变为情景二的"损失"心态。即是以死亡还是生还作为参照点，使得在第一种情况下被试者把生还看作收益，死亡看作损失。

选择不同的参照点，人们对待风险的态度是不同的。面临收益时人们会小心翼翼，选择风险规避；面临损失时人们甘愿冒风险，选择倾向风险偏好。因此，在第一种情况下表现为风险规避，第二种情况则倾向于风险寻求。这里的收益和损失完全是以认知参照点为依据的，参照点不一样，人们决策的方式也不一样。这就是框架效应（Framing Effects）[①]，通过不同的描述方式，改变人的心理参照点，从而会影响人的选择。

面对已经到手的收益和带有不确定性的更大的收益时，人们往往会选择落袋为安；但是面对确定的损失和小概率的翻盘可能时，人们却更愿意赌一把。何况还有"失之东隅，收之桑榆"和"塞翁失马，焉知非福"这样根深蒂固的心灵鸡汤。这就是为什么人在股票被套之后就想着补仓，直到补不动了，就用"反正再跌也不会跌没了"来安慰自己，于是短线变成了中线，中线变成了长线。到了解套的时候，却又一秒钟抛掉，然后股价就上天了。传说中的"买股票是为了等解套"就是这般。事实上，面对一只赚钱的股票和一只亏钱的股票，往往是把亏钱的割掉，留下赚钱的那只能带来较大收益。但是，真要把账上浮亏变成既成事实，选择"鸵鸟埋沙"似乎更容易一些。

---

① http://baike.baidu.com/view/1297874.htm.

　　曾国藩率领湘军与太平天国作战，屡吃败仗。曾国藩上书朝廷言及"屡战屡败"，李元度将其更改为"屡败屡战"，结果获得了朝廷的嘉奖。一个小小的表述改变，就将看到战报的当权者把注意力从作战的结果和能力上面转移到了作战的态度上，可谓框架效应应用的高明之作。

框架效应对项目经理非常有价值。假设项目经理得知了一项新技术专利，如果花一万美元购买这项专利，可以提高项目团队正在开发的新产品的性能。

说服高层管理者的通常做法是，把重点放在拥有这项技术的产品的优越性上。事实上，另一个有效方法是，警告公司如果不购买这项专利权，一个明确的竞争对手会购买。这个竞争对手可能会将公司的这项产品踢出市场，导致数百万美元的损失。

如何选择？研究结论很明确：以损失为导向的沟通将更加有效。

面临变更时，变更提出者的参照点往往是不变更对自己遭受的损失，因此变更提出者会选择风险较大的方式。与此相反，拒绝变更者的参照点往往是变更对自己得到的利益的损失，因此拒绝变更者会选择风险较小的方式。角度不同，产生矛盾不可避免。

　　为化解该角度导致的矛盾，项目管理者可以利用框架效应来重述这个问题："如果不进行变更，我们可以在规定时间内得到一个稳定的可运转系统；如果进行变更，我们有很大的概率不能按时得到这个系统，而且质量也无法保证。不如让我们先把已经确定可以实现的功能实现了，之后再来尝试增加新的功能。"

第10章

走出项目进度管控的尴尬

> *不管你制定出什么样的日程，老总们总是希望项目能更早完成。老总们对你提出来的每一个截止日期都不会认同——你的计划总是离他们的期望值很遥远。*
>
> ——项目管理谚语

在瞬息万变的时代，商业机会稍纵即逝，如何在限定时间内完成预期的项目成果，是每个项目经理面临的挑战。

速度即王道。据调查，推迟 6 个月上市的商品，虽然在其费用预算之内，但赚取的利润要比预期的少 33%；而按期上市的产品，即使预算超过 50%，赚取的利润也只比预计的少 4%。也就是说，客户可以为加速达到目的而支付额外的费用，人们愿意为速度而花钱。实际上，在当今时代，速度几乎成了竞争的代名词。汤姆·彼得斯博士在纪录片《速度就是生命》（*Speed Is Life*）中向大家介绍了一些跨国公司如何利用跨职能团队和其他方法来缩短开发时间的。

然而，项目的进度并不乐观。据统计，在对软件项目进度与成本估算时，开发者对自己工作的估算比现实要乐观，大多数项目实际完成时间超过估算进度的 25%~100%，少数的进度估算精确度达到了 10%，能控制在 5%之内的项目十分罕见。

为管理这尴尬的进度，制订一个可行的进度计划十分重要。项目进度计划是建立时间表和日期的工具，在这段时期内，各种资源（如设备和人力）将被用于执行完成项目所需的活动。进度表是计划和控制体系的基础。并且由于其重要性，客户经常会将其写进合同。

10.1 找到项目进度的节奏感

山田本一是日本著名的马拉松运动员。他曾在 1984 年和 1987 年的国际马拉松比赛中，两次夺得世界冠军。记者问他凭什么取得如此惊人的成绩，山田本一总是回答：“凭智慧战胜对手！”

众所周知，马拉松比赛主要是运动员体力和耐力的较量，其次是爆发力、速度和技巧。因此，对山田本一的回答，许多人觉得他是在故弄玄虚。

10 年之后，这个谜底被揭开了。山田本一在自传中这样写道：“每次比赛之前，我都要乘车把比赛的路线仔细地看一遍，并把沿途比较醒目的标志画下来，比如：第一标志是银行，第二标志是一个古怪的大树，第三标志是一座高楼……这样一直画到赛程的结束。比赛开始后，我就以百米的速度奋力地向第一个目标冲去，到达第一个目标后，我又以同样的速度向第二个目标冲去。40 多千米的赛程，被我分解成几个小目标，跑起来就轻松多了。开始我把我的目标定在终点线的旗帜上，结果当我跑到十几千米的时候就疲惫不堪了，因为我被前面那段遥远的路吓到了。”

当目标被分成几个重要里程碑时，总目标的实现就变得现实了。当目标被清晰地分解时，目标的激励作用就会显现；当实现了一个目标的时候，我们就及时地得到了一个正面激励，这对于提升挑战目标的信心的作用是非常巨大的。

10.1.1　定义项目的活动和里程碑

每个项目都是由一组任务组成的。大多数任务都可以分解为活动，每项活动都有各自的技术细节、规范、资源需求、质量控制需求等特征。将任务分解成活动及将活动分解成次级活动的过程中应注意规模和进度间的制衡。

从实践角度，定义项目活动的一些主要原则如下。

（1）0.5%~2%原则。每项活动的时间长度应该近似在整个项目长度的0.5%~2%。如果一个项目的时长为 1 年，那么每个活动的时长最好为 1 天到1 周。

（2）80 小时原则。与创建 WBS 时的 80 小时原则相同。每个活动的时长不宜超过 80 小时（如果工作安排为 8 小时/天，为 2 周），超过 80 小时的计划安排是不可控的。

（3）250 活动原则。如果活动数目太多（超过 250 个），那么应该将项目划分为几个子项目，并为每个子项目开发各自的进度计划。包含太多活动的进度计划很快会变得难以控制。

（4）关键活动原则。持续时间虽短，但在工作范围内的关键活动，也应包含在活动清单中。如一个 3 年期的项目中，一个时长为 2 天的关键设计检查活动是极其重要的，也应包含在活动清单中。

任何进度计划的制订都要从为工作顺利完成而定义关键的里程碑。关键的里程碑可以定义为项目生命周期中的主要事件，可能也包括诸如项目原型制作、新阶段的开始、状态检查、测试或者初次装运等。在理想情况下，里程碑的完成度应该是非常容易被证实的。一旦达成一致意见，里程碑图就变成项目总进度表的框架及其分解部件。

应该在启动前就为项目所有的主要阶段定义关键里程碑。项目每一层次的划分都应该非常小心。如果里程碑之间相隔太远，则追踪与控制方面的连续性问题将会出现。相反，太多的里程碑可能会导致不必要的琐碎工作、过度控制以及不断增加的间接费用。根据我的经验，对于较大型的项目，每年定义 4 个关键里程碑似乎就可满足项目管理的需要而不会导致系统过度负担。项目管理办公室、项目经理应与客户深入探讨以确定项目的关键里程碑。

正确地确定里程碑的种类和数量十分关键，因为每个关键里程碑都应代表着一个主要项目阶段完成时的检查点。

一个有着良好边界定义的里程碑的例子如下。

（1）完成项目启动会。

（2）完成需求分析。

（3）完成概要设计评审。

（4）完成详细设计评审。

（5）完成原型。

（6）完成系统集成与测试。

（7）完成系统的组织内部验收。

（8）完成系统的客户验收测试。

（9）完成系统的试运行。

（10）完成系统移交。

10.1.2　里程碑完成率是过程控制的重要手段

"以结果为导向"是对的，但是"有条件要上，没有条件创造条件也要上"的提法本身就有很大的问题。并不是说结果不重要，但结果是靠过程来保证的，没有好的过程就很难有好的结果。对于项目来讲，里程碑就是最有效的过程控制手段。我把组织项目管理的水平定义为如图 10-1 所示的 4 个成熟度层次。对于组织而言，应该努力提升到"有好过程，持续产生好的结果"的第四层次。

实践中，验收节点带来的压力，往往是各干系人（尤其是客户和发起人）关注的重要节点，对于项目团队而言属于没有回旋空间的硬性节点，而里程碑节点（特别是内部控制的里程碑节点）有时是有弹性的，不属于火烧眉毛。但是忽视项目的内部里程碑，则是一个压力积累、风险做实的过程。

作为项目经理，你应该做到以下几点。

（1）在计划过程中，合理规划里程碑节点，使其有可行性，有验收价值。

（2）在执行过程中，围绕每一个里程碑安排工作，找到项目的节奏。

（3）在管理过程中，将里程碑的压力传递给项目中的每一个人。

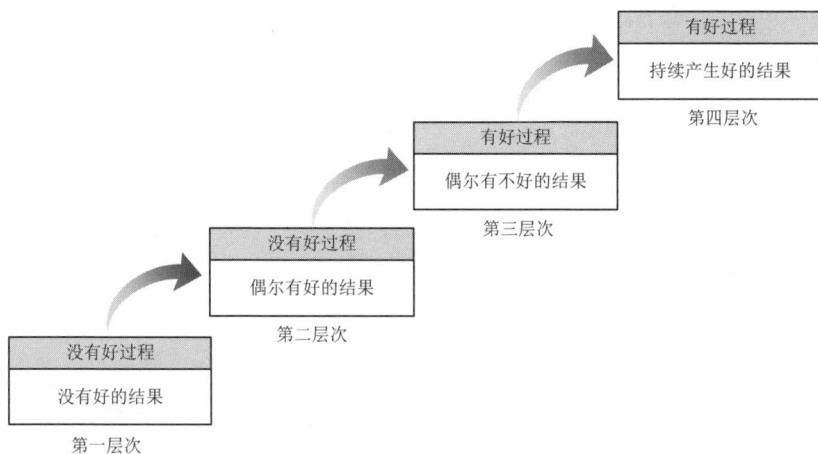

图 10-1　组织项目管理的成熟度水平

我要强调的是，当其他人不重视里程碑节点（包括内部里程碑节点）的时候，项目经理必须重视，而且要尽可能发挥自己的影响力，让别人像你一样重视。作为组织，将里程碑完成率作为项目绩效考核的标准是一个好办法。

我要提醒你的是：眼睛盯住细节的，是工程师；眼睛盯住结果的，是老板；眼睛盯住过程的，是项目经理。

10.2　让进度估算走向科学

徒弟：为什么做项目的时候，绝大部分项目最后都会延期呢？

师傅：因为最后期限不是估算出来的，而是拍脑袋拍出来的。你可以哄骗一个傻子来接受一个不合理的期限，但你不能逼迫他满足该期限的要求。

10.2.1　一个"精确"项目时间的诞生

项目中，我们经常会听到发起人（或者客户）和项目经理之间关于工期的这种对话。

发起人："小张，你那项目需要多长时间才能完成？"

项目经理："90 天左右吧，王总。"

发起人："别跟我说'左右'！准确一点，究竟多少天？"

项目经理："那就 90 天。"

发起人："90 天太长了，给你 60 天吧。"

项目经理："60 天实在太短了，王总。"

发起人："那就 75 天吧。别再讨价还价了，就这么定了！"

项目经理："好吧。"

其结果是，下属的奉献和上司的恩赐导致了一个"精确"项目时间的诞生。这种时间限制会转化为一个复杂的图表（如网络图、甘特图等）挂在会议室里。然而，人们在实施计划的过程中一般对它视而不见，因为没有人再对这个美丽的图表当回事。项目究竟什么时候完工，取决于项目团队的努力和某些外部的因素。

这是一种典型的工期谈判场景。在这种谈判游戏中，也许各方都没有认真对待项目的时间问题，深层次原因可能是社会心理中的"信任缺失"。不得不说的是，在这个"连爸爸都怀疑是不是真的"的社会现状下，项目各方都试图保护自己（给自己更多的空间），他们觉得说真话会伤害自己。也正因为如此，上司面对 90 天的时间会感觉"时间太长"（实质是"有水分"）！问题是，如果下属给出 80 天或 70 天甚至是 60 天的时间估计，上司仍然会感觉"时间太长"。这就是信任缺失导致的社会问题在项目中的缩影。

当然，这也让项目经理们得出了以下结论：不管你制定出什么样的日程，你的出资人总是希望项目能更早完成。你只会发现：出资人对你提出来的每一个截止日期都不会认同——你的计划总是离他们的期望值很遥远。

可见，实事求是、说真话是多么重要！

10.2.2　确定型估算

在上节的场景中，项目经理给出的 90 天时间工期是怎么给出的呢？拍脑袋！发起人的 60 天又是怎么来的呢？也是拍脑袋！最后的 75 天呢？还是拍脑袋！

这便是目前普遍存在的现状！有时，我把这种管理叫作"史前文明"式管理。

1．基于经验的类比估算

如果项目经理采用以下方法：详细审视待实施项目（后文称项目 A）的特点，查找已完工的类似项目（后文称项目 B），再查阅项目 B 的历史资料，记录中项目 B 历时 80 天。最后，给出 80 天的时间估计。对此结果，发起人也许会踏实一些。

这一过程的本质是基于过去类似项目的经验来判断项目 A 的工期，这就是所谓的"类比估算"，其本质是经验估算。仔细审视这一过程（见图 10-2），有 3 个问题是不容忽视的。

（1）项目 B 与项目 A 类似的程度有多大？毕竟每个项目都是独特的。

（2）项目 B 真的用时 80 天吗？我们的资料很多时候都是后补的，经常不是那么可信，这就是现实。

（3）项目经理会不会为自己或（和）项目安全，加入水分呢？

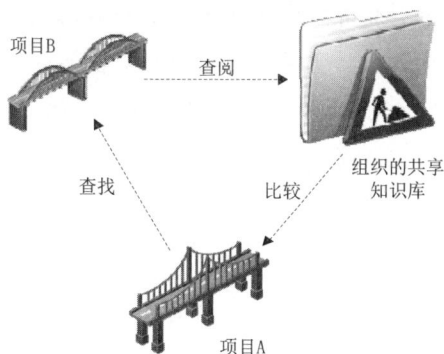

图 10-2　类比估算的过程

因此，类比估算技术是一种粗略的估算，建议仅在项目详细信息不足时，如在项目的早期阶段使用，更不建议以此作为项目进度管理的基础。类比估算综合利用了历史信息和专家判断。相对于其他估算技术，类比估算通常成本较低、耗时较少。我的建议是将类比估算与其他估算方法联合使用，并确保项目之间在本质上而不只是表面上类似。

2. 基于分解的参数估算

如图 10-3 所示。首先，对项目进行分解，创建详细的 WBS；然后，对每个工作包基于历史数据，请最熟悉该工作包的专家进行估算；最后，项目管理团队汇总各工作包（即工作包 1.1、1.2、1.3.1、1.3.2、2、3.1.1、3.1.2、3.2、4.1、4.2.1、4.2.2、4.2.3）的数据得出总进度。

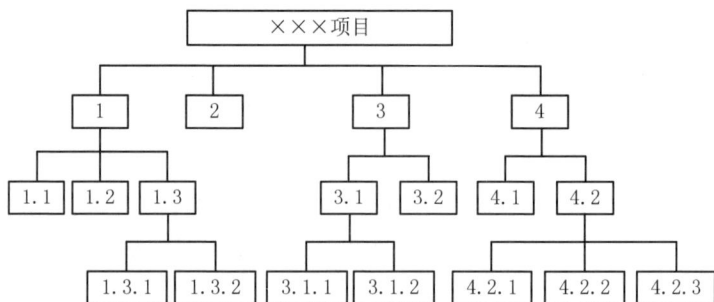

图 10-3　参数估算方法

对于各工作包的估算，利用历史数据与其他变量（如建筑施工中的平方英尺）之间的统计关系来进行。把需要实施的工作量乘以完成单位工作量所需的工时，即可计算出活动持续时间。例如，对于设计项目，将图纸的张数乘以每张图纸所需的工时；又如，每小时能够铺设 25 米电缆，那么铺设 1 000 米电缆的持续时间是 40 个小时（1 000÷25）。

这一过程的本质是基于分解的方法，原则上比类比方法更有效。可是仔细审视这一过程，亦有 3 个问题是不可以忽视的。

（1）WBS 分解正确吗？

（2）各工作包估算准确吗？是否加入了水分呢？

（3）项目经理会不会为自己和（或）项目安全，加入水分呢？

因此，参数估算的准确性取决于参数模型的成熟度、基础数据的准确性和使用这一方法的人的可靠性。

10.2.3　不确定型估算

仅仅在某些特殊的情况下，计划项目的持续时间是可预知的。因此，要了解活动的持续时间，根据以往数据进行逻辑分析并绘出形成相关活动时间的次数分布图是合乎逻辑的。

从图 10-4 可知，所考虑的活动以往曾实施过 40 次，活动时间为10~70 小时，45 小时和 50 小时的各 3 次，35 小时出现的次数最多。可以看到，实际活动的持续时间在 40 次中有 8 次是 35 小时。

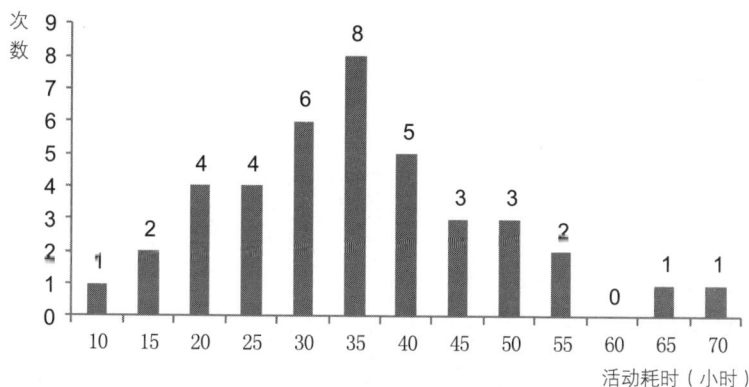

图 10-4　活动时长次数分布

由图 10-4 可以总结出两点：一是活动持续时间与分布的中值相关（一般采用的方法是平均值、中位数、众数）；二是活动持续时间与分布的幅度有关（一般可用的方法是方差、标准差和四分位数）。图 10-4 的分布均值为 35.25 小时，众数为 35，中位数为 35 小时；标准差是13.3 小时，方差是 176.89 小时。

采用经验数据时，往往可取的做法是运用数学方法近似地将数据布置成连续分布状，这样会使分析更为简便。数据服从正态分布的重叠情况，参数为：μ=35.25 小时，σ=13.3 小时。

正态分布是对称的，容易计算，但活动时长的分布有可能是有偏度的。正态分布左侧有长长的尾线，但实际执行时间却不可能为负。实际上，β分布已被证明是一种更好地描述活动时长分布的模型。不过，为了使用方便，实践中我们更倾向于使用正态分布来描述。

通过考虑估算中的不确定性和风险，可以提高活动持续时间估算的准确性。这个概念起源于计划评审技术（Project Evaluation and Review Technique，PERT）。PERT 经常使用 3 种估算值来界定活动持续时间的近似区间，其关系如下：

$$\begin{cases} t_E = \dfrac{t_O + 4t_M + t_P}{6} \\ \sigma = \dfrac{t_P - t_O}{6} \end{cases}$$

（1）持续时间（t_E）。活动的持续时间估算。

（2）最可能时间（t_M）。基于最可能获得的资源、最可能取得的资源生产率、对资源可用时间的现实预计、资源对其他参与者的可能依赖以及可能发生的各种干扰等，所得到的活动持续时间。

（3）最乐观时间（t_O）。基于活动的最好情况，所得到的活动持续时间。

（4）最悲观时间（t_P）。基于活动的最差情况，所得到的活动持续时间。

（5）标准差（σ）。

用以上公式计算出来的持续时间可能更加准确，这就是三点估算。这种估算可以表明持续时间估算的变化范围，从客观上考虑了项目执行过程的不确定性和风险。

这个假设的基本原理是许多概率分布图中的尾部（如正态分布）位于离中值左右分布在 3 个标准差范围内，即离两端为 6 个标准差。在工业中，统计质量控制图也是以最高和最低控制限之间的范围为近似 6 个标准差（$\pm 3\sigma$）来构建的。落在这个范围内的概率为 0.997 3。

根据数学上对随机事件概率的研究，一个随机序列遵从正态分布，其平均值（又称期望）和标准差（又称均方差）分别为根据随机序列的概率分布（见图 10-5）。

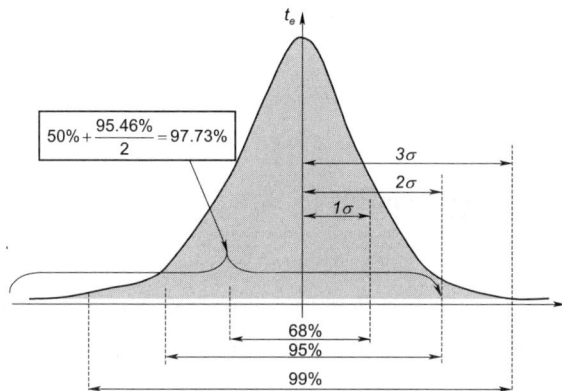

图 10-5　正态分布下的概率分布

由图 10-5 可知：

$$\begin{cases} t_E \pm \sigma = 68.26\% \\ t_E \pm 2\sigma = 95.46\% \\ t_E \pm 3\sigma = 99.7\% \\ \cdots \\ t_E \pm 6\sigma = 1 - 3.4\,ppm \end{cases}$$

某工作包的最乐观估算为 7 天，最可能估算为 10 天，最悲观估算为 13 天，计算可知该工作包的持续时间为 10 天，估算的标准差为 1 天。解读这组数据，可知：

t_E=10 天；σ=1 天

如果项目需要该工作包 11 天交付成果，而负责该工作包的团队成员自己制订的行动计划为 9 天（该团队成员给自己留了 2 天的缓冲时间）；则该工作包在 9~11 天内可控的程度达到 68.26%，11 天内成功完成该工作包的概率为 84.13%（50%+68.26%÷2）。

三点估算方法考虑了项目实施中的不确定性，但如果持续时间的最乐观值、最可能值和最悲观值估计不准，也同样是致命的。我的建议是：

（1）被估计对象如果是曾经有经验的工作，则可以根据历史经验得出这 3 个数据。

（2）被估计对象如果是从未实施的工作，则建议请有经验的人对这 3 个数据进行估计。

10.3　进度计划与网络技术

所有项目进度安排的基本方法是形成实际的或是潜在的网络，这个网络是描述相关任务和里程碑之间关系的图形结构。

20 世纪 50 年代后期，人们开发出了用于组织和展示这些信息的几种技术方法，其中最流行的是关键路径法（Critical Path Method，CPM）。

10.3.1　关键路径法

关键路径法在不考虑任何资源限制的情况下，沿着项目进度网络路径进行顺推与逆推分析，计算出全部活动理论上的最早开始与最早完成时间、最晚开始与最晚完成时间。

1. 关键路径分析与意义

经过关键路径分析得到的最早开始与完成日期、最晚开始与完成日期并不一定就是最终项目进度计划中的日期；但它们能指出，在给定的活动持续时间、逻辑关系、时间提前量、时间滞后量和其他制约因素下，可开展各项活动的时间段。

对最早开始与完成时间、最晚开始与完成时间的计算，可能受活动总浮动时间的影响。活动总浮动时间使进度计划富有弹性，它可能是正数、负数或零。在任何网络路径上，进度安排的弹性大小由最晚与最早时间之间的差值决定，该差值称为"总浮动时间"。关键路径的总浮动时间为零或负数。关键路径上的进度活动称为"关键活动"。

正常情况下，关键路径的总浮动时间为零。网络图中可能有多条次关键路径。为了使路径总浮动时间为零或正值，可能有必要调整活动持续时间、逻辑关系、时间提前与滞后量或其他进度制约因素。

2．关进路径法的计算步骤

对活动属性的表述，可参见如图 10-6 所示内容。

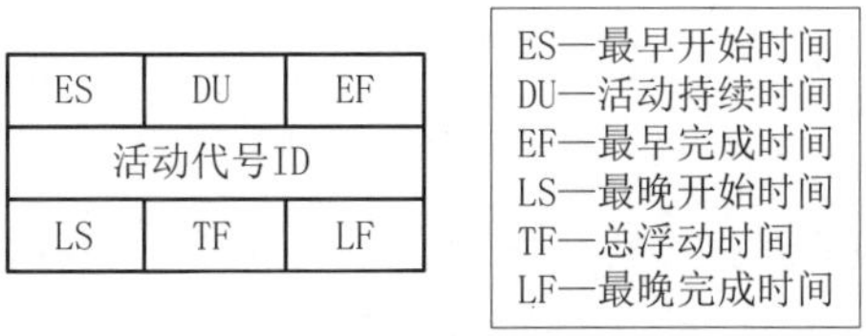

ES	DU	EF
活动代号 ID		
LS	TF	LF

ES—最早开始时间
DU—活动持续时间
EF—最早完成时间
LS—最晚开始时间
TF—总浮动时间
LF—最晚完成时间

图 10-6　活动属性的表达

关于关键路径法的计算总结如下。

（1）在默认情况下，浮动时间为零的活动是关键活动，其周期决定了项目总工期。

（2）一系列贯穿项目始终的关键活动构成关键路径。

（3）关键路径在整个项目执行过程中是可能发生变化的。

（4）浮动时间大于零的活动称为非关键活动，它们是通过填补关键路径造成的资源需求缺口来平衡资源的。

（5）求最早时间（最早开始时间和最早完成时间）从起点开始，顺推计算，加法原则，取最大。

（6）求最晚时间（最晚开始时间和最晚完成时间）从终点开始，逆推计算，减法原则，取最小。

3．实例

某项目有 A、B、C、D、E、F、G 共 7 个活动，其活动的持续时间和紧前关系见表 10-1。

表 10-1　活动的持续时间与紧前关系　　　　单位：周

活动代号	A	B	C	D	E	F	G
活动持续时间	5	3	8	7	7	4	5
紧前活动	—	—	A	A、B	—	C、D、E	F

第一步：绘制项目的进度网络图。结果如图 10-7 所示。

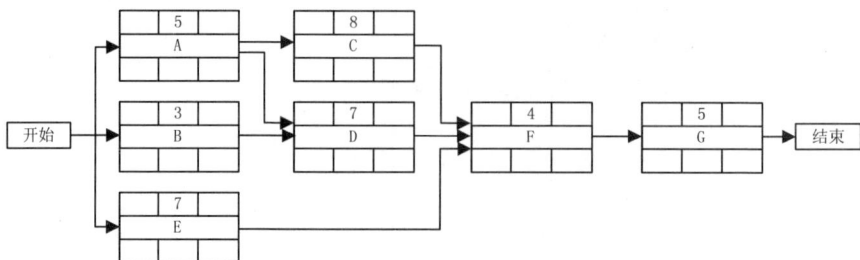

图 10-7　项目的进度网络图

第二步：对项目进行网络图和关键路径分析。分析结果如图 10-8
所示。

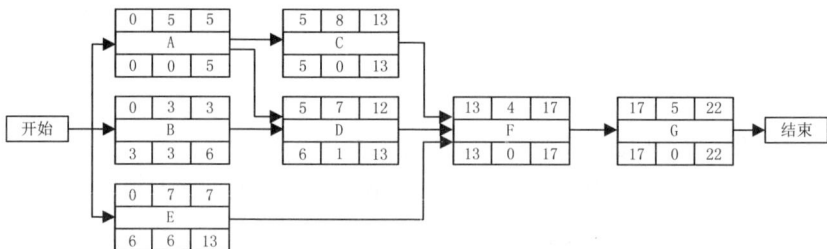

图 10-8　项目的进度网络分析

项目路径共 4 条：A—C—F—G、A—D—F—G、B—D—F—G、
E—F—G。分别需要的时间为 22 周、21 周、19 周、16 周。在默认情
况下，关键路径为：A—C—F—G，项目的持续时间为 22 周。显然，
项目的最短历时需要 22 周，对关键路径上的 A、C、F、G 这 4 个活
动而言，稍有拖延对项目而言都是致命的；换言之，这 4 个活动是需
要重点关注的关键活动。

而非关键路径上的 B、D、E 这 3 个非关键活动都分别有 3 周、1
周和 6 周的总浮动时间，如 B 活动可以在 0~3 周的任何时间点开始都
不会对项目产生致命的影响。然而，如果 B 活动真的在第三周才开始，
项目完工时间未受影响，但对 D 活动的影响却是显而易见的——因为
B 活动的开始时间（第 3 周）太迟，其完工时间（第 6 周）将 D 活动
推到不能有丝毫迟疑的境地（本来 D 还是有 1 周的总浮动时间的）。
因此，站在 D 的角度而言，希望 B 活动最好在第 5 周之前完工（第 2

周之前开始); 换言之, B 活动也是项目经理关注的重点。实际工作中, B 和 D 之间往往是跨部门的工作。

10.3.2 使用并行工程提升项目效率

速度即王道, 如何在限定时间内完成预期的项目成果, 是每个项目经理面临的挑战。加快进度的常用方法是把正常情况下按顺序执行的活动或阶段改为并行, 这就是并行工程, 又被称为快速跟进。例如, 在大楼的建筑图纸尚未全部完成前就开始建地基。

一个采用串行工作安排的项目计划如图 10-9 所示, 一个阶段完成后开始下一阶段, 这是一种从容不迫的工作方式。如采取并行工程方式安排项目计划, 则如图 10-10 所示。

	第1周	第2周	第3周	第4周	第5周	第6周	第7周	第8周	第9周	第10周	第11周	第12周
项目前期规划												
系统设计												
确定材料清单												
物资采购												
系统生产/调试												
系统转运												

图 10-9 项目计划的串行工作安排

	第1周	第2周	第3周	第4周	第5周	第6周	第7周	第8周	第9周	第10周	第11周	第12周
项目前期规划												
系统设计												
确定材料清单												
物资采购												
系统生产/调试												
系统转运												

图 10-10 项目计划的并行工作安排

关于串行工作安排与并行工程的比较, 请参见表 10-2。

表 10-2 串行工作安排与并行工程的比较

序 号	串行工作安排	并行工程
1	倾向低风险但接受成本和时间的增加	加快进度是项目规划时考虑的首要因素。承担返工风险是不可回避的问题

续表

序　号	串行工作安排	并行工程
2	紧后工作因等待紧前工作 100% 完成而推迟	紧后工作不因紧前工作的完成时间而延迟
3	项目计划主要关注某条关键路径	常产生多条关键路径，导致风险增加，问题发生时，须及时解决

应用并行工程方法的最大好处是能够压缩项目周期，提升项目的效率；该方法普及应用已成为一种趋势，如不能很好地使用并行工程，就会在市场竞争中处于劣势，甚至被淘汰出市场竞争[①]。

并行工程的使用常导致返工，造成一些时间和（或）资源的浪费。但其所带来的效率提升和周期压缩，使项目管理者们义无反顾地采用了这一对市场竞争非常有用的管理方法。

　　组建家庭也可看成一个项目，传统组建家庭的方式一般都要经历媒妁之约、相互了解、订婚、婚前考察期、举行婚礼、生育子女等几个阶段。全过程少则两三年，多则三五年，甚至十余年。传统情况下，这一过程顺序进行，组建的家庭一般较为稳定、离婚率较低。如果有人违背这个规则也常会受到谴责，面临社会舆论的压力。

　　改革开放后，效率成为社会各领域的追求。只争朝夕渐成社会成员的理念，闪婚、试婚频现，许多年轻人组建家庭采取了"并行工程"，或省略某些环节，或一个阶段没有完全结束另一个阶段已开始。其结果是组建家庭的速度提高了，但返工率（离婚率）也提高了，甚至出现了"闪离"，这就是并行工程的代价。

并行工程的应用，对于项目经理的能力提出了新的挑战。项目经理需拓宽业务领域知识，熟悉项目各阶段特点，对项目知识领域和各阶段的风险进行有效管控，更需要有更好的人际关系和沟通协调能力。

---

① 王世英. 演练式项目管理. 北京：经济科学出版社，2012.

10.3.3　不确定性对进度的影响

关键路径法的基本假设是项目资源不受限制，也就是资源是完全可用的，这显然与事实不符。资源的不确定性对项目的影响是显而易见的，蒙特卡罗法和 PERT 方法为此提供了管理思路。其基本方式是通过对每项活动的预期分布随机产生执行时间来对项目进行模拟。

多数情况下，假设活动时间服从 β 分布（实践中更习惯用正态分布描述）。每一轮模拟过程中都要给出一个关于每项活动执行时间的样本，并且使用 CPM 分析来确定关键路径和项目的完成时间。通过不断重复该过程，就可构造出一个项目完成时间的频率分布图或者累积图。这个分布可用于计算项目在给定日期内完成的概率，以及类似估计的误差。

过程包括以下几个步骤。

（1）产生每个活动持续时间的随机值。

（2）用 CPM 确定关键路径和持续时间。

（3）记录结果。

该程序步骤需重复的次数取决于可接受的容忍误差范围。可用标准统计测试以检验估计的准确性。

为理解该方法，可参看如图 10-7 所示的范例。假设每个活动都服从正态分布，其三点估算的参数见表 10-3。10 次模拟之后，活动的持续时间、关键路径和项目完成时间见表 10-4。另外的数据包括每个事件的最早开始时间、最晚开始时间和完成时间及活动浮动时间，但并未显示在表中。

表 10-3　活动的持续时间三点估算

活　　动	A	B	C	D	E	F	G
最乐观时间	2	1	7	4	6	2	4
最可能时间	5	3	8	7	7	4	5
最悲观时间	8	5	9	10	8	6	6
PERT	5	3	8	7	7	4	5
标准差	1	0.66	0.33	1	0.33	0.66	0.33

表 10-4　随机模拟的前 10 次结果及相应随机结果的路径分析

活动	A	B	C	D	E	F	G	关键路径	项目的完成时间
1	6.3	2.2	8.8	6.6	7.6	5.7	4.6	A—C—F—G	25.4
2	2.1	1.8	7.4	8	6.6	2.7	4.6	A—D—F—G	17.4
3	7.8	4.9	8.8	7	6.7	5	4.9	A—C—F—G	26.5
4	5.3	2.3	8.9	9.5	6.2	4.8	5.4	A—D—F—G	25
5	4.5	2.6	7.6	7.2	7.2	5.3	5.6	A—C—F—G	23
6	7.1	0.4	7.2	5.8	6.1	2.8	5.2	A—C—F—G	22.3
7	5.2	4.7	8.9	6.6	7.3	4.6	5.6	A—C—F—G	24.3
8	6.2	4.4	8.9	4	6.7	3	4	A—C—F—G	22.1
9	2.7	1.1	7.4	5.9	7.9	2.9	5.9	A—C—F—G	18.9
10	4	3.6	8.3	4.3	7.1	3.1	4.3	A—C—F—G	19.7

　　观察表 10-4 中的第一次模拟，可知活动 A 的持续时间为 6.3 周，B 的持续时间为 2.2 周；第二次模拟中，A 的持续时间为 2.1 周……注意到一次重复同下一次重复所得的关键路径并不相同，取决于随机产生的活动的持续时间。在 10 次运算结果中，活动序列 A—D—F—G 在两次重复中是最长的（关键路径），而活动序列 A—C—F—G 在另外 8 次中是关键路径。活动 A、F、G 在模拟过程中 100% 是关键的，C 是关键活动的概率为 80%，D 是关键活动的概率为 20%。

　　在图 10-8 中，经过关键路径分析可知：项目的关键路径持续时间为 22 周。就此，可以初步认为如管理得当 22 周可以完成该项目。但是，在 22 周内是否真的可以完成，完成的概率有多大，尚不得知。

　　根据表 10-4 的 10 次模拟的结果可见，在 22 周之内完成的次数只有第 2 次、第 9 次、第 10 次，共 3 次。虽然随机模拟的次数较少，但可以给出一个初步结论：项目在 22 周完成的可能性较低，预计概率在 30% 以内。鉴于随机样本量的限制，我们做多次模拟，绘制项目完成时间的分布曲线——累积图，其结果如图 10-11 所示。

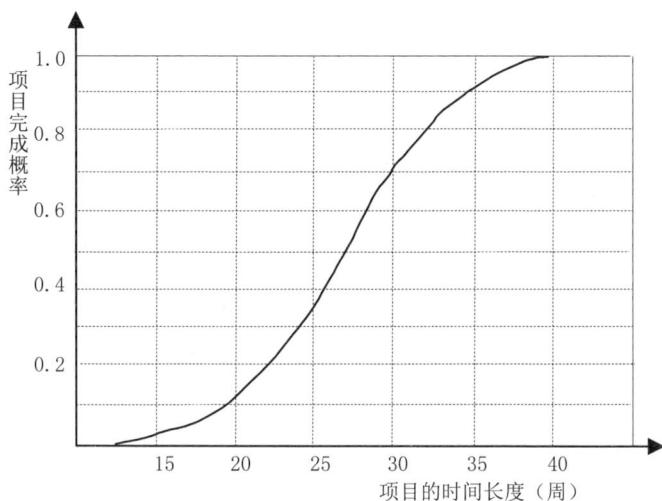

图 10-11　项目完成时间的累积图

对项目完成时间曲线进行分析可知：在 22 周内完成项目的概率在 20%左右；在 25 周左右完成项目的可能性尚不足 50%；如果要确保 100%完成项目，项目经理可以给出约 40 周的时间计划。40 周的时间比 22 周的计划时间多出了 18 周，即项目的持续时间达到了计划 22 周的 182%！

模拟方法很容易执行，且具有一个优点，即随着模拟次数的增加，可以产生相当精确的结果。然而对于实际中的问题，每一轮的计算负担是很明显的，因此需要在精确性和投入的努力之间进行权衡。

10.4　资源约束和组织因素对进度的影响

做任何一件事都没有人能够投入 100%的时间。

——项目管理谚语

项目的资源计划是项目决定获取何种资源、从何处获取、如何使用以及何时和如何解散资源的过程。这涉及项目进度、成本和使用备选资源之间的权衡，项目经理的重要职能就是监控项目执行过程中资源的使用和绩效。

10.4.1 "牛人"争夺战

资源约束是项目管控中不可忽视的问题，项目经理都希望项目组成员是一些"牛人"，这些"牛人"确实能对项目的效率产生重要的作用。但在一个企业中，"牛人"的个数是有限的，他们很难完全归某个项目所有。他们经常被迫在多个项目中扮演救火队员或清洁工的角色。

欧凯公司有 3 个项目 A、B、C 在同时运作，现在遇到一个糟糕的局面：因为之前 3 个项目经理在做计划时没有互相通气，导致这 3 个项目从第二天起都需要公司"牛人"陈达才能完成，而且均需要陈达为其工作 10 天（见图 10-12），麻烦的是找不到任何替代资源①。

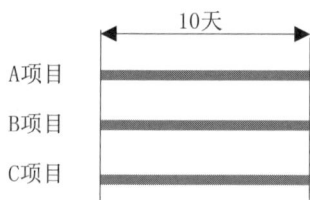

图 10-12　对关键资源的需求

面对该状况，该怎么办？

1. 第一种安排

如图 10-13 所示，这其实算不上是安排，只能算是 3 个项目的期望，这将导致"牛人"陈达每天 24 小时的工作量，显然这是不可行也绝不可能的，更是没有人性的安排。

---

① 案例来源：丁荣贵. 项目管理：项目思维与管理关键[M]. 2 版. 北京：中国电力出版社，2013. 有改动。

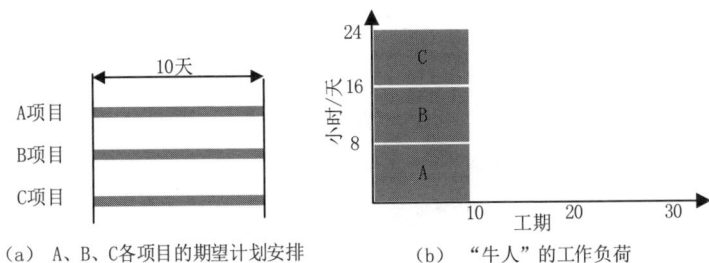

（a）　A、B、C各项目的期望计划安排　　　（b）　"牛人"的工作负荷

图 10-13　第一种安排

2. 第二种安排

如果公司设有组织级的项目管理办公室（Project Management Office, PMO）这种专门机构，PMO 可以依据组织战略基于可"明示"的标准进行优先级排序。假如排序为 A—B—C，则可以安排如图 10-14 所示。其结果是：A 项目按时完成，B 项目拖期 10 天，C 项目拖期 20 天。

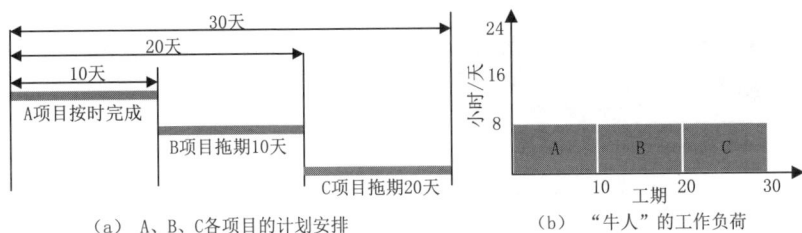

（a）　A、B、C各项目的计划安排　　　（b）　"牛人"的工作负荷

图 10-14　第二种安排

问题来了，PMO 作为常设机构于国内企业尚不普遍，即便常设也往往仅处于支持性 PMO 层次，更时常没有明确的项目优先级评价标准。

最后的结果，往往是由老板来确定优先级顺序。假如老板给出的排序为 A—B—C，试想 B 和 C 的项目经理会做何感想？自己和（或）自己的项目"不重要"——这是他们的感受（特别是 C 项目的项目经理），其项目及其团队的状况可想而知。更有甚者，如果此二人将老板的安排"悄悄"通知客户，接下来会发生什么呢？也许老板的电话正在响起。

这种由某个高管确定项目优先级的方式，就是常见的中国特色"一把手工程"。"一把手工程"强调了高管的重要性和他们的责任，也会因为缺乏管理程序而造成"无事不需一把手"的情况。

3. 第三种安排

这3个项目的项目经理均向公司管理层极力呼吁要优先将"牛人"给其负责的项目使用，互不相让。众所周知，"会哭的孩子有奶吃"。经过"研究"，管理层只好安排"牛人"到这3个项目轮流工作，如图10-15所示。即：

（1）在项目 A 工作 5 天。

（2）在项目 B 工作 5 天。

（3）在项目 C 工作 5 天。

（4）再赶到项目 A "灭火" 5 天，完成项目 A 的工作。

（5）再赶到项目 B "灭火" 5 天，完成项目 B 的工作。

（6）再赶到项目 C "灭火" 5 天，完成项目 C 的工作。

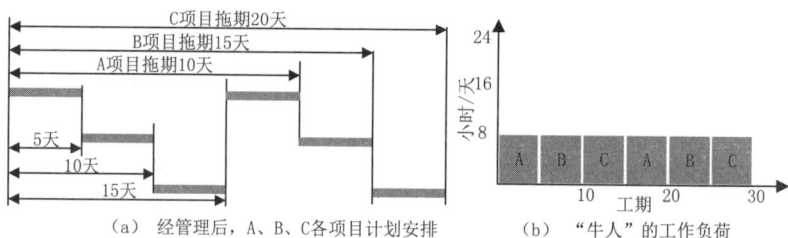

（a）经管理后，A、B、C各项目计划安排　　（b）"牛人"的工作负荷

图 10-15　第三种安排

经过"管理"后的结果：A 项目拖期 10 天，B 项目拖期 15 天，C 项目拖期 20 天。项目"牛人"的时间分散使用，造成 3 个项目工期均拖延。

第二种安排和第三种安排的结果对比见表 10-5。如果工作优先级排序 3 个项目还有好有坏，经过领导"管理协调"后 3 个项目都变坏了——正所谓"不患寡而患不均"吧！

表 10-5　经过管理前后的项目状况

项　　目	A	B	C
第二种安排	按时完成	延期 10 天	延期 20 天
第三种安排	延期 10 天	延期 15 天	延期 20 天
前后对比	更坏了	更坏了	未变好

请记住，管理总是在"可行"与"合理"之间做选择。第二种安排"合理"，但由于容易导致组织政治及其稳定性问题，是不"可行"的；第三种安排不"合理"，但是"可行"的。

管理者追求的是"可行"而不是"合理"，管理者说的话应该是以有效与否来区分，而不是以真假来区分。我们鼓励"先天下之忧而忧，后天下之乐而乐"，鼓励"舍己为人"，但在乘飞机时的安全须知却是"先戴好自己的呼吸面具再帮助他人"。

当然，这都是组织架构和组织级项目管理的缺陷在项目上的反映。如果公司设有有效的 PMO 同时又有稳定的组织战略，该问题的解决就相对容易。

10.4.2　资源均衡策略

资源平衡是对已经过关键路径法分析的进度计划而采用的一种进度计划优化技术。

1. 资源平衡

某项目的计划安排如图 10-16（a）所示。由于汤姆和杰克每天只能承担 8 小时的工作量，可是计划安排不当：汤姆在 1 月 3 日至 10 日期间、杰克在 1 月 14 日至 20 日期间都安排了 2 个工作（相当于每个工作每天需要 8 小时的工作量），二人的实际工作量为每天 16 小时，这已出现资源过度分配（同一资源在同一时间被分配至两个甚至多个活动；或者，共享或关键资源的分配超出了最大可用数量或特定可用时间），必须进行资源平衡。如图 10-16（b）所示是资源平衡后的结果。

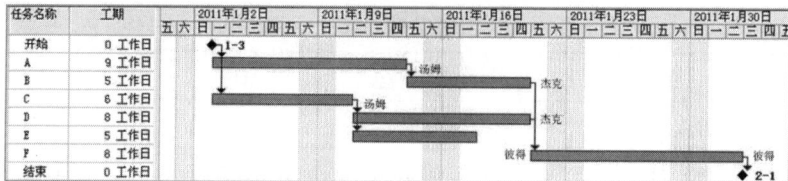

（a）资源超载导致的计划不合理

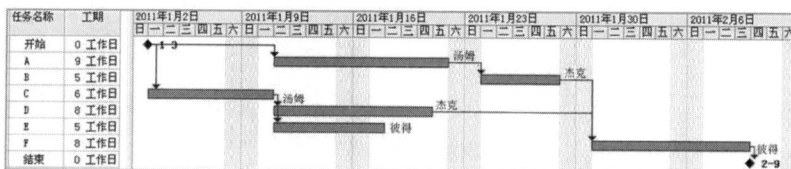

（b）资源平衡后的结果

图 10-16　资源平衡策略

可以发现：资源平衡导致了项目的完工周期变长了。原计划 2 月
1 日完成的项目，需要 2 月 9 日才能完成。

2. 资源平衡的改进

在图 10-16 的案例中，因为项目的资源数量和类型有限，只需要汤姆、彼
得、杰克 3 人。但是，对于复杂项目，所需资源类型复杂、数量众多，这时就
需要按资源类别和类型进行分类，引入资源分解结构（Resource Breakdown
Structure，RBS），如图 10-17 所示。

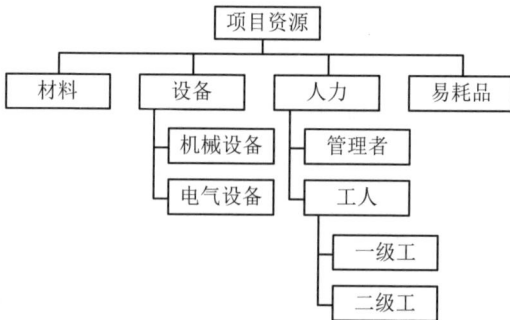

图 10-17　资源分解结构

资源分解结构是按资源类别和类型而划分的资源层级结构。资源类别可以包括：材料、设备、人力和易耗品。资源分解结构有助于结合资源使用情况，组织与报告项目的进度数据。

在某复杂项目中，项目经理对团队成员进行了分类，其中员工甲代表 1 天能完成零件 100 个的团队成员，项目可用员工甲 3 人（对员工甲而言，在同一时间可以承担 300% 的工作量）。

由于项目经理计划失误导致，在 1 月 3 日至 6 日 4 天内安排员工甲的工作量达 400%（任务 A 安排了 200%，任务 C 安排了 100%，任务 D 安排了 100%，相当于要求 4 个员工甲同时工作），所以员工甲的工作超负荷。

采用资源平衡策略，如图 10-18（b）所示是资源平衡后的结果。

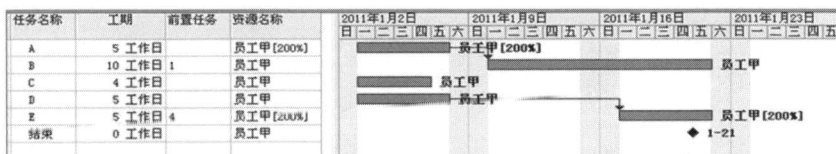

（a）引入资源分解结构的项目计划

（b）引入资源分解结构的资源平衡

图 10-18　资源平衡的改进

在本例中，执行资源平衡策略后，项目的完工时间未改变。为便于与图 10-15 所示的资源平衡策略进行区分，把这种未导致项目周期改变的平衡策略称为资源平滑。相对于资源平衡而言，资源平滑不会改变项目关键路径，完工日期也不会延迟。

10.4.3　组织和政治因素对项目进度的影响

夏阳是 A 项目的项目经理，根据项目安排，A 项目工作计划由甲、乙、丙 3 个部门来完成工作，如图 10-19 所示[①]。

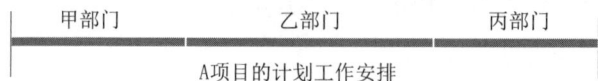

图 10-19　A 项目的计划工作安排

工作在各部门实施的结果如图 10-20 所示。

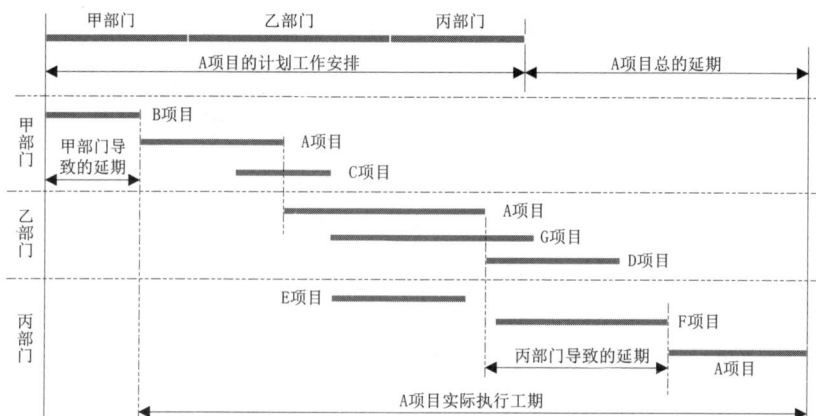

图 10-20　组织因素和政治对项目进度的影响

工作交给甲部门，待 B 项目工作完成后，A 项目工作方才开始。原因可以有多个。

（1）内部工作优先级排序，资源做优先级高的工作。

（2）局部效益（资源利用效率）最大化。

（3）甲部门经理与春晓的个人关系一般。

（4）其他政治因素等。

甲部门工作完成后，乙部门可以开始工作了。乙部门经理和 A 项目经理关系甚笃，立马开始并全力支持，A 项目在该部门进展顺利。

工作终于交到了最后的丙部门，因与夏阳过往不愉快的合作经历，

① 案例来源：丁荣贵. 项目管理：项目思维与管理关键[M]. 2 版. 北京：中国电力出版社，2013. 有改动。

丙部门经理将 A 项目安排在自己部门工作的低优先级，还给了一个冠
冕堂皇的理由"按照程序办吧"。说实话，在某些地方"按照程序办"
的话，连"你妈是你妈"你都证明不了！

　　事实上，各部门对项目 A 的工作安排理由，可以分为可明示的（可
以放在桌面上的）和隐晦的［只可意会不可言传的、往往与组织政治
和（或）人际因素相关联］，具体总结见表 10-6。

表 10-6　各部门对项目 A 的工作安排、理由与结果

部门	可明示的安排理由	隐晦的安排理由	结果
甲部门	内部工作优先级排序，资源做优先级高的工作。局部效益（资源利用效率）最大化	甲部门认为项目 A 没有什么价值（有形的、无形的）	既没有置于最重要位置，也没有置于最不重要位置
乙部门	气儿顺了，还需要理由吗	"自己人"的工作是必须要支持的。不说了……	马上干、全力支持
丙部门	按程序来吧	甲部门对 A 项目经理的个人成见。哪个工作都是工作，凭什么就要先干你的？组织中的政治因素，你懂的！	其他工作完成后，最后干

　　请注意，各部门安排的结果导致了项目 A 的较长总延期并增加了
失败的可能性。

1. 组织因素和项目经理的政治敏感性

良好的组织因素和建设性的政治是项目成功的有力保证。谈起项目管理，
人们会想到"项目经理负责制"，但实际上项目经理拥有的权限和资源很少，项
目取得成功，不仅需要胜任的项目经理去完成项目管理，还需要胜任的企业高
管去对项目进行有效治理。

在管理学上，"政治敏感"是中性的而不是负面的。作为项目经理，你必须
要对企业内部的决策机制、管理流程非常熟悉，对各种表面的、潜在的影响决

策的因素了如指掌，否则你是很难获取项目成功的。

如果你希望别人支持你，你必须先对对方有充分的理解，这个就是"政治敏感"，也是最为典型的"中国式的项目管理"技能。在中国的企业文化背景下，"政治敏感"还包括对各方利益的深刻理解。

2. 对事要硬、对人要软，资源是要"抢"的

"抢"资源不代表项目经理不讲理，而是一种"气场"，是对项目的"责任感"。各职能部门没有什么理由就"应该"把你工作置于高优先级，最重要的是你要努力，你要让这种项目必须成功的"气场"让职能经理们感受到。资源掌握在部门经理和高层经理手上，要学会同掌握资源的人打交道，不只是在你需要资源的时候，平时也要和他们始终保持良好的沟通。资源掌握在部门经理和高层经理手上，要学会同掌握资源的人打交道，你一定要注意不只是在你需要资源的时候，平时也要和他们始终保持良好的沟通。如果用一个公式来表示就是：搞好项目 = 搞好人脉+搞好关系+搞好工作。注意这里面是有顺序的，先搞人脉，再搞关系，最后才是搞工作。很多人却是反着的：工作遇到问题了，才想起没资源，缺少资源了才想起搞关系，关系不行了才想起找人脉！

更重要的是，你要让团队成员们都看到，你是在为大家努力争取资源，这样也会一点点地提升你在项目团队中的影响力。

一个好的项目经理，有时候显得很"强势"，因为你始终在争取资源。当然"强势"不代表"强硬"，要学会掌握方法和火候。再次重申，对事要硬、对人要软。

项目经理的人际关系能力是如此重要。

10.5 控制项目进度最佳实践

在做项目的过程中，看到别人在加班熬夜，就能断定这个项目很忙，工作量很大吗？未必！

我的很多企业学员私下里聊天反映，很多的加班现象都是项目管理不当造

成的。管理者们工作的计划性很差，摸着石头过河，还强加给项目团队一个不切实际的工作计划，问题是：你可以哄骗一个傻子来接受一个不合理的期限，但你不能逼迫他满足该期限的要求。项目团队成员们眼看着原定目标与计划不可行，可谁都不敢出面得罪老板，把问题暴露出来，就这么拖着，挺着——大家的做法不是按可行的去做，而是通过做来证明安排的不可行……因为如果你直接说不可行，领导不接受！

在这种情况下，项目管理者们开始对项目没底，越是没把握，越是想通过加班来减少心中的那份不自信、担心、顾虑。除此之外，项目管理者与团队成员平时沟通少，讨论问题、分享交流的机会少，对团队成员关心得太少，只知道埋头做事，结果导致团队成员意见很大，纷纷想离职。

10.5.1　5 分钟站立会议

5 分钟站立会议（5 Minutes Stand-up Meeting）是实践中项目进度管理的好办法。

5 分钟站立会议时，项目团队成员在固定时间（如每天上午 8:30—8:35）、固定地点，每天站着围在一起，轮流主持、相互通报，每人回答以下 3 个问题。

（1）昨天我做了什么？

（2）现在我遇到了什么困难？

（3）今天我计划做什么？

5 分钟站立会议既可以推动项目进展、跟踪项目问题，也往往可以提升团队对项目的责任感，起到团队建设的作用。

10.5.2　任务墙

任务墙（Task Wall）是以人员为纵轴、以进度为横轴，将分解后的工作以任务卡片的形式贴在公示的墙上的一种管理方法。使用任务墙时，每个人每天结合自己的进度，移动任务所在进度位置。具体做法如下。

（1）用绿色标签表示工作进展顺利。

（2）用黄色标签表示非关键路径上的工作出现了进度偏差，但对项目总工期没有影响，已找到了合适的解决方案。

（3）用红色标签表示出现严重进度问题，团队成员无法找到解决方案，项目经理应该立即协调解决或寻求外部支持。

10.5.3　在项目团队中引入行动跟踪计划

可以在项目团队中引入行动跟踪计划，管理各项活动进度和预期结果。有效的行动计划跟踪可以提高团队绩效，减少混乱、疏忽及避免重复分配责任，更方便地检查个人及团队活动进度。表 10-7 是一个行动跟踪计划的实例。

表 10-7　一个行动跟踪计划的实例

团队	质量保证		日期	06/15/2017
参与人员	Jack，John，Kathy，Jane			
序号	事项	负责人	截止日期	工作状态	交付内容
1	检查设计部门的操作程序是否更新	Jack	06/30/2017	已完成	由设计主管检查设计文件并签字
2	完成从 2017 年 1 月 4 日至今的供应商评级	John	06/30/2017	进行中	可用于采购供应商评级文件
3	检查测试仪器是否完成校准	Jane	06/30/2017	进行中	完成并更新仪器、仪表的列表
4	协助硬件工程师完成硬件调试		07/15/2017	待分配	
5	完成半年度项目质量审计管理审查	Kathy	06/17/2017	已完成	可备案的质量审计文件和项目质量改进意见

使用中，需要注意分配活动责任时，切忌留下无人负责的"灰色区域"。要根据实际情况变化，每天监控并更新该记录。在编制活动列表之后，若要确定更加准确的截止日期和相应的优先级，可考虑使用优先矩阵。

第11章

实施项目绩效的真实性度量

> 项目成本管理的核心在于花了多少钱对应完成了多少工作量。
>
> ——郭致星

组织目标常被分解为部门目标，这对于仅需单个部门开展的工作也许并不是问题。项目往往是跨部门的工作，当每个部门都站在自己的角度看待项目时，情况就糟糕了——计划部门强调进度"要快"、财务部门要求"省钱"、质量部门高举"质量第一"的大棒、市场部门竖起"客户至上"的大旗……

11.1 基于职能和职权的组织导致屁股决定脑袋

2007年，我的一位朋友——某公司人力资源部部长徐常亮打电话给我，邀我为其公司做项目管理的培训。课程对象是该公司的所有中层干部，要求学员们系统、全面地学习项目管理的思想、方法和工具（该公司是一个职工达6 000余人的典型项目导向性组织）。

根据客户的课程要求，我的助手将为其设计的课纲发给了客户，课程安排为10天。徐部长阅后打电话给我，于是便有了我们的下面一番对话：

"项目管理的内容怎么这么多啊！不就是让项目快一点完成吗？"
（很显然，这是很多人对项目管理的偏见。）

"徐部长，要顺利、高效地完成一个项目，不仅仅是快一点这么简单。项目管理需要解决的问题包括范围、进度、成本、质量、人力资源、沟通、采购、风险、整合 9 个知识领域①，以及启动、计划、执行、控制、收尾 5 个过程组。所以，我们就按照项目的 9 个知识模块做的课程设计。"

"哦……你知道的：在我们公司只要能把项目做好了，花多少钱不重要的。这样吧，把项目的财务管理模块就省掉不讲了吧！"（还有公司做项目不考虑钱的，这也算是"特色"吧！）

"是这样啊……"

既然人家不需要考虑成本问题，我们也没有办法，总不能求人家吧——咱们是有素质的人！

最后，课程变成了除成本管理以外的 8 个模块。

这就是故事的第一季！

你知道的，故事往往都有第二季！

2009 年，徐常亮升职为该公司的副总经理，分管财务和行政工作。同年 8 月，我又接到了该先生的电话："再给我们中层干部们上上项目管理课程吧！"

"2007 年不是已经都上过了吗？"

"不对，你上次少上了一个模块——项目的成本管理。这样吧，你用两天的时间为大家全面讲授一下项目成本控制。"

"好吧……"

我惊呆了！

不要指望别人和你的角度一样。这就是基于职能和职权的、组织中常见的所谓"屁股决定脑袋"，也算是项目典型问题中的一个吧！

---

① 2013 年，PMI 已经将项目管理的九大知识领域扩充为包含干系人管理的十大知识领域。

　　"局限思考"或"见树不见林"是常见的"系统思考缺乏症"。而产生这些问题的原因，一方面在于组织系统的动态复杂性，另一方面也与人们缺乏有效进行整体思考的技能不无关系。

　　实际上，本位思考几乎堪称人类思维的天性之一。

　　第一，人的基本需求是生存，而与他们生存最为紧密相关的就是其身处的周边世界。因此，为了维持生存，人的本能是密切地关注自己本位周边的危险信号。离我们比较远的信息，要么不可得或信号微弱，要么没有那么迫切或重要，我们通常并不会优先处理。因此，本位主义、局限思考在某种程度上是人保护自我的本性使然。

　　第二，本位思考也与信息的对称、公开透明存在一定联系，是人的认知系统内一系列过程或要素相互影响和作用的结果。人们获取"本地"①信息更加容易，因而对"本地"的认知更多，逐渐形成强烈的"本地"信念，从而更加关注"本地"信息。与此同时，出于获取全局信息的局限性，人们获取不到足够的全局信息，无法建立全局信念，而"本地"信念的强化削弱了人们对全局信息的关注，使得获取全局信息的能力被削弱。逐渐地，人们形成了牢不可破的局限思考模式。整个过程如图 11-1 所示②。

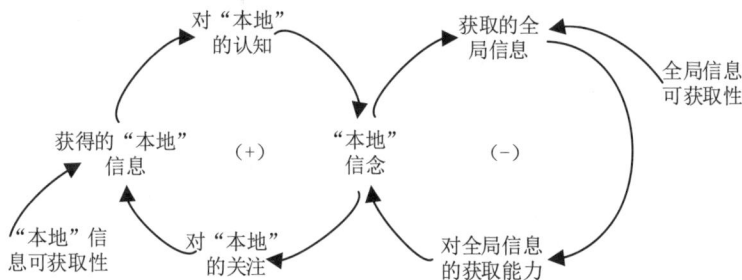

图 11-1　局限思考的成因

　　现实是，国内的项目参与者都不直接参与项目成本的管理，甚至于项目经

---

① 在这里，"本地"指的是那些在时空上与我们更为接近的事物，即空间上"与我们紧邻"、时间上"在不久的过去和将来"的事物。

② 邱昭良. 如何系统思考[M]. 北京：机械工业出版社，2018.

理们也常常不是项目成本管理的主体！不让具体做事的责任者管理成本，成本控制效果可想而知……

　　这些问题是互相关联的系统，绝非可以独立存在的！每个部门均会站在各自的局部利益角度看待问题，即使所有局部目标完成甚至超额完成，也并不能代表项目目标的完成。即使是在形成了整体目标的情况下片段思考、局限思考的现象仍然会存在，更何况整体目标还经常不是那么清晰呢！

11.2　实施项目状况的全面度量

　　腾越公司的某项目 A 制订了 4 个月的实施计划，第二个月月底财务数据见表 11-1。腾越公司财务部经理黄兴拿到该项目的数据，向公司总经理高静汇报：该项目运行得不错——费用节约了！

表 11-1　项目 A 的预算与第二个月后的实际花费　　　　单位：万元

	预　　算	实际花费
第一个月	100	100
第二个月	150	120
第三个月	100	未执行
第四个月	50	未执行

　　我常在课堂上询问是否有财务人员，让财务人员们解读该组数据，其结果也常是"省钱了"，这大出我的意料！情况果真如此？

　　这里需要探讨一下"预算"的真正含义？常听到有人将"预算"解释为"预计花费的钱"。这正是问题所在！"预算"的真正含义是"完成对应费用的工作量"，即"计划应完成工作量的价值"。如第一个月预算 100 万元，即第一个月应完成 100 万元的工作量，也就是需创造出 100 万元价值。

　　对于本例，第一个月的情况可以有以下 3 种情景。

情景一：第一个月实际完成了 100 万元工作量

（1）第一个月计划（预算）完成 100 万元工作量，实际完成了 100 万元工作量，进度符合要求。

（2）用 100 万元费用完成了 100 万元工作量，创造了 100 万元的价值，成本符合要求。

情景二：第一个月实际完成了 90 万元工作量

（1）第一个月计划（预算）完成 100 万元工作量，实际完成了 90 万元工作量，进度滞后。

（2）用 100 万元费用完成了 90 万元工作量、创造了 90 万元的价值，成本超支。

情景三：第一个月实际完成了 110 万元工作量

（1）第一个月计划（预算）完成 100 万元工作量，实际完成了 110 万元工作量，进度超前。

（2）用 100 万元费用完成了 110 万元工作量，创造了 110 万元的价值，成本节约。

项目 A 在前两个月的实际运行情况及其分析见表 11-2。第一个月计划（预算）完成 100 万元工作量，实际使用 100 万元完成了 90 万元工作量，进度滞后、成本超支；第二个月计划完成 150 万元的工作量，实际用 120 万元完成 100 万元工作量，进度滞后严重、成本超支。

表 11-2　项目 A 在前两个月的运行情况及其分析　　　　单位：万元

	预　　算	实际花费	完成工作量（挣值）	项目执行情况分析
第一个月	100	100	90	进度滞后，成本超支
第二个月	150	120	100	进度滞后严重，成本超支
第三个月	100	未执行	未执行	—
第四个月	50	未执行	未执行	—

可见，将预算与实际完成工作量做比较，表达了项目的进度状况；将实际成本与实际完成工作量做比较，表达了项目的成本花费状况。事实上，项目成本管理的核心在于花了多少钱对应完成了多少工作量。

　　将实际花费与预算比较，则只能得出花钱速度的快慢，对项目并无实际价值。遗憾的是，很多公司的财务人员关注的恰恰是"进了多少钱、出多少钱"，而与工作的实际进展并无关系。

11.2.1　抓住项目预算的关键

　　项目的成本预算工作是一项非常重要的工作，是项目成本管理的重要决策过程。通过把成本目标层层分解，调动项目团队的积极性，进行有效成本控制。

　　项目成本预算过程，因项目规模大小、管理要求不同而异。大中型项目一般采用分级编制的方式，即先由各部门提出部门成本计划，再由项目经理汇总编制项目预算；小型项目也可以由项目经理组织团队成员集中编制。

1．影响项目成本预算的因素

　　在制定项目成本预算时，首先要考虑项目风险及影响项目成本的因素。实践中这些因素主要包括如下。

　　（1）技术、工艺变更导致的实施方案变化。

　　（2）交通、能源、环保等事业环境方面的要求变化。

　　（3）通货膨胀、汇率、原材料价格变化的连锁反应。

　　（4）工资、福利等人力资源费用增加。

　　（5）自然灾害产生的损失。

　　（6）索赔、反索赔事件。

　　（7）战争、骚乱等不可抗力因素。

　　对上述可能发生的各风险因素，项目预算时应给予不同程度的考量，建议对过往项目做认真总结，形成相应行业的项目数据库。国内项目做的多总结的少，相关数据积累得不多，以至于同一个错误反复发生，还常听到"缺乏经验"之类的借口。没有详细基础数据的管理，也只能用"既是科学又是艺术"来自我开脱了。

2．项目预算时的风险储备

　　为应对成本的不确定性，成本管理中可以包括项目的储备。图11-2给出了项目预算的储备情况。

合同总价	
合同预算基础（CBB）	利润
绩效测量基准（PMB）=成本基准	管理储备
按WBS和进度分配的预算	应急储备

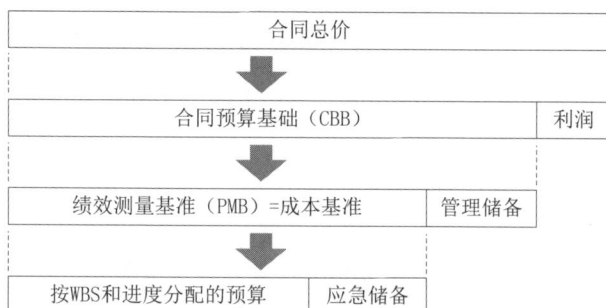

图 11-2　项目预算与储备的关系

应急储备是为未规划但可能发生的变更提供的补贴，这些变更由分析已知风险引起。如果你基于最可能的项目成本和基于历史数据构建成本估算，并且为成本增长加进了一个固定的百分比，那么你应该有某种程度的信心——你能够达成那个数量的项目范围。然而，在看完不确定性和复杂性的程度，以及了解了你的组织的预算超支的风险承受力后，你可能决定你应该有 10% 的应急储备以便减少超支的可能性。这个 10% 的应急储备只能用于应对项目中发生的风险，它不是虚报，我们坚决反对加水分，以免形成无谓的"谈判""挤水分"。如果没有用它，它应该被归还给组织。

管理储备是为未规划的范围变更与成本变更而预留的费用。这些费用用来应对项目范围中不可预见的工作（如战争、飓风等不可抗力事件），也用来应对如果一个组件不符合质量标准从而导致的测试和修复问题。

请注意，应急储备是应对可预见而未规划的事件（通常称为已知—未知）而准备的费用，管理储备是应对不可预见事件（通常称为未知—未知）而准备的费用。

3. 项目成本预算实例

强橹特公司新设计装备一条活化涂覆工艺生产线（下称活化涂覆工艺生产线项目），此项目成本预算包括两个步骤：一是分摊总预算成本，二是制定累计预算。

（1）分摊总预算成本。分摊总预算成本就是将项目总预算分摊到项目各工作中，并为每一个工作建立成本预算。在活化涂覆工艺生产线项目中，项目组采用了自上而下与自下而上相结合的方法。根据各阶段有关的具体活动进行成本估计，然后按照各阶段工作范围结合项目总成本的分摊比例分配到各阶段，在此基础上建立各阶段及其活动的预算，经批准后成为绩效测量基准（Performance Measurement Baseline，PMB）。

设计装备一条活化涂覆工艺生产线的成本分解结构如图 11-3 所示，该分解结构表达了把 433.2 万元的项目成本分摊到工作分解结构中的设计、建造、安装与调试各阶段的情况，分摊到各阶段的经费表示为完成所有与各阶段有关的活动的预算。

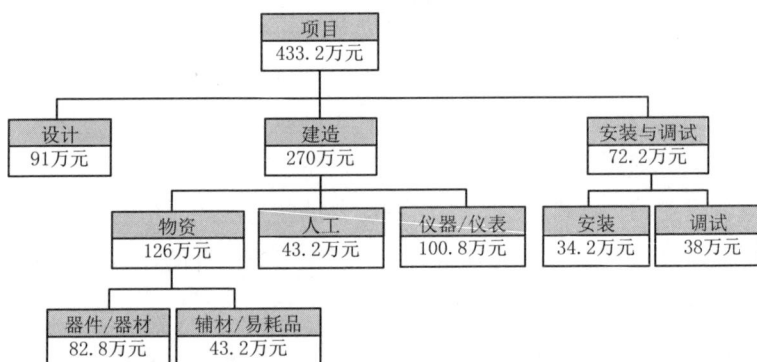

图 11-3　活化涂覆工艺生产线项目的成本分解结构

（2）制定累计预算成本。项目组为每一阶段建立了预算基准，把预算成本分配到各阶段具体工作中，并根据组成该阶段的各活动进度按月列支。表 11-3 列出了按月分摊的预算成本及累计。在实施项目时，不仅要控制项目的总预算，更要控制阶段预算、每个月的预算，时间—成本累计图给出了控制的可视化工具。

表 11-3　活化涂覆工艺生产线项目每期预算成本表　　　　　单位：万元

总预算成本		月											
		1	2	3	4	5	6	7	8	9	10	11	12
设计	91	17.5	17.5	28	28								
建造	270					32.4	32.4	54	54	50.4	46.8		

续表

总预算成本		月											
		1	2	3	4	5	6	7	8	9	10	11	12
安装与调试	72.2											38	34.2
合计	433.2	17.5	17.5	28	28	32.4	32.4	54	54	50.4	46.8	38	34.2
累计		17.5	35	63	91	123.4	155.8	209.8	263.8	314.2	361	399	433.2

根据表 11-3 的数据，可以绘出时间—成本累计曲线，如图 11-4 所示。

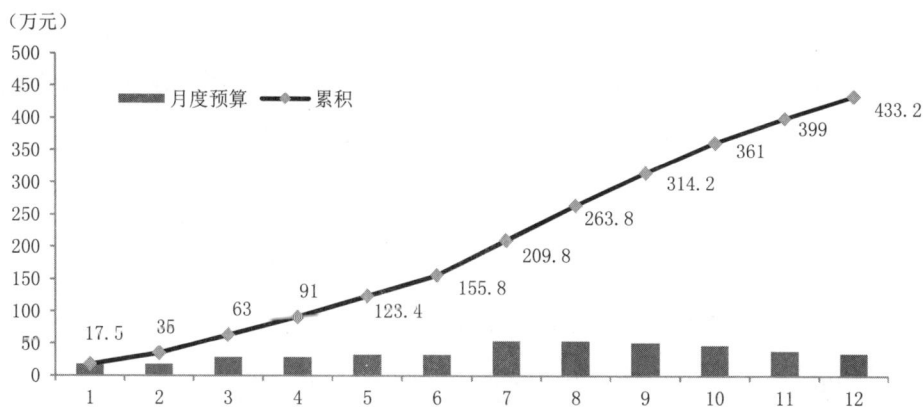

图 11-4 时间—成本累计曲线

11.2.2 挣值技术

挣值管理（Earned Value Management，EVM）是一种堪称无价之宝的项目管理技术，可用于管理任何类型的项目，作为一种常用的绩效测量方法，可采用多种形式。它综合考虑项目范围、成本与进度指标，帮助项目管理团队评估与测量项目绩效和进展。

在挣值管理中，最基础的数据指标有以下 3 个。

（1）计划完成工作的预算价值（Plan Value，PV），即项目实施过程中某阶段计划要求完成的工作所需的预算费用。

（2）已完成工作的实际费用（Actual Cost，AC），即项目实施过程中某阶段实际完成的工作所消耗的实际费用。

（3）已完成工作量的价值（Earned Value，EV），即项目实施过程中某阶段实际完成工作按预算定额计算出来的费用，称为挣值。

在以上 3 种数据指标的基础上，我们即可利用以下几种指标对项目费用和工期的总体情况进行判断。

（1）成本偏差（Cost Variance，CV）。CV 是指检查期间项目的 EV 与 AC 之间的差异，计算公式为 CV= EV–AC。当 CV 为负值时表示项目的实际费用支出超过预算值，表示项目超支了；当 CV 为正值时表示项目实际支出低于预算值，表示项目费用有节余。

（2）进度偏差（Schedule Variance，SV）。SV 是指检查期间 EV 与 PV 之间的差异，计算公式为 SV= EV–PV。当 SV 为正值时表示项目实际进度比计划提前了；当 SV 为负值时则表示项目实际进度比计划滞后了。

（3）成本绩效指数（Cost Performed Index，CPI），计算公式为 CPI= EV/AC。当 CPI>1，表示成本节省；当 CPI<1，表示项目超支；当 CPI =1，表示项目实际费用支出与预算吻合。

（4）进度绩效指数（Schedule Performed Index，SPI），计算公式为 SPI= EV/PV。当 SPI>1，表示项目进度超前；当 SPI<1，表示进度滞后；当 SPI=1，表示进度符合要求。

关于挣值管理的基本术语及其含义参见图 11-5 和表 11-4。

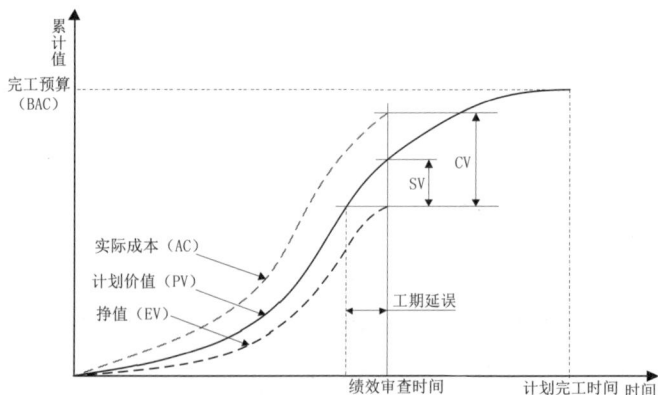

图 11-5　挣值管理及术语

表 11-4　挣值术语及其含义

术　语	解　释	含　义	对术语的解释
PV	计划价值	应该完成多少工作量	应该完成工作量的价值
EV	实现价值	完成了多少计划工作量	实际完成工作量的价值
AC	实际成本	完成工作的实际成本	实际发生的成本花费
BAC	完工预算	成本绩效基准（PMB）	项目完工时总的工作量价值
EAC	完工估算	完成全部工作的估计成本	完成全部工作的估计成本
ETC	完工尚需估算	完成剩余工作的估计成本	完成剩余工作的估计成本
SV	进度偏差	EV–PV	SV>0：进度超前 SV=0：进度符合计划 SV<0：进度滞后
SPI	进度绩效指数	EV/PV	SPI>1：进度超前 SPI =1：进度符合计划 SPI<1：进度滞后
CV	成本偏差	EV–AC	CV>0：成本节省 CV=0：成本符合预算 CV<0：成本超支
CPI	成本绩效指数	EV/AC	CPI>1：成本节省 CPI =1：成本符合预算 CPI<1：成本超支

11.3　应用挣值技术考察项目绩效

要在项目上应用挣值管理的方法，必须能够测量项目的实际完成情况，即必须设法测量 EV。

11.3.1　挣值测量规则

在挣值测量时，已经完成工作的挣值容易统计。但是，对于那些已经开始但尚未完成的工作，确定其准确的挣值可能很麻烦，因此需要定义挣值的统计规则，以快速、简洁地近似判断其挣值。

对于一个预算为 600 美元（PV 是 600 美元）的活动 A：

（1）如活动 A 完工，则其挣值为 600 美元。

（2）如活动 A 已经开始但尚未完成，可以根据其工作完成的百分比计算。例如，工作完成了 70%，则其挣值为 420 美元（600 美元×70%）。

有些工作可能较难度量其完成百分比，一个已经开始但未完成最后代码的程序模块的完工百分比就是一个实例。对此，我们可以定义一些测量规则（见表 11-5）。

表 11-5　挣值规则及其含义

挣值规则举例	状态/完成百分比			备　　注
	未开始	开始但未结束	结　　束	
0-100	0%	0%	100%	最保守
0-20-100	0%	20%	100%	也叫 20-80 规则
0-50-100	0%	50%	100%	也叫 50-50 规则
0-80-100	0%	80%	100%	也叫 80-20 规则
100-100	0%	100%	100%	最激进

同样是活动 A，如果已经开始但尚未完成，假如使用采用 50-50 的挣值法则，其目前挣值为 EV300 美元（600 美元×50%），即只要其工作开始了还未完成，无论实际完成了多少，其目前的挣值 EV 都等于 PV 的 50%。

同理，还是上例：

（1）如果使用 20-80 规则，则 EV=600 美元×20%=120 美元。

（2）如果采用 0-100 规则，则 EV=600 美元×0%=0 美元。

（3）如果采用 80-20 规则，则 EV=600 美元×80%=480 美元。

注意，挣值规则中，0-100 规则最保守，反过来最激进的规则应是 100-100 规则。

11.3.2　对不同类型活动的处理

为便于实施挣值管理，挣值测量时可将项目活动分为 3 个类型：主体活动、配套活动和人工投入量。这 3 类活动的挣值计算方法有别。

（1）主体活动（Discrete Effort，DE）：又称为独立型活动，挣值可直接根据其完成百分比测量，也可以按照定义好的挣值规则（见表 11-5）进行测量。

（2）配套活动（Apportioned Effort，AE）：又称为依附型活动，挣值根据主体活动情况按比例（固定公式）测量，也可以按照定义好的挣值规则（见表 11-5）进行测量。

（3）支持型活动（Leland of Effort，LOE）：又称为人工投入量，挣值由经历的时间平均测量。

　　某在广场上铺地砖项目，实体工作（DE）是铺地砖，计划用 10 天铺完 1 000 平方米，预算费用 10 000 元；该项目的配套工作（AE）是对项目进行 4 次质量检查，预算费用 2 000 元；该项目的行政性支持性活动（LOE）的预算为 1 000 元（每天 100 元）。第 5 天结束时，共铺完 300 平方米。

　　到第 5 天时的挣值情况如下。

　　（1）实体活动（DE）。

　　PV=10 000×5/10=5 000（元）

　　EV=300×（10 000/1 000）=3 000（元）

　　（2）配套工作（AE）。

　　PV=2 000×5/10=1 000（元）

　　EV=1 000×（300/500）=600（元）

　　这里，第 5 天结束时计划完成 500 平方米，实际完成了 300 平方米，配套工作与实体工作同比例。

　　（3）人工投入。

PV=100×5=500（元）

EV=100×5=500（元）

到第 5 天结束时：

∑PV=5 000+1 000+500=6 500（元）

∑EV=3 000+600+500=4 100（元）

SV=4 100–6 500=–2 400（元）

SPI=4 100/6 500=0.631

经计算可知，项目进度滞后。

11.3.3　基于挣值技术的项目绩效考核

项目 P 共有 A、B、C、D、E 5 个活动，图 11-6 是其第 5 周末的跟踪甘特图。项目活动 A 计划为第 1~3 周实施，活动 B 计划为第 3~5 周实施，活动 C 计划为第 4~8 周实施，活动 D 计划为第 6~7 周实施，活动 E 计划为第 7~9 周实施。

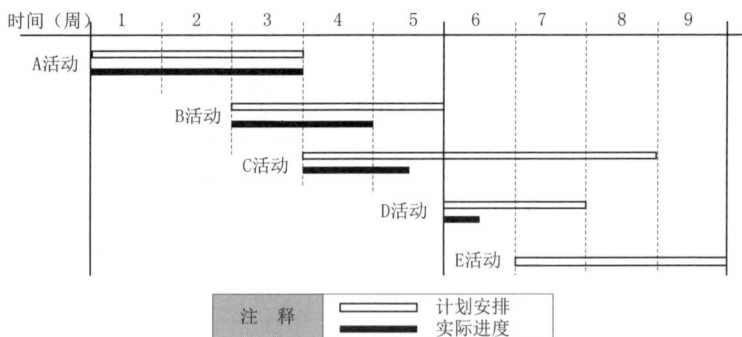

图 11-6　项目 P 的跟踪甘特图

在第 5 周末检查项目状态时，项目活动 A 已经完成，活动 B 仅完成计划的 2/3，活动 C 完成了其总工作量的 3/10，活动 D 完成了其总工作量的 1/4。即活动 B、C 滞后，活动 D 又比计划进度提前了。

该项目从总体上看进度是延期还是提前了呢？从项目跟踪甘特图本身而言，难以做出整体判断。

项目各活动的费用支出统计见表 11-6。

表 11-6　项目 P 各活动的预算与第 5 周末的实际费用支出　　　单位：美元

活动名称	预　算	实际支出
活动 A	1 000	900
活动 B	1 500	1 100
活动 C	2 000	900
活动 D	1 600	500
活动 E	2 000	0

计算项目 P 各活动至第 5 周末的 PV 和 EV，见表 11-7。

表 11-7　项目 P 各活动的预算与至第 5 周末的各相关参数　　　单位：美元

活动名称	预　算	实际支出 AC	至第 5 周末的 PV	至第 5 周末的 EV
活动 A	1 000	900	1 000	1 000
活动 B	1 500	1 100	1 500	1 000
活动 C	2 000	900	800	600
活动 D	1 600	500	0（未计划开展本工作）	400
活动 E	2 000	0	0	0
合　计	7 000	3 400	3 300	3 000

项目 P 至第 5 周末：

SV=EV–PV=–300（美元）；SPI=EV/PV=0.909<1

即，进度滞后；

CV=EV–AC=–400（美元）；SPI=EV/PV=0.882<1

即，成本超支。

总之，项目 P 至第 5 周末进度滞后、成本超支。

11.3.4　使用累积曲线跟踪项目趋势

表 11-8 是某税务大楼建设项目 PV、EV、AC 参数。根据各月数据绘制的累积曲线如图 11-7 所示、进度与成本绩效指数趋势如图 11-8

所示。

表 11-8　某税务大楼建设项目 PV、EV、AC 参数　　　　单位：万元

月份	1	2	3	4	5	6	7	8	9	10	11
PV	166.7	243.3	360	394.2	428.3	462.5	496.7	553.3	610	816.7	1 023.3
EV	160	230	340	368	396	424	452	502	552	752	952
AC	158	233	354	352	411	403	476	486	567	721	967
SPI	0.959	0.945	0.944	0.933	0.924	0.916	0.910	0.907	0.904	0.920	0.930
CPI	1.012	0.987 124	0.960	1.045	0.963	1.052	0.949	1.032	0.973	1.042	0.984

月份	12	13	14	15	16	17	18	19	20	21	22
PV	1 430	1 836.7	2 593.3	3 350	4 107	4 863	6 370	7 877	9 383	10 890	12 397
EV	1 352	1 752	2 502	3 352	4 002	4 752	6 177	7 602	9 027	10 452	11 877
AC	1 403	1 658	2 577	3 358	4 106	4 568	6 025	7 586	9 158	10 687	11 721
SPI	0.945	0.954	0.965	1.001	0.974	0.977	0.970	0.965	0.962	0.960	0.958
CPI	0.964	1.057	0.971	0.998	0.975	1.040	1.025	1.002	0.986	0.978	1.013

月份	23	24	25	26	27	28	29	30	31		
PV	13 903	14 646	15 515	16 579	17 380	18 020	18 460	18 900	19 000		
EV	13 302	14 352									
AC	12 752	13 610									
SPI	0.957	0.980									
CPI	1.043	1.055									

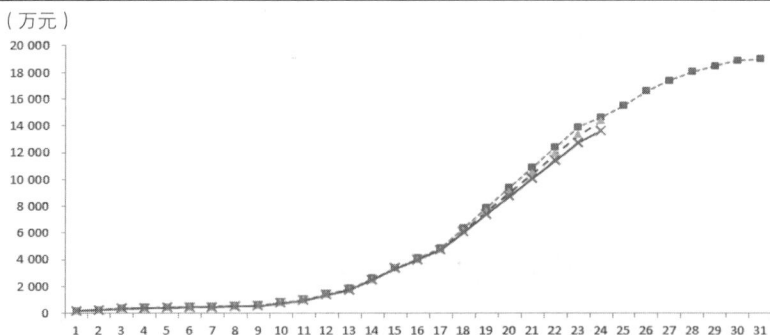

图 11-7　某税务大楼建设项目执行状态曲线

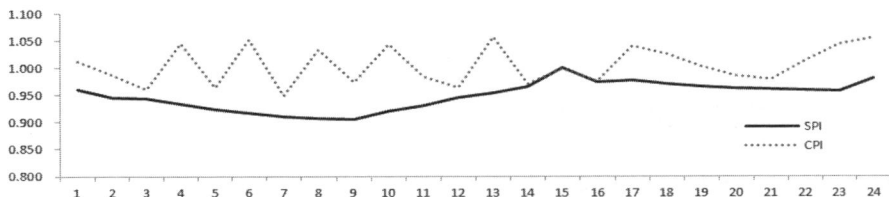

图 11-8　某税务大楼建设项目的进度与成本绩效指数趋势

在项目检查点（主楼工程）完工后，安装工程开始后一个月，由表 11-7 可知：

PV= 14 646 万元，EV= 14 352 万元，AC= 13 610 万元。可见：

CV= EV- AC=14 352-13 610= 742 万元>0（成本节省）

SV= EV-PV= 14 352-14 646=-294 万元<0（进度滞后）

按照目前的趋势，项目完工预计的费用：

EAC = PV/CPI=PV × AC/EV= 19 000 × 13 610/14 352 =18 018（万元）

根据计算和分析结果说明，项目进度较慢、投入延后；建议可采取措施：增加人员投入，争取尽快赶上进度。

扩展阅读：用微信扫描下面的二维码，浏览精彩案例《如何度量项目的真实绩效？》。

11.4　简化挣值方法，使用速度图

虽然挣值技术近年来的应用愈加广泛，但许多组织在试图应用该系统时都遇到过各种挑战。结果经常是，在有机会证明或意识到其优点之前，挣值应用

却已经失败了。

11.4.1 挣值应用的挑战

EVM 是一种复杂的项目绩效测量方法，很多项目总是在不断发生变化，准确测量挣值几乎不可能，实践中挣值管理遇到了各种操作性困难[1]。

1. 挣值博弈

许多挣值法的应用者都很热衷于在项目开始后，在实际成本（AC）和挣值（EV）已知时修改计划值（PV）。这样可以消除 3 个变量之间的差距，团队成员希望这样使其更好看。不幸的是，这样做彻底改变了历史估计数据，给了团队成员借口以逃避对绩效偏差原因的检查和修正。

运用任何一种度量系统的关键原则是要证明，它是用来解决问题的。获取信任的方法之一可以是，先在小的试点项目中采用挣值法来提供细节，获取信息和想法，之后再将其应用到更大的范围。

2. 90%完成综合征

许多管理或参与项目的人希望避免因项目进度指标无法达到绩效要求的下限而带来的检查。因此，他们多报绩效，并一周周地反复保证已经完成了90%，希望能够赶上进度。这样做的负面影响是：如果项目经理和团队成员们没有意识到问题，他们则没有机会提供相应的支持让项目回到正轨。

在一个管理良好的挣值系统中，团队成员能够感受到提供精确进展数据报告所带来的好处。一些组织通过事先定义表 11-5 所示的绩效测量规则来避免90%完成综合征。

3. "我不知道我完成了百分之几"

向在繁忙和压力之下的项目成员询问估计完工比例，有可能招致团队的集体抗议。有经验的项目经理发现，向项目团队成员询问"你还要多少时间来完

---

[1] 卡伦·B. 布朗，南希·莉·海尔. 项目管理：基于团队的方法[M]. 王守清，亓霞，等，译. 北京：机械工业出版社，2012.

成这项工作"往往比问"你这项工作完成了百分之多少"更好。人们更舒服于对前一问题的回答，项目经理可以根据所需时间来估算已完成百分比。

> 如果一名正在进行一项估计需要 5 天完成的编程任务的员工在第 2 天结束时说他还需要 6 天，项目经理就可以粗略估计该任务大概完成了 25%（2 天除以新估计的 8 天持续时间）。

关注完工所需时间亦有利于问题的有效解决。当成员表示其需要比计划更多时间的时候，项目经理可以询问："我们能做些什么来帮助你赶上进度呢？"

4. 过度关注于数据

一个团队如果认为挣值指标能够完全说明一个项目的进度和成本绩效，那就太过于天真了。完工估算（EAC）的相关数据并不是不可更改的事实。通过记录绩效日志，并对项目工作和所面临的挑战进行公开讨论，往往能比单纯依靠挣值参数计算做出更好的关于时间和成本的预测。

另外，若一项工作成本偏差值为负，这本身并不一定反映工作出现了问题，有可能是因为该工作进度提前而导致了成本的增加。团队成员必须深入研究问题根源，而不是仅仅基于数据而草率地下结论。

请务必记住，挣值数据支持决策和评估，但不做评估和判断。

5. 偏离项目绩效目标

对挣值数据的过分关注可能使团队成员的工作重心偏离项目的战略目标。大声宣布"我们按时且在预算之内完成了项目"并不构成庆祝的理由——倘若项目进行过程中因无人征求（或听取）客户反馈而导致新产品无法通过市场检验。时间和成本不应是项目仪表盘上唯一的指标。

我必须提醒你，不要让挣值过度地占用其注意力而导致对项目其他重要参数的忽视。

11.4.2 使用速度图跟踪项目进度

显然，对于多数项目而言，挣值管理就是一种费时、费力而又很难获取价值的工作。实践中，如果项目经理使用一个工具来管理项目，我建议使用速度图。速度图集需求、时间、已完成工作3种度量方式于一体。虽然无法清晰表达项目的成本和完成质量，却能从该图中掌握项目的整体进度。

在一张图中可以同时度量多个趋势：整体工作（包）数量和已完成工作，其中包括所有的测试、文档以及项目交付成果。如果项目工作（包）按功能逐个实现，速度图中就可以较为真实地表达项目的进展状态，重要的是速度图简单明了，使用起来方便。

可以按照下列步骤来绘制速度图。将所有工作（包）汇总，得到项目的全部工作（包）数。完成一个工作（包），就将已完成功能数加1，并减少剩余功能数。如果必须在项目进行过程中添加新工作（包），就得把这些工作（包）加入全部工作（包）数中。

图11-9是某项目的速度图，清晰地标明了团队的项目进度。它还展示出项目发生的变更以及正在发生的变更数目，在图中变更导致工作（包）数从7月的95个增加到8月的101个。

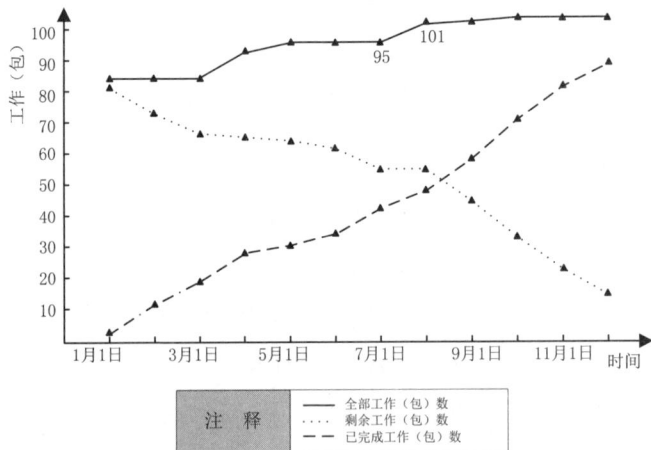

图 11-9　某项目的速度图

为保证速度图的有效性，在使用速度图时，不要仅询问团队成员是否达成他们的里程碑，还要检查已完成工作的质量。

必须说的是，当项目工作分解的粒度太大时，使用速度图也是有问题的。有些组织喜欢使用"完成百分比"。我不太赞成这种说法，这经常只包括研发工作，而未将测试、文档涵盖在内。没有完成配套文档、没有对产品功能进行测试，就不能算真正完成。使用"完成百分比"会导致"90%完成综合征"。

需要注意的是，速度图能够揭示团队的真实进度，但不能取代计划进度。

第12章

用过程确保质量

> 人们总是没有时间把事情做对，却总是有时间返工。
>
> ——项目管理谚语

在项目中，质量管理往往处于不被看重、受人责难、工作难开展、成效不明显的尴尬境地，这是国内企业质量管理落后的一个缩影。在项目过程控制中，确保质量过程的高效（效率、效果）管理和质量保证既是重点也是难点。

12.1 项目质量管理的尴尬

客户可以要求好的质量，组织可以承诺实现好的质量，但项目经理和他的团队才是真正做质量的人。质量不达标会给项目经理及项目组织带来直接和长期的灾难性后果。

既然质量对于项目成功很重要，那么质量问题应该早就得到解决了。但事实并非如此。项目一直为含混不清的质量目标和晦涩难懂的质量方法所困扰，所有这些都导致项目的结果不能令人满意甚至更为糟糕。

从产品或服务交付的角度来看，质量在很大程度上已经是一个被解决的问题。经过过去100多年的发展和精练，质量工具和技术已经成为科学而非艺术。把这些已被验证的工具和技术直接应用于项目管理，这看似简单，但恰恰就是问题所在。

> 很多企业一方面花钱请人去帮助他们通过 ISO 9000，另一方面又不信任它。很多企业在外审前编造文档、编造证据，已成为一个审查者与被审查者之间心照不宣的事实！

质量管理的价值已得到人们的认可，可是质量管理过程却时常被忽视！

1. 质量管理部门成立质量检验部门

项目质量的重要性，恐怕没有人会否定，很多企业甚至处处宣称"质量就是生命"，但质量管理却并没有受到足够的重视，与"生命"更是相距十万八千里。在很多企业，名义上的质量管理部门，实际上是质量检验部，甚至只是产品质量的检验部门，像是一个附属组织，有时还有比这更尴尬的形容——"鸡肋部门"。

2. 质量人员常成为众矢之的

因为质量人员的阻拦，影响了项目进度，项目组成员和市场人员咬牙切齿。采购物资检验后退货，得罪了某些采购人员，他们恨之入骨。对质量问题紧追不放，让研发人员觉得质量人员是一个让人头痛的家伙。大家的苦会集到一起，找老板去告状、投诉，质量人员的日子就更不好过了。

3. 出不出质量问题是个问题

很多时候，质量人员苦于对业务不了解，尤其是对研发业务不了解，无法深入业务活动中控制和保证质量，很多地方都插不上手，感到无能为力。

出了项目质量问题，大家认为质量管理部门的工作没有做好。项目质量没问题了，大家又感觉质量管理者整天没做什么事儿。

在大家看来，项目质量控制得好，是因为研发部门遵循了设计规范，加强了测试和技术评审，是因为生产人员改进了工艺，加强了过程控制，似乎与质量管理部门的工作并没有什么关系。

所以，对于质量管理部门来说，最好是产品时不时出现一些质量问题，这样能为自己加强质量检验工作和开展质量控制活动找到充分的理由，也能证明自己的存在和价值。

4. 质量认证越来越像形式主义

企业还需要质量管理部门的地方就剩 CMMI、ISO 9000 等质量标准体系的推行了。这确实是公司级的一件大事，质量管理部门也会额外卖力，毕竟质量保证体系对产品质量的重要性是不言而喻的，通过体系的推行是提升质量部门地位和影响力的大好机会，而且获证后的成就感和对企业的价值也很直接。

然而，在绝大多数的情况下，辛辛苦苦花了一两年甚至更长时间的努力，对质量改进没有实际的效果，拿到证书无疑是一项成绩，但质量管理部门的工作也落得了一个形式主义的评价。

全面质量管理（TQM）引入国内已经三四十年，但一直雷声大雨点小。CMMI、ISO 9000 等国际质量标准在国内一实施就走样，变成形式化的一套东西。质量管理部门的尴尬恰恰反映了国内在质量管理方面的落后，说明许多企业没有把质量管理放在一个重要的位置，有的企业的质量管理部还从属在公司某个部门里。

12.2　项目需要什么样的质量管理部

第二次世界大战后的日本企业由于深切感受到了质量之痛，在戴明等质量专家的帮助下，推行全面质量管理，切实运用 PDCA 方法，使"日本制造"成为优质产品的代名词。面对日本企业的崛起和挑战，美国企业除了在技术创新方面发力外，大力加强质量管理也是其突破的重点。马尔科姆波多里奇国家质量奖成为美国企业新的目标，标杆对照法为众多企业所青睐，以通用电气为代表发起的 6 Sigma 运动风起云涌。通过技术创新和质量进步，美国稳固了经济第一强国的地位。

质量管理是企业的生命线，企业理所当然应该建立一个组织级的质量管理部，统抓企业的产品质量和过程质量。作为企业关键的职能部门，质量管理部应该直接向企业最高领导负责，其职能可以定义为：开展有效的质量控制活动，建立健全的质量保证体系，树立优秀的质量文化，以确保企业的产品质量和过程质量。

质量管理部在加强自身建设和提升能力的同时，尤其需要注意与领导层和项目组的沟通，一方面获得领导层的支持，另一方面赢得项目组的信任，在质量目标和措施上与项目组达成共识。

需要警惕的是，质量管理部千万不要成为高高在上的部门，必须把工作中心下移，深入各项业务工作中，具体的做法是：在研发、制造、采购等与项目质量直接相关的部门派驻质量管理人员，目标、政策、流程、制度、人员任用归质量管理部统一管理，日常工作由项目经理安排和指挥。这样既使质量管理体系得到有效落实，项目质量得到有效监控，又使质量管理人员直接深入和服务于项目业务。

在质量管理部的设置上，需要兼顾质量控制和质量保证两方面的职能。质量控制不应局限于质量管理人员实施的质量检验和检查上。事实上，大量的质量控制活动，如测试、技术评审、交叉检查等是由业务部门的员工实施的，质量管理人员要对这些活动的组织和有效性负责。

质量保证既是事前的预防和事后的总结提升，也是对项目质量形成全过程中所涉及的人员、过程、方法、工具等要素的全面管控，必须对其进行系统设计和完整部署并确保其有效运行。

12.2.1 不要被头衔愚弄

张总、王总、刘总……头衔泛滥到一夜之间大家都成了"总"，这一方面满足了国人的官本位意愿，另一方面也是某种程度上的语言贿赂。国内很多银行的支行中有一个现象颇具代表性，即很多顶着"副行长"帽子的人干着销售人员该干的工作！

含混不清的职位名称，时常让人迷惑。

QA（Quality Assurance）指质量保证，是审计质量要求和质量控制测量结果，确保采用合理的质量标准和操作性定义的过程。QA 的重点在于流程度量和过程改进。

必须说明的是，尽管有很多测试小组都被叫作 QA，但实际不是，他们是测试组。必须说明，这不只是一个用词不当的问题！

流程改进是管理活动，应该由一个 QA 经理负责流程度量并管理过程改进。现实中，很多挂着 QA 经理头衔的人只管理测试，如同顶着一顶"副行长"帽子的销售人员！含混不清的职位名称，时常让人误以为已经覆盖了相关活动，比如过程改进和质量体系。然而事实并非如此，这样的职位名称用"徒有虚名"再恰当不过。

QA 与测试人员的关键区别在于：QA 团队人员能够进行过程改进。名副其实的 QA 小组或 QA 经理具备以下特质。

（1）有权有钱，能够对团队成员提供必要的培训。

（2）有权处理客户的投诉，推动客户投诉的处理。

（3）有能力制订过程改进计划，并根据过程改进计划进行组织结构调整、人员配置以实施过程改进。

（4）有能力、有权力通过多个项目来度量过程改进是否有效。

QA 经理也许并不直接完成这些工作，但是他们有能力安排相关人力和工作。QA 是很重要的角色，国内的情况是公司常愿意提供拥有这些头衔的职位，而不愿意为人赋予这些名称应有的权力。这造成一种假象——认为 QA 不过如此！当然，测试是另外一回事，不得不说测试是一种值得自豪、有创意的职业。优秀的测试人员就像优秀的研发人员一样稀有；而且，成功的项目离不开他们。

12.2.2　矩阵组织下的 QA 部门

实践中，矩阵型结构占到了项目组织的绝大多数（有人说占 90%以上），故矩阵型组织通常被当作项目组织的同义词（如不做特殊说明）。

在矩阵型组织中，QA 人员由组织级质量管理部门指派到各个项目组和业务部门，在管理上向 QA 经理报告，业务上向项目经理和职能部门经理报告。矩阵组织下的 QA 人员直接参与项目工作，了解过程运行情况，更容易发现过程改进的"短板"，这样他们就成了实施过程改进的重要推动力量。这样，QA

部门就可以担负起组织级质量体系的优化、过程资产库和度量数据库的建立、维护和使用的职能。

糟糕的是，很多企业选择一些新人和"闲人"负责 QA 工作，以为 QA 工作很容易，就是例行公事！还有人调侃，连质量工作都不会做，就真的是"百无一用"了。其实，对 QA 的要求非常高，熟悉质量体系仅仅是基本条件，更需要很高的综合素质、业务能力和项目经验。如果没有实际的项目经验和业务能力，选择一些新人和"闲人"来担任 QA 人员，即便他们把整个过程体系背下来了，仍然很难成为真正合格的 QA。

12.2.3 在合格项目 QA 的 3 种角色：警察、教师和医生

> 质量人员从来不去设计一件产品，从来不去采购一个产品，从来不去销售一件产品，从来不去制造一件产品……根本不存在什么质量问题，有的只是销售问题、市场问题、设计问题、制造问题、安装问题、采购问题、物流问题和服务问题……
>
> ——菲利浦·克劳士比（Philip Crosby）

徒弟：要我们项目质量人员做什么？

师傅：我们项目质量人员只是帮助项目团队解决问题的！

徒弟：我们项目质量人员在项目中扮演什么角色？

师傅：我们项目质量人员其实就是项目路上的交通警察。我们不会制造红绿灯，也不修建马路，更不会在马路上画斑马线；我们的职责：引导、监督大家遵守交通规则，阻止闯红灯的行为，将违反交通规则的行为揭露出来，并及时制止，必要时对不守法行为进行扣分或处罚。

以研发项目的 QA（包括 PQA、HQA、SQA 等）为例，一个合格的 QA 在项目中会扮演 3 种角色：警察、教师、医生。QA 典型的职责包括过程指导、

过程评审、产品审计、过程改进、过程度量。

（1）作为警察的角色，QA 以业务流程为依据，需要及时发现和报告项目中的问题，有选择性地参加项目的技术评审，定期对项目的交付成果和过程进行审计和评审。

（2）作为教师的角色，QA 辅助项目经理制订项目计划，包括根据质量体系中的标准过程裁剪以得到项目定义的过程，帮助项目进行估算，设定质量目标；对项目成员进行过程和规范的培训以及在过程中进行指导等。

（3）作为医生的角色，QA 可以承担收集、统计、分析度量数据的工作，对项目过程进行诊断，帮助分析原因，开处方。

> 2017 年，上海市徐汇区一个年轻女子在人行道上闯红灯被值岗的交警罚款 20 元，结果此女子竟然公然大叫："我又不是开车，闯红灯怎么了？"一种既不合理也不合法的事，因为没有被严格并有效管控竟被当成了一种习以为常的事！

这跟我们项目质量管理中的一个常见场景如出一辙。如果有个项目成员为了自己方便而违规实施，当你提醒或考核绩效时，他马上来一句"我们一直都是这样做的……"，或者来一句"你行你来做……"。如果你只是象征性地提醒或问一下而没了下文，在无形中就降低了管理水平，项目质量岂会有保障？

12.3 管理项目质量，决心比技巧更重要

多年的项目经历告诉我，项目质量管理工作没有想象中的那么难，只是我们自己把它想得太复杂化了——为什么老是一味追求新的质量方法，而不去落实坚持既有的方法。项目质量管理之路，经过几十年的发展与完善，目前用的不都是好方法吗？

12.3.1 出了问题你负得了责吗

制度是来遵守的，不是用来迁就某个人的。我非常不赞同"大公司法制，

小公司人制"的借口，难道大公司不是从小公司做起来的吗？

有一些人，在马路上总自以为是，是否考虑过如果你发生了交通事故，影响的可不只是你一个人这么简单吗？在项目中，当因没按标准实施而产生了质量问题而又懒得或不愿意改善时，某些人常说"我签字，出了什么问题我负责"——我必须说的是——这不是你的权责，也不需要你来签字负责，即使有再大的争议，也需经过相关人员综合评审而做决定。当真正造成巨大损失时，除了老板，怕是任何人都负不起那个责。也许你得到的只是一个处罚，但公司的重大损失谁来买单？！

> 深圳市一家做系统集成的公司，一个项目事故导致一次被客户索赔一千多万元，虽然老板要处罚负责人十几万元，但该大客户的订单量锐减了七成！对这家仅有 2 家大客户的公司来说，意味着什么？

在项目过程中，时常有人不按规矩执行，而出了质量问题也总有那么几个人心存侥幸而既往不咎！君不见，红绿灯路口总有一些人见缝插针式地抢过马路，视红灯而不见，总还为自己找一个冠冕堂皇的借口"我有急事，过了一万次都没事……别人也都这么过的……"

面对这些问题，项目报告中时常这样描述"加强过程管控，要求团队成员自检、互检，严格按程序要求实施，加强培训"等，1 次、2 次、5 次、10 次……有时连自己都麻木了，不是吗？

12.3.2　把原则坚持到底

> 人们都知道每天慢跑 50 分钟不仅有助于减肥，更有益于身体健康。但是，大多数人并不这么做，反而会花很多的钱去买些减肥药物（所谓捷径）。一次次对减肥药物不满意，一次次受到减肥药物副作用的伤害，一次次花钱去换新的减肥药，而慢跑反而被遗忘了。
>
> 同样，我们一次次对现行的项目管理办法失望，一次次承受管理失败造成的损失，一次次求助新管理方法，而忘记了我们早已知道的有效方法。很多公司推行项目管理体系，开始搞得风风火火，三五个

月后就成了"例行公事"，一次又一次地走马观花——成本投入了，也浪费了。

项目质量管理真的就那么难吗？我们的项目质量管理是否偏离了宗旨？追求管理时尚不一定能提升管理水平，很多的公司在做 CMMI、ISO 9000 时的目的其实也就只有一个：应付客户。

"全员参与、过程方法、持续改进"在一声又一声如雷般的响亮口号下，也正在一些人身上、心里渐渐麻木。而这些究竟提升了多少管理水平，其实我们心里都明白。这个时候，我们已不再需要更多的高明理论，只需要用心把已推行的简单方法，认真地坚持落实下去。

就目前的项目质量管理来讲，对于所谓的"中国式管理"路上，大多数公司还远远达不到全员质量的境界；但是，我认为身为项目质量管理者，就算 99%的人没有长期坚持对质量标准的认可和维持，那么项目质量管理人也必须坚持到最后；并且绝不能抱有"反正大家都这样儿，我再努力也改变不了什么"的随波逐流的思想。

减肥最根本的方法就是少吃多动。这本身没多少技巧而言，需要决心。管理项目质量就如减肥，决心比技巧更重要。

质量管理之路，有起点、无终点。我始终相信：项目质量管理人，应该是项目路上的交警，用尽一切办法引导大家遵守"交通规则"才是天职。而这条路是否走得顺畅，关键就是能否把原则坚持到底。

杜蕾特公司投入几百万元推行集成产品开发（Integrated Product Development，IPD），顾问公司让公司老板当 IPD 推进组长，顾问公司的项目经理做副组长。刚开始推行之时，前半年不但没有成效，反而还影响了生产，频频出现问题还导致人员流失，公司上下 90%以上的人对 IPD 失去了信心。但是既然花如此大的成本推行，就得做下去。

此时，顾问公司当初所打的预防针起到作用：很多公司之所以推行不成功，就是因为做一段时间后失去信心，难以坚持下去……最终，老板坚持下来了，IPD 也渐渐步入了正规化。

12.4　使用控制图在项目管理中真正实现过程管控

在测量过程结果（如产品的尺寸、强度等）以评价过程特性（比如产品的质量）时，我们把引起前面过程结果的原因叫因素，通常用 X 来表示。常见的因素包括人、机、料、法、环、测量等几个方面，在分析问题或者建立过程确保产品质量的时候，要分析和控制好这些原因。

12.4.1　影响过程的随机因素和特殊因素

在一个水平的木箱上方，有一只盛满沙子的漏斗以每秒 v 米的速度匀速往返移动。一段时间后，漏到木箱内的沙子如图 12-1（a）所示，堆积面并非严格的水平直线。之所以如此，是因为很多难以明确的因素（如沙子的黏度、颗粒均匀度以及空气阻力等）使沙子不能完全一致地落入木箱中。事实上，沙子越细、越均匀，漏斗速度越匀速，沙子越呈现水平直线。这些无数的、细微的、原因难明的、不可控的因素称为随机因素，由随机因素造成的偏差称为"共同因偏差"。[①]

当漏斗每次路过 A 点时，用一个小锤敲打一下漏斗时，则出现了明显的差异——沙子的堆积面如图 12-1（b）所示。这种能够找出原因的、可控的、使系统产生较明显差异的因素称为特殊因素，由特殊因素造成的偏差叫作"特殊因偏差"。

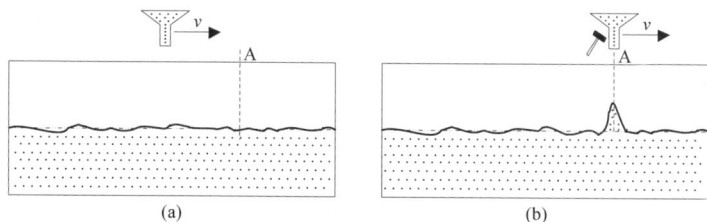

图 12-1　系统偏差示意图

---

① 丁荣贵. 项目管理：项目思维与管理关键[M]. 2 版. 北京：中国电力出版社，2013.

共同因偏差具有以下特点：尽管其影响不同，但在整个过程中都存在；个别地看对偏差的产生有较小影响，但合起来对偏差的产生有较大影响。

随机因素引起的共同因偏差是一种波动，在一个稳定过程中是由各种未知因素引起的，其导致的结果是围绕平均值随机分布的一种波动。共同因偏差可以用来测量过程的潜在的能力，或者把该过程的特殊因素清除后过程的性能将是什么样。因此，可以用它来测量过程的技术水平。共同因偏差常称为噪声，这种偏差是无法控制的。当一过程仅受随机因素影响，从而关键指标的平均值和偏差都基本保持稳定时，称为受控制状态。

特殊因偏差是由于特定因素（比如环境条件）的改变导致的结果。这些偏差的因素是可以直接加以确定的，也是可以加以消除的，它是过程控制的时候需要加以消除或改进的因素。特殊因偏差并不总是在过程中出现，只是偶尔出现；特殊因偏差来自一般过程之外；对总体偏差有或大或小的影响，但比任何单一的共同因因素造成的影响都要大。

任何一个动态系统均存在共同因偏差，也可能存在特殊因偏差。

12.4.2　使用控制图判断过程是否受控

1918 年，休哈特作为一名物理学家，进入西部电子公司的贝尔实验室工作。1931 年，他出版了《产品制造质量的经济控制》（*Economic Control of Quality of Manufactured Product*）一书，概述了统计过程控制的原理。控制图（Control Chart）由此诞生，用以对生产过程的关键质量特性进行测定、记录、评估、监测，以评估过程是否处于受控状态（见图 12-2）。

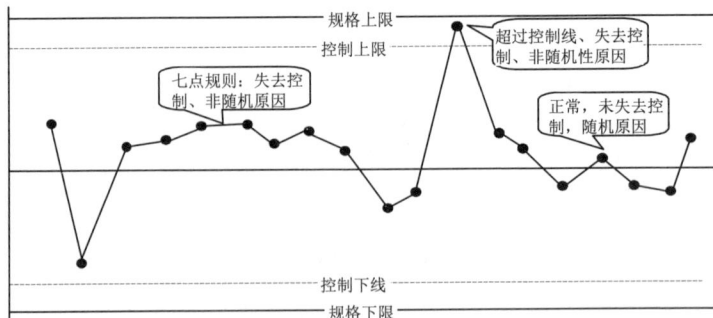

图 12-2　控制图

控制图是对重复过程的关键质量特性值进行测定、记录、评估并监测过程是否处于控制状态的一种图形方法，用于监测生产过程是否处于受控状态。它是统计质量管理的一种重要手段和工具。

控制线是控制图中判断过程是否失控的上下界限，超过控制线表明过程已失控，控制线是项目管理团队（或项目经理）制定的。规格线是判断产品或成果是否符合要求的界限，超过规格线表明产品不合格，规格线是合同（用户）确定的。一般控制线在规格线之内。

控制图上的 3 条平行于横轴的直线——中心线（Central Line，CL）、控制上限（Upper Control Line，UCL）和控制下限（Lower Control Line，LCL）对于过程控制极有价值，UCL、LCL 的控制界限通常设定在 ±3 标准差的位置，中心线是所控制的统计量的平均值。

控制图是随时间的推移用于监督、控制和改进过程的强大工具。数据能说话，控制图作为"过程的声音"能够恰到好处地发出声音，提供有用的信息。通过观察控制图上过程特性值的分布状况，可以分析和判断过程是否发生了异常（也就是过程是否受控），一旦发现异常就要及时采取必要的措施加以消除，使项目过程恢复稳定状态。

1．用控制图倾听"过程的声音"

控制图对于分析那些旨在不断追求稳定结果的重复性过程很有用。完成了控制图之后，就要对数据进行分析。因为控制图能够显示出过程的绩效，因此也被称为"过程的声音"。根据控制图中的控制限，就可以知道可预期的结果是什么。控制限是统计计算得出的，代表一个过程的正常绩效区间[1]。

控制图可以：

（1）揭示过程中偏差的本质。

（2）指出什么情况是正常的。

（3）指出什么情况是不正常的。

解读控制图并不复杂，落在控制限之外的数据点都是特殊因素导致的特殊偏差，需要对此展开调查。当某个数据点超出控制界限，或连续 7 个点落在均

---

① 肯尼斯·罗斯. 项目质量管理：从入门到精通[M]. 2 版. 北京：中国电力出版社，2016.

值上方或下方时，就认为过程已经失控。

2. 控制图的适用场合

控制图用来确定一个过程是否稳定，或者是否具有可预测的绩效。控制图可用于监测各种类型的输出变量。虽然控制图最常用来追踪批量生产中的重复性活动，但也可用来监测成本与进度偏差、产量、范围、变更频率或其他管理工作成果，以便帮助确定项目管理过程是否受控。

具体而言，控制图可用于：

（1）希望对过程输出的变化范围进行预测时。

（2）判断一个过程是否稳定（处于受控状态）时。

（3）分析过程变异来源是随机性还是非随机性时。

（4）完成一个过程改进项目时——防止特殊问题的出现，或对过程进行基础性的改变。

（5）希望控制当前过程，问题出现时能觉察并对其采取补救措施时。

总之，控制图是：

（1）实时图表化反馈过程的工具。

（2）按时间序列展示过程特性/表现的工具。

（3）用来区分信号与噪声的工具。

（4）判断过程是否稳定（可预测的）的工具。

3．控制图实例

H 公司的管理层对客户最近的投诉焦头烂额，这些投诉皆因产品的系统报表打印故障引起，由此导致了客户的损失和不满。

H 公司高层希望能充分评估这些故障的数据、发展趋势，以便确定究竟有多少此类故障没有得到纠正，并期望项目管理办公室（PMO）制定对此类投诉和问题的考核激励制度。

该故障涉及 27 个省市的 138 个项目，面对如此规模的项目组，H 公司的 PMO 经理庞濛感觉很棘手——统计这么多项目组的数据几无可能，哪里有这么多人干这事，各项目上的火还来不及救！

很显然，从所有项目上收集所有数据既费时又费力，现有条件也无法支持这种方法！

在此情况下，庞濛找到了我，我告诉他没有必要收集所有数据，样本数据能够满足需要即可。根据我的建议，庞濛随机选择了 6 个项目部和一个为期 5 天（1 周）的时间段，然后又从每个项目组每天随机抽取了 100 次打印样本，记录每个项目部在 100 次打印中报错的次数，具体数据见表 12-1。

表 12-1　6 个项目部为期 5 天的 100 个样本的打印报错次数

	周一	周二	周三	周四	周五	总和	平均
项目 A	2	7	7	11	12	39	
项目 B	8	10	10	7	11	46	
项目 C	6	9	7	11	7	40	
项目 D	7	9	8	14	8	46	
项目 E	18	4	5	7	8	42	
项目 F	7	9	12	8	9	45	
总和	48	48	49	58	55	258	
平均							8.6

基于上述样本按照以下步骤绘制控制图：

第一步：画出样本数据的折线图（见图 12-3）

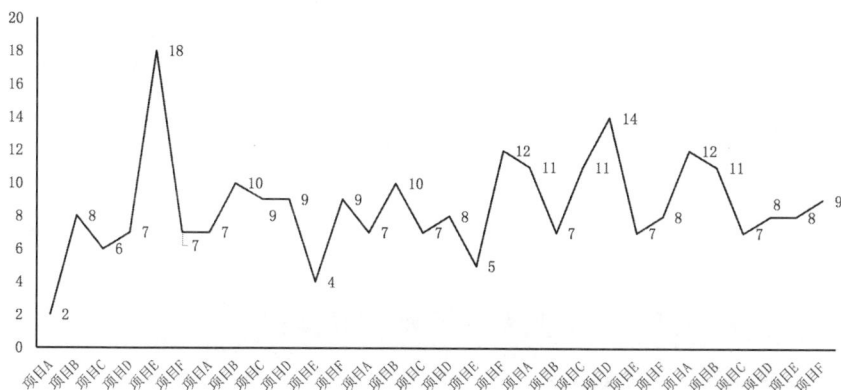

图 12-3　系统报表打印故障的折线图

第二步：对数据进行计算

表 12-2 中的总故障数、总样本点及每个样本点的缺陷平均数（均值），都直接来自表 12-1。各数值的计算方法如下。

$$\begin{cases} 总样本数 = 样本规模 \times 总样本点 \\ 故障比例 = \dfrac{总故障数}{总样本数} \end{cases}$$

因此，总样本数 = 100 × 30 = 3 000，故障比例 = 258/3 000 = 0.086

表 12-2　系统报表打印故障的数据计算

数据名称	数　　值
总故障数	258
总样本点	30
每个样本点的缺陷平均数（均值）	8.6
样本规模（每个样本点）	100
总样本数	3 000
故障比例	0.086

第三步：添加均值线（见图 12-4）

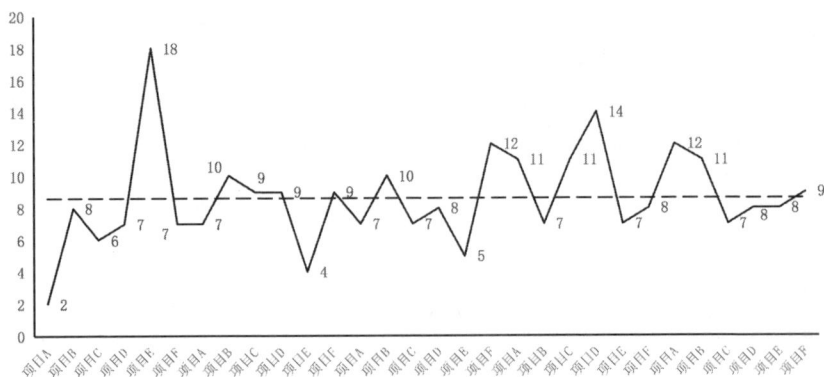

图 12-4　添加均值线的折线图

第四步：添加控制线

在故障数控制图中，控制上（下）限的计算公式为：

$$控制上（下）限 = 平均数 \pm 3\sqrt{平均数} \times (1 - 故障比例)$$

因此，控制上限=8.6+3×2.93×0.914=16.6，控制下限=8.6-3×2.93×0.914=0.6。

把控制上限和控制下限添加到图中，就得到了控制图（见图 12-5）。

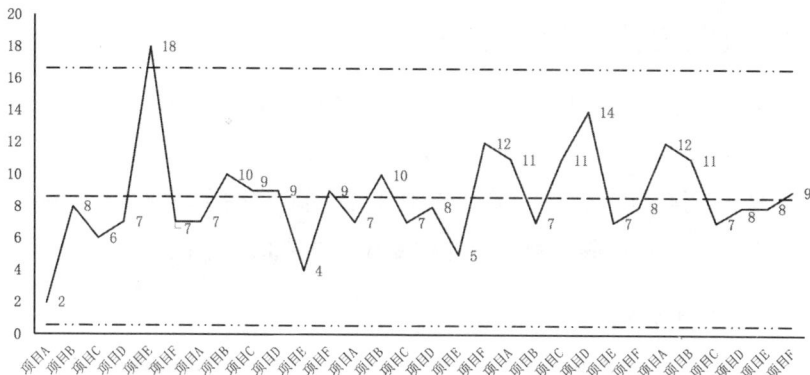

图 12-5　系统报表打印故障的控制图

也可以采用另一种方法来计算控制上（下）限，根据工程数学对随机事件概率的研究，一个遵从正态分布的随机序列，其平均值（又称期望）和标准差（又称均方差）分别为：

$$\begin{cases} \bar{N} = \dfrac{N_1 + N_2 + \cdots N_i}{i} \\[3mm] \sigma = \sqrt{\dfrac{\displaystyle\sum_{i=1}^{i}\left(N_i - \bar{N}\right)^2}{i}} \end{cases}$$

需要说明的是，用这种方法计算出来的结果可能更严谨，但方法更复杂。

显然，100 份样本中的任何一个项目在一个工作日都可能出现 0.6~16.6 次故障。故障数的区间不会发生变化，除非过程发生了变化。任何重复性过程都会有偏差。其结果不可能完全相同，而是会出现波动。控制限就是波动的上限和下限，让人们能够合理预计一个过程的绩效。

本例中，项目 E 在周一出现了 18 个故障，就是一个特殊因素（打印纸张受潮，进纸困难）导致的结果，应该对这18个故障展开调查，澄清原因并迅速消除这些特殊因素。同样，连续7个点落在均值上方或下方时，也认为过程受到的特殊因素的影响，已经失控。一旦发现异常就要及时采取必要的措施加以消除，使过程恢复稳定状态。

12.4.3　红珠实验与系统绩效的稳定性

红珠实验（Red Bead Experiment）是著名质量学家戴明设计的两个实验之一（另一个是漏斗实验），实验模拟给客户提供产品以满足顾客需求，顾客需要的是白珠，不接受红珠（有缺陷的产品）。此实验说明了尽管生产程序是一样的严格，但还是会不可避免地出现各种变异，即质量缺陷问题。

1．实验工具/材料

4 000粒木珠，直径约3毫米，其中800粒为红色，3 200粒为白色。一个有50个凹洞的勺子，每5个凹洞1排，共10排，每个凹槽恰好能装下一粒珠子，一次可盛起50粒木珠（代表工作量）。一个长方形容器，大小恰好能够让一把勺子在容器内捞珠子（见图12-6）。

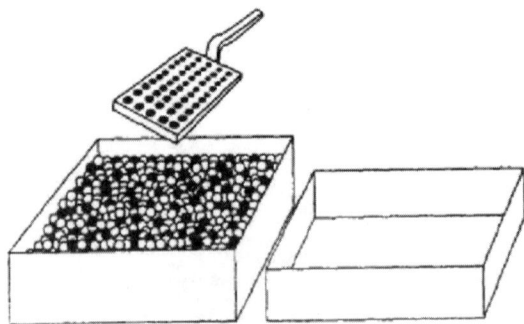

图12-6　红珠实验的工具/材料

2．实验人员组成

6名操作员，2名检验员，1名检验负责人，1名记录员，1名主持人（扮演高层管理者）。具体职责如下。

（1）操作员：每次从4 000粒珠子中捞取50粒。

（2）检验员：对操作员捞出的红色珠子数量计数并记录。

（3）记录员：如果两位检验员的结果相同，检验负责人就把这个结果上报给记录员，记录员记录数据。

（4）主持人：代表管理层的介入和管理控制，主持人可以使用任何管理方法和手段。

3. 实验步骤

（1）混合进料，将珠子搅匀倒入长方形容器内。

（2）操作员用勺子捞取珠子，每个凹槽内必须有珠子。

（3）操作员将结果带给一名检验员，检验员检验成果并登记结果，然后再将结果交给另一名检验员检验并登记。

（4）检验负责人比较两名检验员记录，并公布正式结果。

（5）上述基本步骤只代表了一个操作员一天的工作过程。依次换下一名操作员操作一次，所有 6 名操作员轮换完成记 1 轮。

实验中挑选了 6 名操作员，上述的操作步骤[（1）~（5）]重复 5 轮（模拟一周 5 天的工作）。

4. 实验过程中的管理措施

主持人可以使用传统管理的任何方法和手段实施管理控制，如：

（1）宣布每位操作员每天的红珠不得超过 1 粒，并评选最佳员工（缺陷数量很少的人）。

（2）宣布"零缺陷日"，批评、处罚绩效糟糕员工（缺陷数量很多的人）。

（3）张贴"质量是生命""客户至上""以人为本"等质量标语，以激励操作员取得更好的绩效。

（4）工作几天以后，主持人扣发薪资甚至解雇绩效不佳的员工，这让其他参与者感到很开心。

5. 实验结果的数据分析

一次红珠实验的数据见表 12-3。

表 12-3　一次红珠实验的数据

姓名	周一	周二	周三	周四	周五	总和	平均
员工 A	11	10	9	10	12	52	
员工 B	8	6	8	9	10	41	
员工 C	17	5	8	5	9	44	
员工 D	9	16	7	11	9	52	
员工 E	11	11	19	8	7	56	
员工 F	15	11	12	9	13	60	
总和	71	59	63	52	60	305	
平均							10.17

根据实验数据可知：

总样本数=50×30=1 500，缺陷比例=305/1 500=0.203

一次红珠实验的计算数据见表 12-4。

表 12-4　一次红珠实验的计算数据

数据名称	数　值
总缺陷数（红珠）	305
总样本点	30
每个样本点的缺陷平均数（均值）	10.17
样本规模（每个样本点）	50
总样本数	1 500
缺陷比例	0.203

因此，控制上限=10.17+3×3.19×0.797=17.8，控制上限=10.17-3×3.19×0.797=2.5。

绘制的控制图如图 12-7 所示。

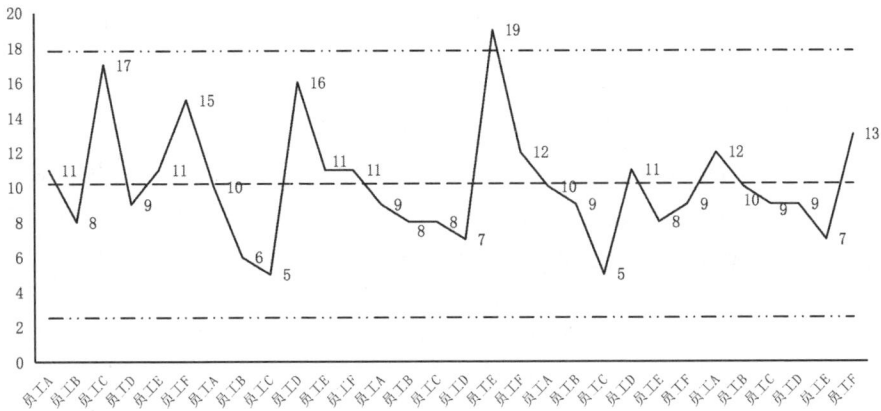

图 12-7 一次实验的控制图

6. 红珠实验深入揭示了系统绩效

将花生、绿豆、铁砂 3 种颗粒物若干装入一个木桶中，然后将这个木桶固定在一辆卡车上，卡车行驶在崎岖不平的山路上。卡车行驶一段时间后，木桶中的粒子按照各自不同的密度形成了自然的分层。密度最高的铁砂在最底下，密度最小的花生在最上面（见图 12-8）。假设每个粒子有自主运动的能量，可以选择自主行动。那么，顺应自己最终位置移动的粒子所消耗的能量是最小的。反之，反其道而行之的粒子所消耗的能量最大，无法到达自己想要的位置；系统在消耗完该粒子能量后将迫使其回到自己应在的位置。物理学中用熵度量一个系统的有序性或混乱度，系统中的元素趋向于理想的位置，理想位置是元素能量消耗最小、最舒适的位置。

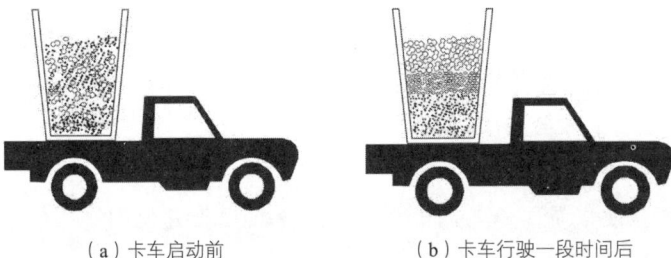

（a）卡车启动前　　　　　　（b）卡车行驶一段时间后

图 12-8 跑在崎岖山路卡车上的木桶

（1）系统的绩效和输出是稳定和可预测的。在系统维持不变的情况下，系统的输出水平及其变异是可预测的。虽然系统中的很多元素是相互作用的，但在红珠实验中，只有系统本身的结构真正对结果起到了决定性作用，即80%白珠：20%红珠的系统组成。如果操作员正常操作，在每次50粒珠子的取样中，捞到红珠的概率大约是20%（10粒红珠）。正如所料，试验结果的平均数为10.17。随着样本数目的增加，捞到的红珠平均数会越来越接近10。

那些看似会影响结果的其他元素，其实都是无关的。

1）检查（即便过量的检查）对系统绩效没有影响。

2）缺陷数量要求对系统绩效没有影响。

3）质量标语和口号对系统绩效没有影响。

4）激励或奖惩措施对系统绩效没有影响。

5）管理措施对系统绩效没有影响。

（2）奖惩个体的考核评价体系不是问题解决之道。所有的变异，包含工人之间产出红珠数量的差异，以及每位工人每日产出红珠数量的变异，均完全来自过程本身。没有任何证据显示哪一位工人比其他工人更高明。

在绩效考核或员工评价等制度中，将人员、团队、销售人员、工厂、部门进行优劣排序和评比是一种错误的做法，特别是它对员工的斗志是一种打击。因为员工的表现完全与努力与否无关。

换言之，在系统得不到改进的状况下，针对个体的考核评价不是解决问题之道。

（3）改进系统而非问责个体。在实验中，唯一能够影响系统绩效的因素是红珠在全部珠子中所占的比例。这个实验告诉我们：要解决系统本身的问题，而不要简单责备一个具体的人。事实上，员工的绩效绝大部分是由系统决定的，只有极少部分由个人努力决定。

> 在决定员工绩效的因素中，有94%以上是他们自己所不能决定的。
>
> ——爱德华·戴明

　　红、白珠的混合比例基本就决定了实验结果。虽然工人的疏忽或个人行为也能在一定程度上影响实验结果，但实验结果主要取决于所采用的实验材料，即人无法控制的系统原因。

第13章

让风险管理成为一种习惯

> 项目中可能出错的事通常要比可能变好的事更多，这就是无情的事实。
>
> ——约翰·R.斯凯勒

在所有定律中，最著名且恐怖的要数墨菲定律（Murphy's Law）。该定律通常表述为："凡是可能出错的地方，就会出错！"显然，如果某件事出错，我们就可能遭受损害或损失，这就是风险。风险是一种不确定的事件或条件，一旦发生，就会对一个或多个项目目标造成积极或消极的影响，如范围、进度、成本和质量①。

简而言之，项目风险就是可能影响项目成功完成的任何潜在事件。风险的发生既可能产生有利影响，也可能产生不利影响。按照人们的习惯，前者称为机会，后者称为风险，本书沿用这两个概念。

13.1 项目充满不确定，风险必须管理

2007年，美国政府开始进行一个有争议的项目，在与墨西哥交界的几个很难监控非法入境者的隔离区内建设围墙。项目进行了几个月

---

① 项目管理协会.项目管理知识体系指南[M].6 版.北京：电子工业出版社，2018.

后，墨西哥官员确定有 2.4 千米的围墙已经建在墨西哥国土边界内以南 2 米处。工作人员显然是根据一个农场主的围墙线位置而不是测量数据来确定的边界位置。这一错误定位的后果是进一步加剧了墨西哥本来就存在的对该项目的反对，美国政府不得不以大约 300 万美元的额外费用迁移围墙。如果项目团队成员对可能发生的最不利情形进行过头脑风暴，可能至少有一个人会说："我们的墙可能建错了位置!"这可能会促使团队在确定围墙位置上更尽力，想办法避免这一政治上尴尬和昂贵的结果。

项目是独特的，在某种程度上都具有创新性，因而它们充满不确定因素、都包含风险。在做项目计划时，人们倾向于乐观，而实际过程却是曲折的（见图 13-1）。既然风险对项目目标的影响令人关注，就需要了解如何管理项目中的风险。

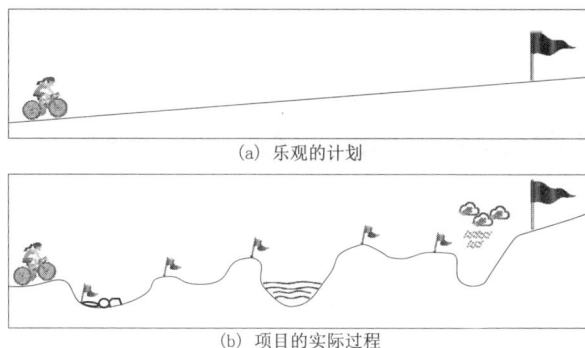

(a) 乐观的计划

(b) 项目的实际过程

图 13-1 项目过程充满风险

为什么要做风险管理？如果事情出人意料地出错，就会使项目失去平衡，给项目造成危机。显然，相对发生前计划好的问题，处理一个毫无预兆的问题，要困难得多。

一位杭州老总听我的课，告诉我他遇到的"郁闷"。他的公司上了一条新生产线，工艺装备是在法国制造的。在计划发运前两天，航空公司发生罢工，所有货运业务暂停，他不得不寻找其他承运人。他花了一段时间才找到一个替代承运人，产生多余费用不说，延期导致的间接损失更多。

前期他能否预料到这个风险，不得而知。假设有专业的风险管理，那么他应该怎么做？提前安排替代的承运人？提前起运，以便通过海路运输，而不是空运？

我不止一次地见过，工程师们倾注全力于某个设计，而这个设计是完全不能发挥作用的。他们从来没有考虑过不能发挥作用的可能性！这可能仅仅是因为考虑设计无法发挥作用，就等于承认自己很容易犯错。完美主义者是不敢承认自己会犯错的。既然他们"把鸡蛋都放在了同一个篮子里"，遇到问题的工程师们经常陷入恐慌，可能不得不从头再来。自然，这种返工会对项目产生严重影响。

当然我不是在提倡对风险的畏惧态度，甚至于不敢做项目。我提倡对识别出来的风险加以科学管理。还必须说的是，采用忽视风险的"能行"式管理方法，就是项目误管理。

13.1.1 对风险的感知不足增加了风险管理难度

一群青蛙幸福地生活在一个大池塘的一角。

池塘的另一边是一片睡莲。

它们的生活都是如此平静恬适，相安无事。青蛙们偶尔还游到睡莲那边，跳到睡莲那舒展的叶片上嬉戏。

一天，池塘里面流进了一些刺激睡莲生长的化学污染物，它们可以让睡莲每24小时增长一倍。

这对青蛙们是个问题，因为如果睡莲覆盖了整个池塘，它们就将无处容身了。

如果睡莲可以在50天内覆盖整个池塘，而青蛙有一种阻止睡莲生长的方法，但是需要花10天时间来将该方法付诸实施。那么，什么时候池塘会被覆盖一半？在池塘被睡莲覆盖面积达到多少时，青蛙才有可能采取行动去挽救它们自己？

第一个问题很简单：如果睡莲 50 天覆盖池塘，而且它们每天增长一倍，那么第 49 天结束的时候，池塘就将被遮盖掉一半——而不是在第 25 天。因为这种增长是指数级增长，而不是线性增长。

对于指数级增长而言，开始的时候非常缓慢，一旦指数增长开始表现出要快速增长的迹象，它的增长速度就非常快。因此，第二个问题就特别强调了这一点。

上面指出，青蛙们可以阻止睡莲的增长，但是需要 10 天时间才能完成这项工作。因此，如果它们希望自己的工作能够收到效果，则最迟要在第 40 天结束之前开始行动。那么，第 40 天的时候池塘会被睡莲覆盖掉多少呢？

解决这个问题的最简单方法就是倒推。我们知道，到第 50 天结束时，池塘会被睡莲完全覆盖；第 49 天，池塘将被覆盖 1/2；第 48 天，被覆盖 $(1/2)^2=1/4$；第 47 天，被覆盖 $(1/2)^3=1/8$；……在第 40 天结束时，也就是青蛙们能够采取行动的最晚时间，池塘被睡莲覆盖了 $(1/2)^{10}$。

$(1/2)^{10}$ 是一个非常小的数字——约 0.000 98，不到千分之一。这意味着，如果青蛙们想要避免陷入无处容身的危险境地，它们得在睡莲所覆盖的面积还不到整个池塘的千分之一时就采取行动。也就是说，它们必须对在很远的地方发生的非常小的事情保持足够的警惕，并及时采取行动。如果它们在危险已经降临——比如，它们突然发现睡莲已经覆盖了池塘的 1/4，甚至是 1/2——之前没有采取行动，那么，一切都晚了。

按照系统思考的观点，指数级增长是成长系统的自然行为。在初期，它增长得如此缓慢，以至于你很难注意到它的增长。但是，突然之间，它就可能变成一个庞然大物，使局面逆转，无可挽回。可见，项目风险管理的失败很多时候来自于我们对风险的感知不足。我们经常听说"千里之堤，溃于蚁穴"，就是这个道理。一开始，蚁穴很小，非常不明显，但它发展得很快，如果没有被及时发现并堵住，蚁穴就可能迅速扩大，从而酿成灾难。

13.1.2 风险管理在国内的困境

另一个不容忽视的事实是，风险管理是一个被忽视的领域，国内更甚。

> 姬贵宝是某研究院风险管理方面的专家，经常参与该研究院项目方案的专家评审工作。每次参与评审，他总是从风险管理的专业角度提出项目可能存在的风险，提醒项目实施人员注意。
>
> 最初，大家还觉得姬先生表达的是专业观点，提供的是专业视角。可是，他每次都提"问题"，有人开始不太欢迎他了。有一位副院长甚至直接指出："在我们看来天下都很太平，你怎么看到的全是问题，是不是你有问题啊？"

许多管理人员都赞同这种管理方式，那些对达成目标表示担心的人，会被贴上牢骚者或是更糟糕的标签。说白了，他们"不信邪"！这些人还会被告知，如果他们办不到，那么管理层会另外找能办到的人。

面对真正的风险时，有勇无谋与采用科学的方法，是完全不同的。所以，不重视风险是最大的风险。

> 我曾担任在国内某市举办的某重大国际体育赛事的项目风险管理顾问，国际奥委会要求必须分阶段实施风险管理工作，并开展阶段性风险评估；不通过阶段性评估，下一阶段的工作不得启动。
>
> 参加第一阶段评估时，该赛事组委会相关领导还比较重视。第二阶段评估时，赛事组委会的一位领导在会后问我："你们每次都给我们安排这么多工作，还产生了这么多费用，怎么证明增加这么多工作、花掉这么多经费的价值呢？"
>
> 我还真无法回答了。

不发生点"事儿"我们无法证明风险管理的价值，可是发生了点"事儿"就证明我们风险管理失败了！这是一个死循环，"不信邪"的思维模式让国人不重视管理。

13.1.3　以项目价值为驱动的机会管理和风险管理

"风险"概念同时包含正反两个方面，威胁和机会之间的唯一区别就是发生后的影响具有不同的性质。威胁产生消极影响，而机会产生积极影响。遗憾的是，很多组织仍然忽视正面的机会，只专注于负面的威胁。

> Lilly 公司有许多药物在临床试验中失败，这是任何科学尝试可接受的可能性。药品 Evista 最初是研发用来控制生育的，当临床试验失败后被列入不成功类别。遗憾的是，这成了一个错失机会的例子，该药物后来被发现对解决一个完全不同的问题有效：骨质疏松症[①]。事实上，试验中曾出现这一用途的证据，但团队成员太过于关注生育控制而忽略了新用途。
>
> Lilly 公司如果能够深入了解这种药物对骨质疏松症的效用，充分利用这种不确定性，就可能获得更多收益。Lilly 公司现在已经在药物研究中实施了一个正式程序，以发现药物研发中其他可能错过的机会。

项目的价值可以简单地表示为项目的收益减去成本。要提高项目的价值，就要求同时管理项目机会和与之俱来的风险。具体地说，就是通过拓展机会和降低风险以获取收益。生活中，我们也经常会面对机会和风险的问题。

> 在买保险之前，我们会估算每年要驾驶的里程（这是机会），从而决定投保金额和扣减条款。扣减条款说明了我们可以承受多少金额范围内的风险（风险容忍度）。
>
> 为了不延误旅行，我们经常带一个备胎用来降低轮胎损坏的风险，因为我们整个旅途的价值一定超过了一个备胎的价值。当我们的机会是进行一次长途自助旅行时，我们采取的风险管理措施是有预防性的，储备一些旅途中不易找到的备件。

我们可以把机会和风险管理流程化，通过以下步骤扩大机会并降低风险。

[①] T. M. Burton. *Flop Factor: By Learning from Failures, Lilly Keeps Drug Pipeline Full.* The Wall Street Journal, April 21, 2004, A1.

（1）识别潜在的机会和相伴的风险。

（2）评估发生的可能性和造成的影响。

（3）制定应对措施。

管理机会的目的是想做得更好，而管理风险的目的则是不想失败。图 13-2 列出了机会和风险的驱动方式[①]。机会管理和风险管理最重要的是制订周密的项目计划，并对项目计划进行事前管理。

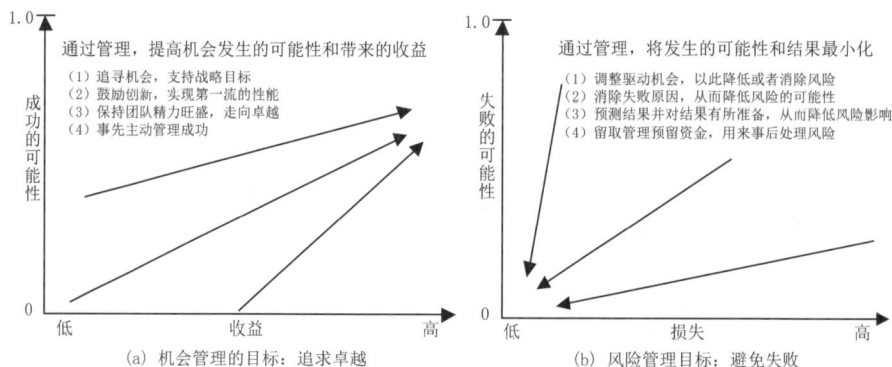

图 13-2　机会和风险的驱动方式

项目团队可能认为在项目初期建立了风险/机会管理计划，就是对风险实施了"管理"。其实风险管理是一个持续的过程，它随着项目的进程不断发展。项目进行过程中，新机会和新风险不断出现，需要不断地对其影响进行评估，并不断更新风险管理的计划。

机会和风险是有内在联系的，因为风险正是由于追寻机会所引起的。我们制定的风险管理流程包括两个方面：一是对不确定性本身及它造成的影响进行分析；二是选择风险管理措施并制定风险决策。

---

① 凯文·福斯伯格，哈尔·穆兹，霍华德·科特曼. 可视化项目管理[M]. 3 版. 许江林，刘景梅，译. 北京：电子工业出版社，2011.

13.2　按照风险管理计划识别风险

认真、明确地进行规划，可以提高风险管理过程的成功概率。制订风险管理计划非常重要，它可以确保风险管理的程度、类型和可见度与风险以及项目对组织的重要性相匹配。制订风险管理计划的重要性还在于为风险管理活动安排充足的资源和时间，并为评估风险奠定一个共同认可的基础。

识别风险主要在于判断哪些风险会影响项目并记录其特征。风险识别活动的参与者可包括：项目经理、项目团队成员、客户、项目团队之外的主题专家、最终用户、其他项目经理和风险管理专家。当然还应鼓励全体项目人员参与风险识别工作。

识别风险是一个反复进行的过程，因为在项目生命周期中，随着项目的进展，新的风险可能产生或为人所知。

13.2.1　项目风险数据库是组织的重要资产

对于项目不确定性的来源，有很多观点，但大多可归类于表 13-1 中的 5 类。

表 13-1　不确定性来源

序号	不确定性来源	不利不确定性（风险）	有利不确定性（机会）
1	财务	组织内外潜在地威胁项目成功的财务状况	组织内外能够增强项目生存能力或结果的财务状况
2	技术	能够以消极方式改变项目进程的可能技术挑战	能够以积极方式改变项目进程的可能技术突破
3	商务环境	使项目结果低于预期的可能市场、政治或监管状况	使项目结果好于预期的可能市场、政治或监管状况
4	社会	与项目潜在干系人干扰相关的项目挑战。干系人可在组织内部或外部	可能有助于项目进展的来自于干系人群体的意外支持。干系人可在组织内部或外部

续表

序号	不确定性来源	不利不确定性（风险）	有利不确定性（机会）
5	外部或自然环境	自然行为，如可能对项目有负面影响的流行病、水灾、地震、龙卷风、天气状况或海洋环境	自然行为，如影响项目的流行病的自发结束或天气状况的变化

风险分解结构（Risk Breakdown Structure，RBS）有助于项目团队在识别风险的过程中发现有可能引起风险的多种原因。不同的 RBS 适用于不同类型的项目。需要根据项目的特点和以往项目的经验、教训对项目风险进行分类，并明确风险分类依据，以体现不同的风险来源。图 13-3 是一个 RBS 的示例。

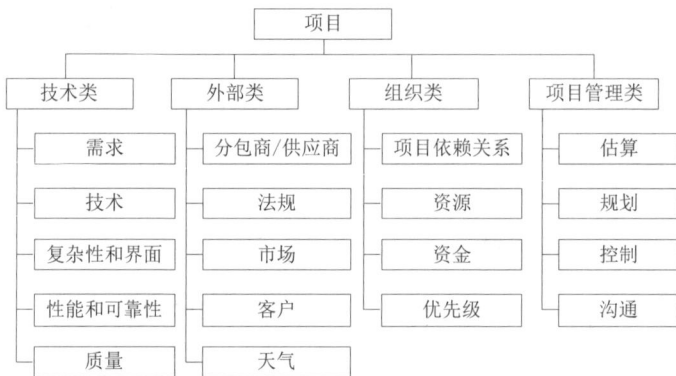

图 13-3　风险分解结构（RBS）示例

每个企业都应加强对项目的经验教训进行总结，以便形成项目风险检查表。这种检查表可以帮助同类项目有效进行风险管理，它属于公司重要的知识资产。IBM 公司的 RUP（Rational Unified Process）就是一个重量级的方法。

只有将经验和教训在后续项目中得以应用，才能避免重复性错误。

风险源清单和风险数据库是组织重要的无形资产。

13.2.2　风险识别方法

项目风险识别方法有文档审查、专家判断、德尔菲技术、头脑风暴、假设分析、项目生命周期分析等。

1. 文档审查

分析项目说明书和项目交付成果的规格要求等文档是识别项目风险的明智做法。因为项目要创造的产品/流程可能是新型的，审查这些文档可以用来确定项目是否存在潜在风险。审查的对象还应包括项目章程、WBS、成本估计、人员配置计划、各种假设与约束条件等文档。

火星气候探测者号（Mars Climate Orbiter）是美国国家航空航天局的火星探测卫星，也是火星探测98计划的一部分，于1999年发射升空。1999年9月23日，火星气候探测者号在进入火星轨道的过程中，以低于预期的高度接近火星，最终因为大气层的压力而解体。

NASA将火星气候探测者号上的飞行系统软件分包给了洛克希德·马丁空间系统公司（Lockheed Martin Space Systems Company），该公司使用公制单位牛顿计算推进器动力，而地面人员输入的方向校正量和推进器参数则使用英制单位磅。单位的差别导致探测器进入大气层的高度有误，最终瓦解碎裂。

火星气候探测者号任务失败的主要原因是人为因素，NASA在此后的所有任务中小心地避免这个因计量单位混淆而造成的错误。

2. 专家判断

与从事过相似项目的专家交谈有利于我们进一步弄清楚潜在风险会出现在什么地方。此外，与身边的那些熟悉（或负责）环境的人员交谈也是极其有益的。

2008年9月，某烟厂向中烟集团申请了技术改造费用，用于该厂两条卷烟生产线工艺装备的升级。该厂与德国的一家公司签订了新工艺设备的研制合同，合同中约定采用α测试①。8个月后，设备在德国研制完毕，该烟厂组织人员赴德国进行验收，α测试合格。

设备发到国内，在该烟厂组装完成后暴露出多个问题。烟厂通知德方派人到现场调试，但是德方函告烟厂双方合同已执行完毕，因为

---

① α测试是在开发环境下进行的测试，β测试是在实际使用环境下进行的测试。

双方约定的验收采用 α 测试而非 β 测试，设备在德国发出后就进入了售后服务阶段。当然，现场调试需收取费用。由此产生的费用在百万元人民币的量级。

这里面有几个问题：

首先，负责工艺装备升级的项目经理对测试方法是否了解不得而知，如果不了解为何没有咨询行业专家呢？

其次，合同签订前有没有开展合同评审工作？如有，怎么没有审查出如此严重的问题？

最后，合同最后的签署领导怎么没有把住最后一关？

3. 德尔菲技术

德尔菲技术是组织专家就某个专题达成一致意见的一种方法，项目风险专家匿名参与。组织者使用调查问卷就重要的项目风险征询意见，然后对专家的答卷进行归纳，并把结果反馈给专家，请他们做进一步评论。这个过程重复几轮后，就可能取得一致意见。德尔菲技术有助于减轻数据的偏倚，防止任何个人对结果产生不恰当的影响。

4. 头脑风暴

头脑风暴的目的是获得一份综合的项目风险清单。通常由项目团队开展头脑风暴，团队以外的多学科专家也经常参与其中。在主持人的引导下，参加者提出各种关于项目风险的主意。头脑风暴可采用由参加者畅所欲言的传统自由模式，也可采用结构化的集体访谈方法，如名义小组技术。可以采用风险类别（如风险分解结构）作为基础框架，然后依风险类别进行识别和分类，并进一步阐明风险的定义。

5. 假设分析

每个项目和每个已识别的风险都是基于一套特定的假想、设想或假设的。假设分析是检验假设条件在项目中的有效性，并识别因其中的错误、变化、矛盾或片面性所致的项目风险。

请记住：大胆假设，小心求证！

6．项目生命周期分析

风险的识别工作还可借用项目生命周期分析，如图 13-4 所示[①]。在项目早期，由于缺乏精确识别风险及风险的可靠信息，并且风险应对计划已经启动，所以整个项目风险很高。而后期由于已经开始投资及机会成本的存在，因此财务风险较为突出（机会成本）。

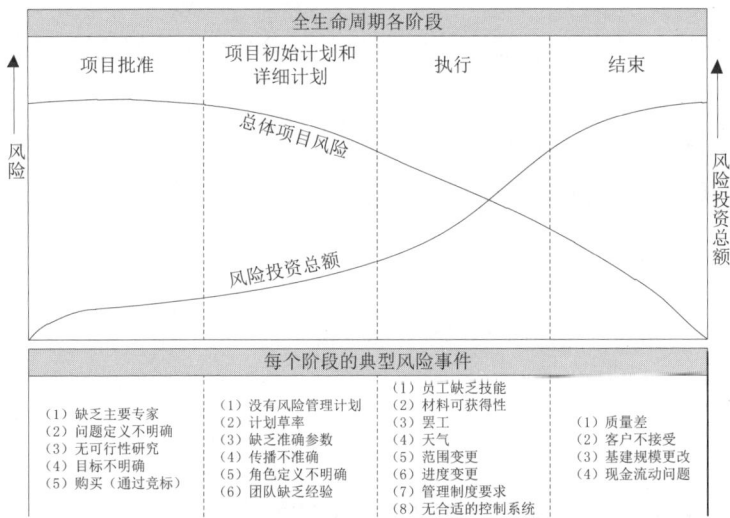

图 13-4　项目生命周期的风险管理

13.3　分析风险的概率和影响

> 当你要对你所说的话进行测量并将它们以数据的形式表达出来时，说明你清楚了一些事情；但是如果你不能以数据的形式表达出来，你对它的了解还很少。
>
> ——开尔文

---

① 哈罗德科兹纳. 项目管理：计划、进度和控制的系统方法[M]. 12 版. 北京：电子工业出版社，2018.

在识别了主要风险后，我们还需要以下数据帮助风险分析。

（1）风险事件发生的概率。

（2）风险真的发生，可能结果的范围与影响。

（3）每个结果的可能性。

风险分析应该在项目生命周期开始时启动，并贯穿整个阶段。在风险分析过程中，要根据风险的严重性和可能性将其分类，并赋予优先级。如果有可能，还必须测量它们对项目的威胁程度。深刻的风险分析让我们能够确定每个决策的后果。

风险分析的本质是以概率分布的形式描述决策的不同后果，进而使用这些分布评估某个管理决策的有利条件。风险分析的目的是向各干系人说明分布或后果的风险组合（利润、完成日期、投资回报等），这些风险组合是决策应考虑的因素。

在风险出现的可能性或影响程度难以精确定义时，采取定性分析的方法是十分有益的。实施定性风险分析时评估并综合分析风险的发生概率和影响，对风险进行优先排序，从而为后续分析或行动提供基础。

13.3.1　分析风险的概率和影响的方法

通常，在项目开始之前，组织就要制定风险评级规则，并将其纳入组织过程资产。通常首先查询风险的影响评级（见表 13-2），然后查询概率影响矩阵（见表 13-3）来评估每个风险的重要性和所需的关注优先级。

表 13-2　风险影响评级

项目 目标	非常低 0.05	低 0.1	中 0.2	高 0.4	非常高 0.8
成本	不明显的成本增加	成本增加小于 5%	成本增加介于 5%~10%	成本增加介于 10%~20%	成本增加大于 20%
进度	不明显的进度拖延	进度拖延小于 5%	项目整体进度拖延 5%~10%	项目整体进度拖延 10%~20%	项目整体进度拖延大于 20%

续表

项目	非常低	低	中	高	非常高
目标	0.05	0.1	0.2	0.4	0.8
范围	范围减少几乎察觉不到	范围的次要部分受到影响	范围的主要部分受到影响	范围的减少不被业主接受	项目最终产品实际上没用
质量	质量等级降低几乎察觉不到	只有某些非常苛求的工作受到影响	质量的降低需要得到业主批准	质量降低不被业主接受	项目最终产品实际上不能使用

表 13-3　概率影响矩阵

概　率	风险值=概率（P）×影响（I）				
0.9	0.05	0.09	0.18	0.36	0.72
0.7	0.04	0.07	0.14	0.28	0.56
0.5	0.03	0.05	0.1	0.2	0.4
0.3	0.02	0.03	0.06	0.12	0.24
0.1	0.01	0.01	0.02	0.04	0.08
	0.05	0.1	0.2	0.4	0.8

对某一项目目标（如成本、时间、范围）的影响（比值）

　　根据概率和影响的各种组合，该矩阵把风险划分为低、中、高风险。右上角区域代表高风险；左下角区域代表低风险，而中间区域代表中等风险。

　　组织可分别针对每个目标（如成本、时间和范围）评定风险等级。另外，也可制定相关方法为每个风险确定一个总体等级。可以编制一个全面的项目风险图谱（见图 13-5），来反映组织对各个目标的偏好程度，并据此为各个目标分配风险影响的权重。

　　风险评级有助于指导风险应对。如果风险发生会对项目目标产生消极影响，并且处于矩阵右上角的高风险区域，就必须采取优先措施和积极的应对策略；对处于中间的中等风险区域的威胁，可将之列入观察清单或为之增加应急储备，而不需采取积极管理措施；对处于左下角的低风险则可能等风险发生时再做处理。

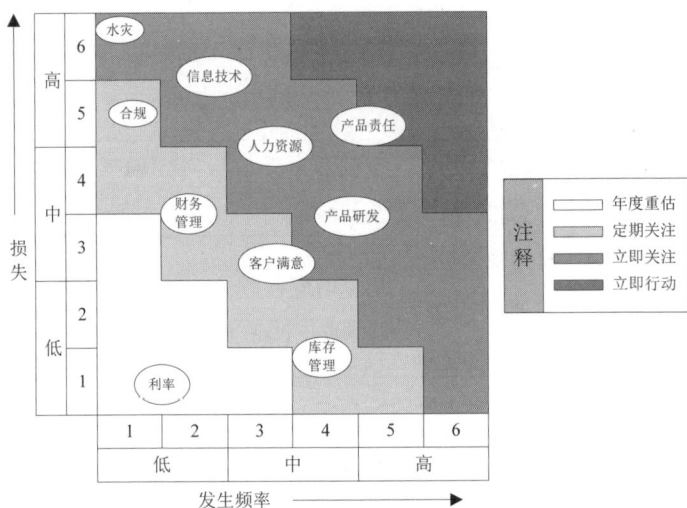

图 13-5 某高科技生产企业的研发项目风险图

进行风险定量分析的目的就是从数值上分析每项风险发生的概率及其对项目目标的影响程度。实施定量风险分析的对象是在定性风险分析过程中被认为对项目的竞争性需求存在潜在重大影响的风险。

当然，定量风险分析可以为每个风险单独进行量化评级，也可以评估所有风险对项目的总体影响。

一般来说，风险定量分析应在风险定性分析之后进行。有时，不需要实施定量风险分析，就可以制定出有效的风险应对措施。常用的定量风险分析技术包括：敏感性分析、预期货币价值、蒙特卡罗技术等。鉴于这些方法在项目管理实践中的应用频次有限，在此不做详述。

13.3.2　失效模式及影响分析

失效模式及影响分析（Failure Modes and Effects Analysis，FMEA）起源于安全和质量领域，是六西格玛（Six Sigma）的一个基本组成部分。它涉及一个系统的、基于团队的过程来考察产品会出现什么问题，或者生产过程中会出现什么问题。FMEA 适用于具有不利后果的不确定性。

FMEA 过程开始于团队头脑风暴可能的失效模式——项目过程本身可能出

错的事情，或项目成果技术方面的失败。然后，团队成员为每个可能的失效模式对严重性、发生频率和检测难度评级打分。这 3 个等级分数的乘积确定了每一个模式的风险优先级分数。基于团队的 FMEA 过程如下。

（1）基础。只有制定了 WBS 且团队成员对项目目标及期望结果有共同理解后，团队才可开始进行 FMEA。

（2）个人头脑风暴。团队成员单独工作，最初对项目可能的失效模式进行头脑风暴，考虑在项目期间可能发生会导致项目实施失败的事情，以及与项目最终产品相关的可能缺陷或风险。

（3）失效模式清单。主持人使用轮询的方法，收集参与者关于失效模式的想法。主持人将这些列在白板上。

（4）理解含义和原因。团队讨论列出的每一个失效模式的含义、原因和后果。主持人将关于每一个模式的关键信息写在失效模式旁边。这一工作有助于团队就每一个风险达成共识。

（5）评级。团队评定每一失效模式的严重性、发生频率和检测难度等级，分为 1~10 级，其中 1 是低，10 是高。主持人可以要求每个人完成各自的评级，然后计算平均数，或团队可以使用协商一致的办法。为方便评级过程，团队可以首先对 1~10 级的含义达成一致。

（6）计算风险优先级分数。团队成员将每一失效模式的 3 个等级相乘得到各自的分数。

（7）优先排序和讨论。基于风险优先级分数，有些失效模式将有更高的行动优先权。在得出什么重要和什么不重要的结论之前，团队应认真审查评级和基本假设，以确保在逻辑上没有严重的缺陷。鉴于计算的乘法性质，一个很小的高估就会导致风险优先级分数的放大。因此，团队必须对最终优先级达成一致，按照优先级从高到低排列最重要的失效模式。

（8）行动决策。一旦团队在风险优先级分数的基础上确定出最重要的风险，主持人可以引导成员讨论限制负面结果的应对计划并落实责任人。

表 13-4 描述了一个 FMEA 矩阵的例子。这个例子取自一个 MBA 学生团队实施的一个志愿项目在治疗患病儿童医院病房周围花园安装灌溉系统和绿化项目。

表 13-4　在治疗患病儿童医院病房周围花园安装灌溉系统和绿化项目的 FMEA 结果示例

失效类型	失效模式	对项目的潜在影响	可能原因	严重等级	可能性等级	检测难度等级	RPN
与项目结果相关的失效	灌溉系统不能供水	草和植物枯死	灌溉管道泄漏	8	5	10	8 × 5 × 10= 400
与项目执行相关的失效	工作人员意外切断地下电线	断电影响进度，医疗被危险干扰，邻居愤怒	没有地下设施位置的准确信息	8	2	4	8 × 2 × 4=400

13.4　关键是如何应对与控制风险

风险应对计划中需要开发出各种解决策略并规定决策程序，以便当风险发生时可以迅速确定将采用哪种策略来管理各种风险对项目目标的威胁。这些策略应得到各干系人的认可，同时指定风险应对责任人负责。

风险应对计划中可采用的解决策略包括如下。

1．规避

风险规避是指项目团队采取行动来消除威胁，或保护项目免受威胁的影响。它可能适用于发生概率较高，且具有严重负面影响的高优先级威胁。规避策略可能涉及变更项目管理计划的某些方面，或改变会受负面影响的目标，以便于彻底消除威胁，将它的发生概率降低到零。风险责任人也可以采取措施，来分离项目目标与风险万一发生的影响。规避措施可能包括消除威胁的原因、延长进度计划、改变项目策略或缩小范围。有些风险可以通过澄清需求、获取信息、改善沟通或取得专有技能来加以规避。

2．转移

转移涉及将应对威胁的责任转移给第三方，让第三方管理风险并承担威胁发生的影响。采用转移策略，通常需要向承担威胁的一方支付风险转移费用。风险转移可能需要通过一系列行动才得以实现，包括（但不限于）购买保险、使用履约保函、使用担保书、使用保证书等。也可以通过签订协议，把具体风险的归属和责任转移给第三方。

3．减轻

风险减轻是指采取措施来降低威胁发生的概率和（或）影响。提前采取减轻措施通常比威胁出现后尝试进行弥补更加有效。减轻措施包括采用较简单的流程，进行更多次测试，或者选用更可靠的卖方。还可能涉及原型开发，以降低从实验台模型放大到实际工艺或产品中的风险。如果无法降低概率，也许可以从决定风险严重性的因素入手，来减轻风险发生的影响。例如，在一个系统中加入冗余部件，可以减轻原始部件故障所造成的影响。

4．接受

风险接受是指承认威胁的存在，但不主动采取措施。此策略可用于低优先级威胁，也可用于无法以任何其他方式加以经济有效地应对的威胁。接受策略又分为主动或被动方式。最常见的主动接受策略是建立应急储备，包括预留时间、资金或资源以应对出现的威胁；被动接受策略则不会主动采取行动，而只是定期对威胁进行审查，确保其并未发生重大改变。

5．上报

如果项目团队或项目发起人认为某威胁不在项目范围内，或提议的应对措施超出了项目经理的权限，就应该采用上报策略。被上报的风险将在项目集层面、项目组合层面或组织的其他相关部门加以管理，而不在项目层面。项目经理确定应就威胁通知哪些人员，并向该人员或组织部门传达关于该威胁的详细信息。对于被上报的威胁，组织中的相关人员必须愿意承担应对责任，这一点非常重要。威胁通常要上报给其目标会受该威胁影响的那个层级。威胁一旦上报，就不再由项目团队做进一步监督，虽然仍可出现在风险清单中供参考。

13.4.1　风险管控是务实的

很多项目都有风险应对计划，但不够务实，往往沦为应付领导们看的"花架子"。这不仅没有意义，还给员工造成"给员工增加无谓工作"的印象。

某项目的分包商使用了新技术，该技术未经过充分验证，存在技术失效的不确定性。在项目的风险计划中，风险描述为"分包商使用的新技术存在风险"，应对措施是"强化与分包商沟通、关注新技术的应用"。

这属于典型的"花架子"式的风险管理，完全没有可操作性，"强化沟通""关注新技术的应用"无法落实更无法衡量。

计划文档中的工作，必须是一些实实在在可以落实的工作。每一个风险描述和风险应对手段，必须是项目计划中具体的、可以落实的工作项。

在本例中，同一个风险，风险描述应该改为"由于分包商使用了新的电路板焊接技术，所以存在电路断路的风险，造成低温下的控制系统失效"，相应的应对措施可以是"使用双点双线焊接；电路板组件完成调试后按照新的环境条件进行高低温环境试验"。

表 13-5 对糟糕的风险管理与正确的风险管理做了比较。

表 13-5　糟糕的风险管理与正确的风险管理

糟糕的风险管理		正确的风险管理	
风险描述	风险应对措施	风险描述	风险应对措施
分包商使用的新技术存在风险	强化与分包商沟通、关注新技术的应用	由于分包商使用了新的电路板焊接技术，所以存在电路断路的风险，造成低温下的控制系统失效	（1）使用双点双线焊接（2）电路板组件完成调试后、按照新的环境条件进行高低温环境试验

风险应对措施，需要成为 WBS 和项目计划中的一个新加入项，在进度计划中有时间，在成本计划中有预算，在责任分配矩阵中有人负责，这样的应对措施才是真实可靠的。

项目风险控制的基础，就是良好风险应对计划。保证项目顺利完成的不是聪明才智，更不应是经验，而是一个看似刻板但却实实在在，能够很好落实的风险应对计划。

　　管理绝不是高大上的工作；管理有时看起来很傻、很琐碎，但却是实在的！请记住：永远不要摆"花架子"！

13.4.2　风险管理是持续过程与系统方法

　　风险管理计划的开发并不能消除风险，困难才刚刚开始。既然计划被开发出来，就必须被执行。这需要对项目工作的持续监督以确保风险和风险效果不会变更。在项目控制阶段，项目经理监控项目以确保它持续地满足项目目标。计划内的风险也必须在监控程序的管理之中以确保该项目仍然处在满足短期、中期和长期目标的正轨上。

1. 风险管控应是持续的过程

　　在监控程序中，因为有风险计划，项目经理必须了解条件可能变更，可能需要开发额外的风险应对策略。更新现有的风险应对策略并再次分析已知风险可能也是必要的。如果识别了新的风险，项目经理必须准备修订风险管理计划的某些方面。关键是监控计划以确保它能持续有效，并且了解任何新出现的可能导致项目出轨的风险。

　　把项目风险管理作为定期状态审查会（项目例会）中的一项议程是持续风险管理的好方法。风险管理议程所占用的会议时间长短取决于已识别的风险及其优先级和应对难度。越经常开展风险管理，风险管理就会变得越容易。经常讨论风险，可以促使人们识别风险和机会。

2. 风险管理必须通过机制与程序来保证

　　风险落实到了项目计划中，未必会得到执行。必须把风险管控当作项目中的日常性工作，该工作必须持续开展，这也必须通过项目控制的机制与程序来保证。

　　2014 年 12 月 31 日 23 时，上海黄浦区外滩陈毅广场发生严重踩踏事件致使多人伤亡。2015 年 1 月 21 日，上海公布"12·31"外滩拥挤踩踏事件的调查报告，认定这是一起对群众性活动预防准备不足、现场管理不力、应对处置不当而引发的拥挤踩踏并造成重大伤亡和严重后果的公共安全责任事件。

有媒体采访活动组织者和公安部门，他们回应："事前，我们组织了大量工作人员在现场维持秩序……"

事故发生后，官方立即"叫停相关类似工作""组织全方位检查"。

这就是"一个人生病，全家人吃药"！真正的风险管理措施至少应该包括：制定进入和离开的专用行进线路，避免相互交叉重叠；控制人流数量等。仅靠"组织大量工作人员维持秩序"是不行的。重申我的观点：试图用一个简单方法管理系统性问题是不可能的。

3. 使用风险登记汇总表

应该将项目风险汇总成表，以便于管理和控制。表 13-6 是一个风险登记汇总表的示例。

表 13-6　风险登记汇总表示例

编号	风险描述	风险影响（欧元）	威胁暴露	应对策略	策略实施成本（欧元）	风险状态	责任人	计划完成时间
1	读写装置错放在传送器托盘上	107.400	中等	主动接受	0	已识别	刘	01/20/2013
2	在维护期间重整机具导致周一的停线	400.000	中等	减轻	61.440	已分析	刘	09/20/2013
3	二氧化碳焊接需要更多的零件才能达到要求的质量	45.000	中等	转移	1.000	已识别	麦克	01/30/2013
4	XY 产线的 B 极过程变更	25.000	高	减轻	—	已分析	约翰	03/10/2013
5	焊接定时器的成本上升	55.000	关闭	转移	0	没发生已关闭	詹姆斯	03/10/2013

风险登记汇总表是对威胁和机会的简要总结，并且纳入月度项目业绩报告的范围内。对于每个风险，本文件应该提供关于风险的相关信息。

（1）识别和描述。

（2）对成本、进度、质量方面的影响。

（3）威胁暴露（无、中、高）。

（4）应对策略。

（5）策略实施的预估代价（成本、时间、质量等）。

（6）状态。

（7）应对责任人及计划完成的日期。

一个最佳实践是，在风险登记汇总表中，尽量使用标准的风险表述方法："由于……所以有风险……其结果……"。这有助于明确了解风险，并辨别该风险的起因和影响力。

4．知识再丰富也不可能避免所有风险

一些多次去南极探险的科学家们曾找到了一些若干年前在南极牺牲的探险家们的尸体。他们是被暴风雪困在帐篷里饥寒交迫而死的。奇怪的是，帐篷里有充足的食物，只是装燃料的油桶是空的。

经过考证，发现这是一支 1912 年组建的南极探险队。他们所用的汽油桶都是用锡焊的，在南极极寒的环境下，焊锡变成粉末状的灰锡，汽油漏光了。失去了取暖的燃料，而食物又冻得像岩石般坚硬，探险家们只能无可奈何地在饥寒交迫中等待死亡。

可见，知识再丰富也不可能避免所有风险。没有一个简单方法能阻止灾难的发生，必须使用系统的过程和方法。

13.4.3　建设积极的风险文化

风险是一个好的、要持续使用的"工具"。因为每个项目都是不同的，风险也不同，因此应对措施需要灵活、管用。

一个有效的风险管理方法应该是具体、简单且被干系人认可的方法。因此，项目经理应该测量风险管理程序对团队接受和运用过程能力的大小。标准和模

式的使用能让团队成员解放出来，从而将注意力集中到具体问题上，避免时间、资源的浪费。

很明显，组织文化能影响人们如何处理风险和问题。

有的项目组织强调事实证据，解决困难。有的组织形成了"抓凶手"的文化，具体表现为常指责他人，即使问题是在个人控制能力之外。这些都会带来了保守的风险回避行为，促进了保守的风险文化的形成，其模式如图13-6所示。最终的结果是组织会遭受伤害。

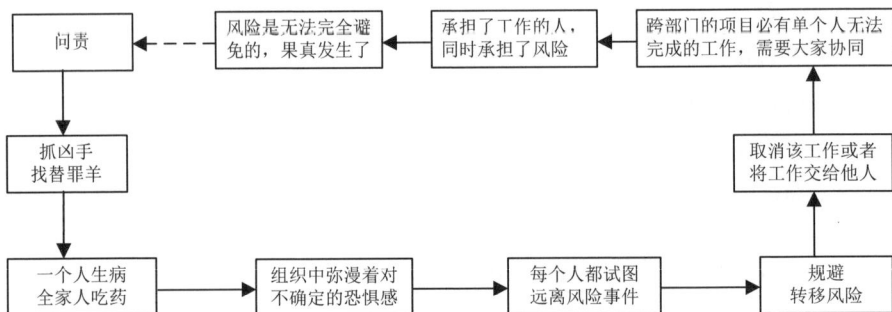

图 13-6　保守的风险文化的形成

组织保守的风险文化常让成员之间变得互不信任。这种不信任会导致好决策也被否决。

"我可能要在我的控制范围之外做出判断""我要承担责任"的恐惧感常导致人们回避或远离风险事件，当然也常常将风险事件转移给其他人。

冲突规避行为会增强不信任的文化，在技术型组织中尤为普遍。该模式是：人们通常很忙，只关注自己个人能力以及控制领域，也称为个人舒适领域。他们规避跨职能问题，因为他们害怕显露能力不足。遇到问题，人们会表现得愤怒和紧张，责备其他人或组织。这导致恶性竞争和相互猜忌。因为回避和不信任的根本问题不能得到解决，这种周期仍会反复。而且，在每一次风险事件发生后得到一次强化。

成功的企业和管理层明白：考虑风险对他们的成功很重要。没有一个组织能在不做任何风险分析的情况下取得进步和成功。

请记住：

（1）风险并不可怕，可怕的是对风险的侥幸心理。

（2）不认真对待风险，就是最大的风险。

（3）风险管理能力是项目管理中最简单、最重要的能力。

（4）好的项目经理管理风险，糟糕的项目经理管理问题。

（5）好的项目管理是风险管理主导，糟糕的项目管理是问题管理主导。

第14章

提升价值的项目收尾

> 经验是最坏的老师。它经常先考试，然后再给出指导。
>
> ——奥斯卡·王尔德

徒弟：师傅，年终总结，或者面试的时候，该如何来评价自己呢？

师傅：实话实说。

徒弟：那就写"我能做什么"，这样就可以展示我拥有的能力了。

师傅：如果是年终总结，你的年终奖就没了；如果是面试，你就不会被录取了：每个人都喜欢用"我能做什么"来评价自己，但别人只会用"你做过什么"来评价你！在写总结时一定要注意写明你做过什么，取得过哪些业绩。你如果想找到一份好工作，另一个重点是，在过去的工作经历中，你收获了哪些经验教训？优秀人才普遍擅长总结，还建议你用项目管理体系进行结构化的总结，不仅显得高大上，而且显得逻辑清晰，格局大。

徒弟：关于面试，我还要做点什么呢？

师傅：面试就是讲故事，通过讲述自己的过去来推销自己，放平心态、把故事讲好，面试就成功了一半。当你用独特而丰富的语言在面试官前表述自己的优缺点时，那必定是一个精彩的故事，而你自己，也成了用自己魅力来影响他人的人！

"开头简单、结局不易"，项目亦如此。在快速变化的商业环境下，项目收尾好坏，不仅影响组织利润，也影响干系人能否对项目是否满意，甚者会成为获取新商业机会的关键。

14.1　做好项目收尾，不留后遗症

作为项目生命周期的最后一个重要过程，一旦满足了项目目标同时顾客能够对交付成果进行验收，就进入项目收尾过程。尽管项目收尾是项目生命周期的最后部分，并不意味着项目收尾的各项活动就要拖延到此时才开始进行。

14.1.1　收尾好才是真的好

项目是临时性的，但项目成果却往往是长期的。项目收尾必须做好，不留后遗症，以免造成长期的不利影响。

自助餐厅里同事随口的一句话让冯菁不禁停了下来。"你应该不会还在那个呼吸相关肺炎控制改进项目上工作吧？"冯菁勉强笑笑，答道："快完工了。"实际上，这个项目徘徊在"快完工"阶段已经 6 个月了！

冯菁开始反思是什么造成了现在这个情况。首先，对于项目"完工"的确切定义并没有一个明确的说法。虽然项目总体工作的重心是明确的——确定医院为降低肺炎感染率所应采取的步骤措施——冯菁曾认为，只要当团队将建议书交到发起项目的高层主管手中时，项目就结束了。但项目的一些主要干系人则认为，需要等到高层主管核准了所建议的变更，项目才算完成。同时，医院的一些高管希望冯菁的团队能够同时实施这些变更。

在项目发起人最终核准了其中一小部分建议内容后，冯菁和她的团队沮丧地得知，他们接下来需要制订一个培训计划来告知员工新的规则和流程。而此时，一些成员已经正式或非正式地离开了团队。团队规模的缩减，导致余下成员从人数到技术广度上都不足以承担现在

所需的工作。同时，冯菁还在项目后期获知，她需要提交一套项目材料，其中包括一些她和她的团队要么从来就没编纂过，要么编纂过却没有保存的一系列文件（如项目早期的一些报告）。冯菁想知道她和她的团队本来能够或者应该实施的不同做法，而且如果真这么做了的话，项目应该已经结束了。

很好地结束一个项目，对后续项目必不可少。作为项目经理必须在开始新项目之前，请发起人和所有干系人验收项目、接收项目成果并确认本项目已经圆满完成。同时，应该把项目文件存档，这样可以为未来类似项目的定义和规划提供必要的信息。

另外，项目经理及其团队还要做好两件事。首先，通过庆祝所取得的成就，认可并奖励团队成员做出的贡献，来加强成员间的关系。其次，开展项目后评价，把良好做法标准化，并改进不足，为后续项目改进提升做积累。

14.1.2　项目收尾的维度

项目收尾阶段的团队工作取决于项目本身的性质以及组织和重要干系人的期望。然而，如下文描述以及表 14-1 所总结的，收尾工作的一些通用维度将适用于大多数项目，即使它们在形式上有所差异。

表 14-1　项目收尾工作的维度

序　号	描述维度	内　容
1	客户维度	（1）获得最终客户认可 （2）评估客户满意度
2	管理维度	（1）完成项目财务文件 （2）完成项目文档
3	人力资源维度	（1）评估团队成员绩效 （2）奖励和认可项目贡献者 （3）支持团队成员转移到下一个任务

续表

序　号	描述维度	内　容
4	组织维度	（1）识别和获取经验总结 （2）评估项目结果并报告给组织 （3）与团队庆祝

我建议制定相对正式的项目收尾程序，并使用表 14-2 所示的项目终止任务清单。

表 14-2　项目终止任务清单

任务编号	任务描述	是否用于项目	完成日期	负责人	备注
A	项目管理办公室和项目管理团队				
1	召开项目收尾工作会议				
2	制订项目团队解散及重新任命计划				
3	进行必要的人事调整				
4	对项目团队的每位成员进行工作评价				
B	指令和程序（对下述任务发出指令）				
1	撤销项目团队				
2	对所有的工作任务和合同进行收尾				
3	终止汇报程序				
4	编写项目结束报告				
5	结束项目并处置善后				
C	财务				
1	进行财务收尾工作				
2	进行最终的财务审计				
3	编制项目财务收尾报告				
4	搜集应收票据				
D	项目最终定义				
1	更新项目最终范围说明				

任务编号	任务描述	是否用于项目	完成日期	负责人	备注
2	更新项目最终分解任务书				
E	计划、预算和进度				
1	更新所有项目交付物的实际交付日期				
2	更新其他所有合同责任的实际履行日期				
3	更新项目最终状况和任务状况报告				
F	工作授权和控制				
1	对所有的工作命令和合同进行收尾处理				
G	项目评估和控制				
1	保证所有安排的收尾工作已完成				
2	编写项目最终评估报告				
3	召开项目最终评审会议				
4	终止财务、人力资源和项目进度汇报程序				
H	向管理层和用户汇报				
1	向用户递交项目收尾报告				
2	向管理层递交项目收尾报告				
I	营销和合同管理				
1	对所有最终合同文件及变更单、弃权书、有关信函进行整理、汇编				
2	按合同条款核实并编制文件				
3	将所需的运输证明和客户验收证书进行汇编				
4	正式通知客户终止合同				
5	对客户进行索赔				
6	做好对客户的反索赔工作				
7	向公众发布终止合同				
8	编制最终合同状况报告				
J	项目延期或重新开始				

续表

任务编号	任务描述	是否用于项目	完成日期	负责人	备注
1	对项目或合同的延期或重新开始相关新业务的可能性提出书面建议				
2	获取延期承诺				
K	项目记录控制				
1	将完整的项目资料整理好,并转交给指定的经理				
2	按照规定的程序处理其他项目记录				
L	采购及分包				
1	记录符合程度和完成情况				
2	核实最终支付情况和财务记录				
3	通知供货商、分包商终止执行合同				
M	项目文件记录				
1	将项目文件记录汇总、归档				
2	编制最终技术报告				
N	现场操作				
1	停止现场操作				
2	处置设备和材料				

14.1.3　提高成功的概率

项目完成的情况受到内部和外部因素的影响。

1．项目团队以外的因素

（1）成熟的客户。客户从总体上可以分为两大类：幼稚（目光短浅）客户和成熟（见多识广）客户。幼稚客户一般喜欢强调买方和卖方的关系，并且在某种程度上在两个组织间营造出一种敌对关系。相反，成熟客户能够意识到他们在项目成功中的作用，这种作用与项目执行组织是一样的。

因此，成熟客户会详细说明所预期的成果并将其包括在最初的工作定义中。除此之外，他还努力提出比较难以回答的问题，并详细探究乙方的工作，但是这并不是使乙方难堪，而是为了确保所有重要事项都得到正确的处理，任何所需变更都将理智地进行协商。

（2）较高的优先级。优先级高的项目比优先级低的项目不可避免地会有更好的结果，这是因为前者在对资源的竞争中占有明显优势。这并不是说优先级低的项目就缺少来自于最高管理层的支持。最高管理层显然希望所有的项目都成功，但是低优先级项目的优势确实相对较少。

（3）明确稳定的目标。目标明确、稳定是项目成功的必要条件。在很多项目中，目标确实发生了变化，虽不是每天都有变化，但时常变化导致团队无所适从。因此，将项目目标写下来帮助每个人在心中树立牢固的印象。只有在有更改需求的时候才去修改目标，也是成功的条件之一。

2. 项目团队的内部因素

（1）一个好的项目经理。有一点至关重要，那就是一位合格的、有领导力的项目经理，一个和谐的团队是重要的。有着相似背景的人更容易相处。比如说，一个小组都由电气工程师组成的话，他们很容易形成团队精神。

但是一个成功的项目通常需要一支由跨专业、不同背景的团队成员组成的队伍，这就是一个挑战。因此，项目经理需要将背景不同的人融合在一起并形成一个有效、和谐的团队。

（2）适度的工作包大小。复杂、难度大的工作包不应该安排给初级人员，他们会不知所措。同样，简单的工作包不应该安排给高级和资深人员，对他们来说太没有挑战性了。

适度地分割工作包的大小可以帮助项目经理避免这两个潜在的问题。

你招聘了一名新编辑，他上岗的第一天，你应教会他如何发布一条资讯，必须细化到资讯的题目是什么，图片应该如何处理，标点符号的规范是什么。这位编辑工作一到两年以后，他的能力已经足以策划一些专业内容，这个时候你只需要告诉他，你最近工作的目标是什么就可以了。

一个大型公司，董事会只需要告诉总经理"下一季的任务指标是什么，收入水准是多少"。

工作安排的技巧只有一个就是"最小化可执行"，其意思就是"你的团队成员究竟有什么样的能力，能做到什么样的工作？"，要确保你下发指令的每一条细节都是团队成员力所能及的。当你发现他无法达到时，你就必须学会将这个环节进行细节分解，一直分解到他力所能及。当你的下属能力提升的时候，你布置任务不必再分解到如此细节。

当你娴熟利用"最小化可执行原则"去发布工作指令的时候，你将能够切实保障指令的完整执行，同时也不会被团队成员笑话成"婆婆妈妈"。

（3）有条理地计划。计划不如变化快，由于项目几乎从不会严格按照原计划进行，因此重新计划是项目管理的一项持续的要求。项目经理对计划的有效管控，可以保证项目在正确的方向上前行，为项目成功提供基础。

> 关于项目成功标准的话题，请参考本套书的《管法：从硬功夫到软实力》第 1 章。

14.2　完成验收并获得交付成果的签收

在项目全过程中始终进行有效管控是很重要的，而成功地结束项目也许更重要。衡量项目是否成功的一个重要方面就是客户对于项目成果的验收情况。通过获得客户认可的签收可以说明完成的项目符合客户要求。

14.2.1　理解客户"真实的"问题是顺利验收的关键

我曾介绍过满足客户需求的一些方法，也指出过使用含糊性词语造成的麻烦。例如，客户对于"适当的"这个词语的理解和工程师就会有所不同。在项目一开始就确认清晰的、简单的标准，并且直到项目收尾都保持一致，这对项目非常重要。

EDS 为美国海军研制防黑客网络系统（见第 6 章）失败的另一个重要原因是项目收尾的拖延。与海军的合同中要求 EDS 在要求付款之前，必须完成所有电脑的安装。然而，装配好的电脑经常需要等待安装——有些情况下甚至长达 9 个月——因为用户繁忙或有任务，而这些任务有时在海外。

我一再强调，项目管理的一个重要责任在于管理好期望值，这一点不管是对内部客户还是外部客户都是正确的。

在整个项目生命周期中，都应卓有成效地完成客户提出的要求。必须确保拥有一套确实有效的要求，这里的"确实"是指客户的真实需要。也就是可以明确不同要求之间的边界条件，以便能够设计出满足客户要求的方案。如果真正做到了这一点，项目成果将能从真正意义上解决使用者希望解决的问题。

但是，在绝大多数的项目当中，急于"先干起来"的项目意味着随时改变对项目的要求。比比皆是的"三边"项目就是如此，按照客户原来的要求生产出产品，但最终却没有符合顾客的需求，原因就是他们的问题没有真正得到解决。这种情况下通常所犯的错误就是客户明确指定了产品设计，却没有用"可理解的业务"描述对产品的要求，事实上这是一种微观管理项目的方式。

有效要求是一种以"可理解的业务"表达客户需求的要求，这种方案使得项目组能够解决"真实的"问题。当实施验收时，一定要确保交付成果的状态满足客户对产品的要求。也许，最初客户就是制定了产品设计而没有描述"可理解的业务"，此时就必须对这些要求做修改。

实践经验告诉我们，客户的不满意绝大部分跟遗漏实施操作要求有关联，而不是因为遗漏了功能上的要求，所以必须特别注意实施操作要求。

对于已经交付的产品在离开生产场所之后的责任归谁，也是一个在项目开始时就应考虑的问题。

小张是华达公司油泵快速修复系统的项目经理。客户在华达公司见证了最终系统测试，并接受了该系统。交付客户之后，该系统现场运转不稳定。小张组织工程师确认并查找事实真相，并再次核实了验收标准。此外，小张也关注了一些整改和复验过程的细节：参试人员

是否合格、使用人员操作是否规范、测试设备是否经过校准等。小张
和项目团队经过努力，系统顺利通过验收。

14.2.2　验收后的工作

交付成果移交后，项目控制力大大减小。

继续服务和支持可以收费，也可以是一种义务。不管怎样，必须明确由谁
来支付费用，何时付费。不建议将这个问题留在项目完成后才来商讨。

当然，应该将继续服务和支持视为一种机会，而不仅仅是一种义务。如果
这些包括在项目里，员工将与客户人员一起工作，并且提供继续服务和支持。
该过程中，他们会和客户人员一起通过非正式的机会一起发掘想法，并且倾听
客户所面临的真正问题。所以，这样的接触会为未来的商业机会奠定基础。

如果项目在一个或几个方面不符合要求，应该加以书面记录，并通过以下
方式进行处理。

（1）扩展项目，以完成必需的额外工作。

（2）重新协商项目范围，使之符合已交付的成果。

（3）获得有条件的接受，并承诺在未来某个日期解决问题。

即使还有尚未解决的缺陷，也要获得对已经完成的成果的书面确认。应该
在下一期项目状态报告中概述验收测试的结果，并且把验收测试的结果归档。

14.3　坚持到底，完成项目的行政收尾

需要开展一些行政工作，来结束项目文书工作以及向团队表示感谢，并关
闭整个项目。这些步骤包括外包工作收尾（如果有必要）和完成项目最终报告。

14.3.1　外包工作收尾

如果项目中的部分工作是外包的，应该核实他们已圆满完成所有工作，并
且已经交付所有可交付成果、文件、报告以及其他成果。这需要查看合同（含
过程变更），确保所有各方都已经履行了全部义务。

如发现问题，就必须与分包商讨论，努力争取完成相关工作，满足合同所规定的要求。如果合同中的某些工作实在无法完成，就应该分析有关后果，如罚款或扣款。如果承包商的实际绩效没有达到合同中的其他要求，也要分析该如何处理。必要时，可把问题报告给有权解决者和法务专家，请他们帮助解决所有未解决的问题。

应审查付款情况，并按合同规定支付最终款项。还要完成组织所要求的所有文件和报告，关闭项目账目。在完成最终付款后，及时终止合同或与项目有关的部分。

最后，还应评价供应商的整体绩效。如果某个合同是提前终止的，就必须详细记录相关情况，特别是因绩效问题而提前终止的合同。应该把绩效评价文件及其他相关文件存档。

14.3.2　将报告写成文档

1. 将报告写成文档

应该根据组织的要求，编写最终项目报告。把最终报告发给团队、发起人和其他相关人员，通知他们项目已经结束。最终报告的结构与定期状态报告非常相似，但侧重于整个项目，而不只是当前情况。它也非常适合用来认可整个项目团队所取得的具体成就，以及正式表彰个人或群体所做出的重大贡献。

与所有项目状态报告一样，最终项目报告应该以概要开篇，直接指出几个最重要的成就。同时，明确感谢所有对项目做出贡献的人。在报告的其余部分，应该针对项目的重要方面，提供相关细节和追溯性指标。如果在编写最终报告之前已经完成项目经验教训总结，那么应该在报告比较靠前位置陈述最重要的建议。

除了一份最终报告的文档之外，还可能包含一份备件清单、操作手册和竣工图纸，甚至连文档的格式都可能是有要求的。

2. 使用递增式方法

要在项目结束之前完成文档通常比较困难，有两个原因。

（1）很多技术专家都不擅长写作或者不愿意写。

（2）在很多情况下，了解项目比较透彻的人早已经被安排到其他的活动中去了，已经不在项目上工作了。

实践中，我总结出了一种方法。首先，准备一份包含所有最终文档的提纲，并将此提纲包括在每个团队成员的工作任务书里。然后，在项目过程中，当每一项关键任务完成时，项目经理都要求相应团队成员提供与任务相关的几句、几段或几页文档，然后将这些片段插入提纲内适当的位置。我把这种方法定义为"递增式文档"。

"递增式文档"操作起来相对不那么"痛苦"，为最终文档的完成提供了好方法。

3. 文档是体现项目经理价值的重要方式

文档是很多人非常不喜欢的工作。需要强调的是，很多个人层面看似没有意义的工作，在组织层面非常有价值。很多文档工作是在为组织积累过程资产，项目经理应学会按照组织的架构流程进行工作。

作为项目经理，不管喜欢还是不喜欢，写文档是一种必须掌握的核心技能。而且，对于一些平时不容易见到的人（高层经理），文档是体现项目经理价值的重要方式和机会。

14.3.3　恰当地进行团队庆祝

项目实现了目标，就应该给予认可。对项目的认可是建立在早期确定的项目成功标准基础之上的。认可的形式可以是正式的，也可以是非正式的，这取决于以前所制定的标准。对于成功完成的项目，有许多奖励方法。企业可以通过召开会议或大型聚会来表扬成功的项目组，表示对他们的认可；也可以通过在行业期刊发表文章对项目组进行认可；或者经管理层许可颁发纪念章、证书或物质奖励。

作为项目经理，激励和感谢是加强其自身影响力的最好方法。应该对每个团队成员在项目期间所提供的帮助和支持，以及所做出的努力，表示衷心的感谢。尽可能当面表示感谢。对于远程团队成员，至少要亲自打个电话。要找出每个人的一个特别之处予以评论，使感谢更生动有力。也可以用书面方式表示感谢。对于任何不直接向你汇报的人，要把感谢信抄送给他们的职能经理。

当然，对于那些在项目中表现不佳的成员也要给予恰当评价，只有这样，工作表现良好的人才不会觉得自己的付出是没有价值的，而表现尚有距离的人也会知道将来如何改进工作。

以后，你或许还会与某些成员一起工作。现在如何分离，会影响将来如何合作。即便你不再与他们合作，表示感谢也是很好的做法。感谢从来不会带来伤害，它只会带来帮助。

作为项目经理，你还有一个任务：安排某种活动来庆祝项目结束。如果项目非常成功，并且你已获准举办聚会或带团队外出聚餐，那就应该按团队喜欢的方式去组织。如果你没有经费支持，至少要举行一个小型聚会，愉快地结束项目。即使项目看起来没那么漂亮，也至少应该找出一些引以为豪的成就。庆祝活动不需要有多讲究，一定要设法让每个人尽可能参加聚会。

14.3.4 解散项目团队

项目团队成员在项目完成时会有复杂的心情。当项目临近结束时，他们的情绪可能变得不稳定，工作效率也可能要下降。如果项目团队成员面临新的机会，他们的工作表现可能会有所回升，但是如果项目成员未来去向不明，那他们的工作效率一定会下降。因此，职能经理和项目经理都有责任处理好他们这种感情上的反应，使大家保持正常的工作状态。

考虑项目成员的感情时，必须牢记他们是属于企业的，在项目工作只是这些人员暂时性的工作。虽然项目完成了不再需要这些员工，但是企业应当更加重视他们，因为他们在项目中为企业做出了自己的贡献；同时，在项目工作中积累的经验，可以更出色地完成其他项目。对于企业来说，成功完成企业项目的人员是企业发展不可多得的财富。

项目经理应提前与职能经理做好沟通，以便使他们提前安排项目团队成员的未来工作。处理团队的解散工作应十分谨慎。团队成员对项目做出了巨大的贡献，有的甚至是做出了一些牺牲。如果组织没有意识到他们的贡献和牺牲，他们会感到失落，这将导致怨气。这对企业的后续发展产生负面作用。

因此，必须保证团队成员都能为自己的付出得到了相应的肯定。

14.4　经验教训必须总结

要与整个团队一起安排好总结会议，建议在项目完成之后一周左右进行，这将能取得更丰硕的成果。时间长了，就很难让大家到齐，而且人的记忆尤其是不好的记忆会很快消退。无论何时开会，项目完成后的追溯性分析都是讨论项目各方面情况，总结过去、展望未来的极好机会。

14.4.1　做好追溯准备

追溯的价值在于提高未来的项目工作。既可以总结良好做法并加以保持，也可以发现不足并加以改变。保持良好做法，这并不困难，也许正好在你作为项目领导者的权力之内。但是，改变不足，可能有点棘手。改变总是比较困难的，国人更是如此。

即便在某些认真对项目做追溯性分析的组织中，也会在一个又一个的项目上出现同样的问题。不停地总结、分发和归档经验教训，但什么都没有改变。请记住，精神错乱的一个表现就是：一直反复做同样的事，却希望有不同的结果。致力于改变是打破循环的必由之路。只有你愿意采取行动来追求好的改变，追溯性分析才值得你去花费时间和精力。

首先，要请管理层支持采纳从分析中得到的一个或多个建议。如果组织中已经建立了 PMO，就可以请 PMO 人员参加追溯性分析会，支持对分析结论的利用。承诺分析结论将被用于改变不良做法，这也是激励团队成员参加分析会的一个理由。

要设法促进讨论。如果你亲自主持会议，就无法充分参与讨论。可以请项目管理办公室成员、其他项目的领导者或项目团队之外的人来主持会议。

在会议召开前，给每个人发一份模板或调查问卷，引导他们思考整个项目。应该分类收集项目信息，如项目管理过程、项目基础决定、沟通和信息管理，以及工具和技术。对于什么做得好、什么有改进余地，征求大家的意见。要求人们对他们认为本可以做得更好的事情提出改进建议。提前收集意见，尤其是那些已被邀请但不能出席者的意见。对所收集的意见进行整理，方便会议讨论。

收集各种项目文件和追溯性指标，供分析会议使用，包括最终项目报告（如果已经编就）。应该事先制定会议议程。如果已经邀请外部人员主持会议，就与他一起制定会议议程。会议的主要内容至少包括如下几方面。

（1）讨论项目中进展顺利的事情。

（2）识别需要改进的过程或项目其他方面。

（3）对建议进行优先排序。

（4）总结经验教训，提出行动建议。

（5）征求每个人对项目的看法。

14.4.2　经验教训的悲剧

人类最迫切的愿望莫过于改变过去和预知未来，以目前的科技水平改变过去是不可能的，但预知未来并不是办不到的。众所周知，经验教训总结的目的是了解哪些工作做得好，哪些工作需要改进；在自己和他人的错误中学习（教训）、不重复别人的错误是成功的捷径。然而，这个过程经常被忽视。正如一句格言所说，"不知道历史的人注定会犯相同的错误"。

> 关于本主题的更多探讨，请参考本套书的《心法：顶级项目经理的修炼之路》第 5.2 节。

1. 提升有效总结对个人及组织价值的认识

（1）注重个人利益。多数项目都会有一些压力、危机甚至戏剧性的故事，或者至少会有一点混乱的情况。对既往项目进行回顾的目的是让项目成员可以把这些不快抛到身后，然后以更好的态度和心态承担接下来的工作。

讨论既往项目哪些方面做得好有利于建立正面的态度，并且有助于项目成员建立个人业绩与成就的信誉。

以开放的态度面对以往的烦恼和问题，有助于情绪的宣泄。将人们埋藏在心中的不满宣泄出来有助于他们将来树立正面的态度和表现出良好的行为。

如果人们有机会讨论，即使以往项目中有些失控的情况，人们的感觉也会更好一些，不至于对你产生"怨恨"的情绪。

经验总结对每一个人都有好处，因为这可以让未来的项目减少混乱、挫折和困惑。

（2）构建更好的项目。总结分析以往项目，并且实践所发现的道理，后续项目的管理往往会更有效率。

（3）帮助组织。不断提升的效率会让组织的业务更加健康地发展而且更加成功，这会带来更加稳定的工作机会、个人成长和职业发展。

帮助组织不断学习，不断积累知识财富将会令工作环境更加稳定和令人愉悦。

总结分析时，注重成绩和正面的东西也有利于发现新的有潜力的管理者和专家。

2. 编写项目收尾报告

项目经理与其项目管理团队召开会议，讨论项目发展是否符合项目收尾报告的要求。我建议，项目收尾报告至少应该包含以下部分。

第一部分，描述原项目（招标时）的基本方面，即范围、时间安排、成本和收入。

第二部分，专门说明在范围变更、时间安排和成本等方面与原内容的偏差。

第三部分，专门用于项目生命周期中客户关系发展分析。

第四部分，总结风险管理，从而提供项目过程中发生的主要威胁和机会的列表，以及如何应对（积极或消极）的，应对的实际结果。

第五部分，经验教训列表，包含做过的事情、基本原理、采取的预防措施和（或）纠正措施，以及指出谁可能是这些教训的接受者。

第六部分，项目管理团队个别成员对项目提出的具体反馈信息。

对于项目经理而言，编写项目收尾报告工作特别难。项目管理团队很可能正在从事新项目。如果已关闭的项目运转良好，往往没有人想要浪费时间对其进行审查；如果项目运转情况很糟糕，没有人想要重蹈覆辙。特别是有人把其称为"揭伤疤"。因此，有必要了解此过程对于组织知识增长和知识完备的重要性。

应该以客观、透明的方式跟踪项目的历史记录，项目经理必须营造轻松、合作的氛围，以便消除负面影响。

一定不要把文档做得复杂、晦涩。要善于使用图表、插图等可视化工具，以最短时间、最小篇幅，把复杂内容简化，让不懂技术的人了解真实情况，让高层管理者了解项目的关键要点。

项目经验教训文档，既要符合内部对文档规范的要求，也要对相关的干系人有价值，同时更重要的是能够帮助组织达成希望的目标。

14.4.3　促进项目之间的经验共享

虽然许多组织都开展了经验教训的总结工作，但研究表明，很少有团队真正将之前团队所总结的经验付诸实践。有时为了方便（例如，"谁有时间干这个？"），经验教训总结根本没有开展，或仅是草草了事。有时团队将总结报告视为一种例行公事——满足组织要求而必须完成的任务，而并不将其视为一种可以促进改进的活动。基于种种原因，新团队往往倾向于无谓的重复而不是从之前项目中吸取经验。

努力改进项目交付过程的组织应采用各种手段来促进项目之间的经验共享。这些手段的联合使用有助于促进学习型组织的形成，致力于不断地寻找方法将工作完成得更好、更快且成本更低。

1. 注重过程和程序上的经验总结

虽然每一个项目的结果是不一样的，但不同项目的启动、计划和交付的过程和程序是类似的。这就意味着有关决策和假设、合作方法、风险识别、团队结构、沟通、会议程序、干系人管理、冲突管理等的经验对于将来的团队都可能有很大的价值。应该鼓励团队获取并分享在项目这些方面的经验。在大多数行业中，所总结的管理经验的适用面远远大于技术经验，后者可能仅适用于很小一部分极其类似的项目。新项目团队要特别注意考虑他们可能遇到程序方面的事务和问题（例如，彼此沟通的最佳方式是什么？向上级主管报告进展的频率如何？哪些类型的问题需要向上反映？），并要意识到其他团队很可能已经处理过类似的情况，并已有很好的解决方法。

2．维护和鼓励使用组织的项目经验数据库

许多组织都设有项目管理数据库，记录着每个项目或一个项目各阶段所总结的经验和其他项目文档，可以根据需要登录查阅。"其目的就是使其他团队能够按照项目名称、成员或关键词搜索到这些文档，消化吸收其中的知识，从中学习。"这些数据库通常可在公司内网上获得。上述基于信息和沟通技术支持的跨项目经验学习手段通常还应包含项目知识的检索系统（有人称其为知识地图）。

虽然以 IT 为基础的知识管理系统可以快速而便捷地提供过去项目经验，但只有它们真正在日常中被使用，才能对组织的经验积累起作用。遗憾的是，这些系统事实上很少被使用。在一项针对 18 家基于项目的组织的调查中，研究人员发现没有一家的项目团队应用了存储的过去项目经验，即使项目文件是电子化储存，并能方便地检索和获取。另一项针对 6 家公司 13 个团队的调研发现：团队要么不清楚相关信息的存在，要么他们认为所得到的信息与他们的项目不相关。

有这些限制，但检索经验数据库还是有其潜在价值。为了使其发挥作用，项目经验描述方式应该使其与将来的项目相关。经验总结文档应该包含足够的情景介绍，从而能充分表达其见解要点。一份冗长、未合理编排、满是项目相关专业术语但缺乏充分解释的清单很难对未来的项目有参考价值。

小短文是记录项目经验的另一种方式，采用半页杂志文的形式记录项目经验和见解，清晰易读，图文并茂（如包含视频、思维导图、照片）。另外，正如前边提到的，就项目工作流程相关的经验总结（如团队为什么和怎样完成，解决问题、合作等）也许比就项目如何达到特定目标的相关见解更为有用。

如前所述，组织也可以鼓励、嘉奖甚至要求团队在开始新项目之前，查询借鉴数据库中的相关经验总结。

3．加强项目经理之间的社交网络

当被安排了一项不熟悉的任务，或是在工作中遇到问题时，你可能会去寻求已经处理过相似问题的同事的意见。你个人的社交网络即成为一种传输知识的媒介。项目经验总结亦可以采用类似的方式。在近期一项有关 4 家组织跨项

目经验总结工作的研究中，研究人员发现：经验的有效传递对社交网络的依赖更胜于基于信息和沟通技术的经验总结系统。同样，组织中最有效的员工都是那些社交网络跨越结构性漏洞、频繁地与自己工作团队或职能部门之外的人员交流的人。

4. 通过对团队成员的选择推动项目间学习

考虑到向他人学习的重要性，组织可以通过组建具有员工连续性的团队来鼓励经验从一个项目传递到另一个项目。例如，一个组织刚完成了一个新产品研发项目，从学习的角度上看，将该团队的一些成员分配到新团队中是很有价值的。资深员工带来了前一个项目的经验，将成为项目团队中新手获得经验与技能的源泉。

5. 为即时学习提供资源

最近一项针对跨项目团队学习的研究表明：在处理问题时，项目成员首先依赖于团队中其他成员的经验；只有当团队内部知识不充分时，他们才会寻求外部帮助。组织可以通过满足项目团队在第一时间向过去项目学习相关经验的需要来帮助其获取知识。过往项目经验的可检索数据库、标明解决某个特殊问题所需信息在组织内存放位置的知识地图，以及个人的社交网络，都是即时信息的来源。

6. 设立一个"项目进步推动者"的岗位

有些组织安排个人或团队来负责收集、整理并在内部推广组织所积累的项目管理经验。"项目进步推动者"收集整理并评估回顾报告和其他经验总结文档，将其综合成有意义的摘要，并公布在容易被看到的地方（如项目团队会议室、公告栏）。推动者同时还可以作为项目经理和团队的咨询对象。例如，推动者可以和新项目团队会面，探讨团队成员在项目进行过程中能如何应用组织所积累的项目管理经验。安排一个人（或团队）来负责知识积累的内部推广有助于确保这些有价值的经验一直被人所见。

成为专家是我认真思考后的选择

这么厚的一本书，谢谢您读到了最后一页，也感谢您能够听我讲这么久。

著名作家、国际安徒生奖获得者曹文轩先生说每部作品都是作家的自传，我非常赞同这个观点。本书跟我的很多文章一样，也是基于我的个人经历，不是做过的就是看过的、辅导过的。每个人都应该在经历中学习，对经历过的要定期回头阅一阅，此所谓阅历。阅历无法替代，但仍然可以从别人的经历中学习。希望本书能为您提供了学习别人经历的机会。

我知道，您之所以能把这本书读完，除了耐心和对项目管理的热爱，还有在职业发展上更上一层楼的诉求。我被问到最多的问题就是职业发展，这些人既包括我的学生，也包括我的读者。其实，这也是困扰过我多年的问题。

2011年，我终于想清楚了，那就是在职业发展上，我们有两条路：要么成为专家，要么成为领袖。成为领袖意味着沿着领导的阶梯向上攀登，这非一般人可以达到的，我想我是没有这个机会更没有这个能力的；但成为专家的机会几乎是无限的。不管你是工程师，还是项目经理、职能经理、运营经理，都有机会成为相应领域的专家，只要你认真学习所在领域的知识、规则、程序和系统。

当前我国仍处于经济高速发展阶段，可以说机会多多，很多人靠街头智慧和冒险精神，就挖到了金子，取得所谓的"成功"，这种成功很多是粗放的。经验仅代表过去，对新的形势未必有效，老革命经常会遇到新问题。更有甚者，这些成功的经验还可能是我们进一步前进的桎梏。在可预见的未来几十年，经济发展速度必将下降，机会也不再遍地都是，这就必然需要专家来把成本做低、速度做快、质量做好。相应地，企业和社会也会越来越由专家驱动，就如今天的欧美。

怎样成为专家呢？在我看来，应该向优秀导游学习。众所周知，一名优秀的导游至少要具备 3 个方面的条件。

（1）要到过导游的地方、见过要讲解的东西。

（2）要对所导游的地方/事物有较深的研究。

（3）要能够调动游客的兴趣，能够引导游客自己去发现新奇的事情。

同样，成为专家也得具备 3 个方面的条件。

（1）系统做过，有所感悟。

（2）系统学过，有所研究。

（3）系统提高，有所总结。

成为专家的过程，需要从形而下上升到形而上，从实践上升到理论，再由理论来指导实践。本书是我自己系统实践、系统学习和系统思考的结果，也希望成为您系统实践、系统学习、系统思考和总结的起点。

我还要强调一点。学，不一定得读万卷书，关键是精读几本好书；做，不一定要干多少年，关键是边做边思考，总结提炼。当然，总结提炼也不是非要写出本大部头来。实际上，少看电视少上网（某些社交媒体正吞噬我们的时间），多与人交谈（不管交谈者是否为同行）是很好的总结提升之路。于我个人而言，我很多的项目管理思路，都得益于我跟太太的讨论，她是一个事业有所成而又善于思考的人。此外，我在跟另外 3 个好友交谈中也学到了很多，真心地感谢他们。

在此，我重申一个观点：请不要过分迷信自己的一点点经验！我们的人生时间真的太短，不可能历遍所有的事情，从他人的经验/教训中学习是一个好办法。

最后，我想特别感谢我的读者和学生。这十多年来，跟你们互动的过程可以说充满乐趣，不管是通过我的项目管理专栏（http://blog.sina.com.cn/tgstudio），还是通过我的微信、微博和 E-mail。我从你们身上学到的，恐怕要远比你们从我这里学到的多。本书看上去是我写的，其实是我们大家共同智慧和经历的结晶。

2018 年 2 月于中国香港